PREMIÈRE PRÉSIDENCE DE M. CALMÈTES.

RECUEIL

DES

ARRÊTS NOTABLES

DE LA COUR IMPÉRIALE DE BASTIA,

(ANNÉES 1854-1855-1856.)

PAR

MM. LE Cte COLONNA D'ISTRIA ET GAFFORJ

Chevalier de la Légion d'honneur,

CONSEILLERS A LA COUR.

DÉDIÉ

A M. CALMÈTES, PREMIER PRÉSIDENT,

OFFICIER DE LA LÉGION D'HONNEUR.

TOME IV.

Seconde Période. — Tome Premier.

BASTIA,

DE L'IMPRIMERIE FABIANI.

1859.

RECUEIL

DES ARRÊTS NOTABLES

DE LA COUR IMPÉRIALE DE BASTIA.

TOME IV.

PREMIÈRE PRÉSIDENCE DE M. CALMÈTES.

RECUEIL

DES

ARRÊTS NOTABLES

DE LA COUR IMPÉRIALE DE BASTIA,

(ANNÉES 1854-1855-1856.)

PAR

MM. LE Cte COLONNA D'ISTRIA ET GAFFORJ

Chevalier de la Légion d'honneur,

CONSEILLERS A LA COUR.

DÉDIÉ

A M. CALMÈTES, PREMIER PRÉSIDENT,

OFFICIER DE LA LÉGION D'HONNEUR.

TOME IV.

Seconde Période. — Tome Premier.

BASTIA,

DE L'IMPRIMERIE FABIANI.

1859.

MONSIEUR CALMÈTES

(ADRIEN-VICTOR-JOSEPH)

PREMIER PRÉSIDENT DE LA COUR IMPÉRIALE DE BASTIA,

OFFICIER DE LA LÉGION D'HONNEUR.

Le nom de Monsieur le Premier Président CALMÈTES est lié désormais à l'histoire judiciaire de la Corse. Les services que le Chef de notre Magistrature a rendus à ce pays, l'affection qu'il lui a vouée, son amour de la Justice et sa haute impartialité lui ont concilié une confiance sans limites et d'unanimes sympathies. — Ses nombreux amis nous sauront gré, nous en avons la certitude, d'avoir placé en tête de ce recueil quelques détails biographiques, obtenus, non sans peine, sur le Magistrat dont la voix écoutée est toujours prête à défendre la Corse contre d'injustes agressions.

Monsieur CALMÈTES (Adrien-Victor-Joseph) est né, le 18 Septembre 1800, dans la ville de Figuières, province de Catalogne, royaume d'Espagne.

A l'époque, de douloureuse mémoire, où les dons de la naissance et de la fortune étaient des titres de proscription, son père, M. Calmètes de Rostan, fut contraint de chercher un refuge sur la terre étrangère; il émigra en Espagne, après le 21 Janvier 1793.

Madame Calmètes de Rostan résista aux instances du jeune *émigrant* et ne suivit point son fils dans l'exil. Douée d'un caractère énergique et de sentiments élevés, elle n'hésita point à braver les persécutions dont elle devait être fatalement l'objet: dans son imprudente confiance, elle se croyait assez forte pour confondre les ennemis de sa famille, et triompher des périls qui allaient l'entourer.

Dès que le nom du *citoyen* Calmètes eut été inscrit sur la liste des émigrés, sa mère fut arrêtée et incarcérée dans la prison militaire du *Castillet* à Perpignan. De hautes influences intervinrent pour la sauver. Elle protesta contre les démarches faites dans son intérêt, et lorsque l'un de ses plus proches parents vint lui annoncer qu'elle était libre, elle déclara résolument qu'elle ne voulait devoir sa liberté qu'à la Justice, qu'elle voulait comparaître devant ses juges et présenter elle-même sa défense. Vainement lui fit-on observer qu'elle s'exposait à une mort certaine; ce fut d'autorité, et, en quelque sorte, par violence, que cette noble femme, au caractère antique, fut arrachée à sa prison, c'est-à-dire à une condamnation capitale, prévue et inévitable.

Monsieur Calmètes de Rostan se maria, en pays étranger, avec Mademoiselle Vallès appartenant, comme lui, à l'émigration Roussillonnaise. — Mademoiselle Vallès, à peine âgée de dix-huit ans, et d'une beauté remarquable, était un des plus brillants partis de la ville de Perpignan, avant que sa fortune eût péri dans le grand naufrage révolutionnaire.

C'est de cette union que naquit Monsieur le Premier Président Calmètes.

Le Sénatus-Consulte du 6 Floréal an X, qui ouvrit les portes de la France à l'émigration, mit un terme à l'exil de sa famille.

En 1811, le jeune Calmètes sollicita de son père son admission à l'école de Sorèze, parvenue alors au plus haut degré de splendeur et de renommée. Ce fut dans cet établissement de premier ordre qu'il reçut le complément de son éducation, commencée au collége de Perpignan.

Pendant son séjour à l'école de Sorèze, il contracta des amitiés qui lui sont demeurées toujours fidèles. Nous citerons son intime liaison avec M. Théodore Ducos, qui, plus tard, devait être Ministre de la Marine, et plus particulièrement avec M. Frédéric Bastiat, décédé à Rome le 24 Décembre 1850, membre de l'Institut de France et Député à l'Assemblée Nationale Législative.

Nous trouvons dans une notice biographique sur M. Frédéric Bastiat, signée de M. de Fontenay et placée en tête des OEuvres complètes du célèbre économiste (1), quelques particularités qui seront lues avec intérêt :

« CALMÈTES. — L'amitié de Calmètes et de Bastiat est dans le
» souvenir de tous leurs contemporains. — Cette amitié remarquable
» était respectée par les professeurs eux-mêmes. Elle avait des privi-

---

(1) Œuvres complètes de Frédéric Bastiat, 6 volumes in-8°. Paris, 1855; — Et Compte-rendu du Comité central Sorézien, par M. Henri Nouguier, ancien Avocat à la Cour de Cassation.

» léges particuliers; et, pour que tout fût complétement commun entre » les deux élèves, on leur permettait de faire leurs devoirs *en collaboration* et sur la même copie, signée des deux noms.

» En 1817, l'Athénée de Sorèze proposa pour sujet du prix de poésie » une épître à M. DE BERNARD, qui venait de s'associer à M. FERLUS dans » la direction de l'école. Ils composèrent une épître en commun, com- » me toujours, avec cette épigraphe : *Quos conjunxit amor, gloria non* » *separet*. — Ils obtinrent le prix et furent couronnés l'un et l'autre » publiquement. Mais à qui devait rester la médaille d'or? — Cette » question fut résolue par BASTIAT avec cette délicatesse de sentiments » qu'il apportait en toutes choses. — BASTIAT était orphelin. — Plus » heureux que moi, dit-il, tu as ton père et ta mère; la médaille d'or » leur appartient, je ne veux pas les priver d'un tel bonheur. »

Après avoir terminé ses études classiques, le jeune lauréat se rendit à Toulouse, pour y suivre les cours de la Faculté de Droit. Il ne choisit pas lui-même la carrière qu'il devait parcourir; l'instinct maternel la lui indiqua.

Monsieur CALMÈTES se livra avec ardeur à l'étude de cette science dont les premières notions sont si arides; mais il ne négligea ni la culture des lettres ni la philosophie, vers lesquelles le portaient ses goûts et les tendances naturelles de son esprit.

Avocat à vingt ans, il vint prendre place dans les rangs du Barreau de Perpignan. Il y conquit rapidement une clientèle honorable, et, dans les dernières années de la Restauration, il se trouva mêlé à toutes les luttes judiciaires qui présentèrent un caractère politique.

La Révolution de 1830 fut accueillie par Monsieur CALMÈTES avec sympathie. Il ne vit dans ce grand événement que le triomphe des idées et des principes pour lesquels il avait combattu, et il espéra que désormais la France, heureuse et satisfaite, en plaçant la couronne sur la tête du nouveau Roi, aurait enfin résolu le grand et difficile problème de la conciliation du pouvoir et de la liberté.

Pendant les dernières années de la Restauration, le département des Pyrénées Orientales avait cessé d'être représenté dans la Cour Royale de Montpellier; des plaintes s'étaient élevées sur cette exclusion, et ce fut en réparation de cet oubli ou de cette injustice, que, sur les instances pressantes des personnages les plus considérables de son département, Monsieur Calmètes obtint la seule place de Conseiller devenue vacante, par refus de serment, dans le sein de la Cour Royale du ressort.

L'ordonnance qui l'institua porte la date du 4 Septembre 1830.

A peine nommé, Monsieur Calmètes fut appelé à la Présidence des Assises, et il se consacra avec dévouement à ce service, qui exige tant de qualités diverses dans les Magistrats à qui il est confié.

En 1837, il fut promu au grade de Chevalier de la Légion d'Honneur.

Dans le mois de Novembre 1842, le canton d'Arles l'élut membre du Conseil Général des Pyrénées Orientales.

Après son élection, il adressa une lettre aux électeurs dont il était devenu le représentant. Cette lettre fut insérée dans les journaux de l'époque, et nous en reproduisons quelques passages, qui caractérisent cette élection exceptionnelle.

» ...... Étranger à votre canton, disait-il à ses électeurs, je ne pouvais invoquer auprès de vous, ni les considérations qui se rattachent à des intérêts communs, ni les droits que donnent d'anciennes relations d'amitié.

» Retenu loin de vous par les devoirs de ma position, vous avez su rendre sans danger, pour moi, une absence qui pouvait être défavorablement interprétée, et votre attitude a suffi pour écarter les divers

» concurrents, que des influences étrangères à vos localités m'avaient » suscités.

» ...... Je m'écarte sans doute, Messieurs, des usages reçus, en ne » m'adressant à vous qu'après mon élection ; mais cette manifestation, » nécessaire peut-être, se trouvera ainsi dégagée de toute préoccupa- » tion d'intérêt personnel ; vous n'y verrez que l'expression spontanée » de mon sincère désir de justifier en toutes circonstances un choix qui » m'honore. »

Monsieur le Premier Président CALMÈTES obtint plusieurs fois, du suffrage de ses collègues, l'honneur de présider le Conseil Général dont il fait encore partie.

Le neuf août 1845, il fut élevé aux fonctions de Président de Chambre, sur la proposition de M. le Premier Président VIGER, ce Magistrat modèle, à qui Monsieur CALMÈTES s'est plu à rendre un éclatant hommage d'admiration et de reconnaissance (1).

Dans le mois de Juillet 1852, les habitants de Montpellier résolurent d'élire, à son insu, Monsieur CALMÈTES, membre du Conseil Municipal de cette ville. — Il obtint quinze cents suffrages à un premier tour de scrutin, qui ne donna aucun résultat.

Monsieur CALMÈTES s'empressa d'adresser au *Messager du Midi*, le 28 Juillet de cette année, une lettre ayant pour objet *de remercier les électeurs du témoignage de confiance qu'ils lui avaient spontanément donné, en les priant de vouloir bien reporter leurs votes sur un autre candidat, dont le nom fût, comme le sien,* l'EXPRESSION D'UNE PENSÉE D'ORDRE ET DE CONCILIATION.

---

(1) Éloge de M. VIGER, Premier Président de la Cour Impériale de Montpellier, par M. CALMÈTES, Président de Chambre. — Brochure in-8°, 1849.

Malgré ce refus, rendu public par la voie de la Presse, les électeurs persistèrent à porter Monsieur CALMÈTES, qui obtint deux mille neuf cent quinze suffrages au second tour de scrutin.

Ces faits ont une incontestable signification, et il suffit de les signaler à l'attention de nos lecteurs :— nous nous abstenons de tout commentaire.

Cependant Monsieur CALMÈTES avait grandi dans l'opinion de ses collègues et des justiciables du ressort de la Cour Impériale de Montpellier.

Un magistrat éminent, M. CAUSSIN DE PERCEVAL, Premier Président de cette Cour, crut devoir appeler sur lui l'attention du Garde des Sceaux ABBATUCCI ; et peu de temps après, par décret du 23 décembre 1853, l'EMPEREUR le plaça à la tête de la Cour Impériale de Bastia.

Durant l'été de l'année 1855, le choléra se manifesta sur plusieurs points de la côte occidentale de l'Italie, dans le Grand Duché de Toscane. Des relations nécessaires, mais imprudentes, avec des populations infectées, ne tardèrent pas à développer dans nos murs les germes de cette redoutable maladie. Ses premières victimes succombèrent vers la fin du mois de Septembre de la même année. — La consternation était dans tous les cœurs. Une grande partie de la population, frappée de terreur, s'éloignait de la ville, en cherchant son salut dans la fuite.

Lorsque ce mal mystérieux exerça, parmi nous, ses premiers ravages, Monsieur le Premier Président CALMÈTES se trouvait à Paris. Des avis officieux lui furent transmis sur la situation du chef-lieu judiciaire de l'île, et des remontrances affectueuses lui furent adressées sur les dangers auxquels il s'exposerait en rentrant à Bastia avant la fin de l'épidémie. Ne tenant aucun compte de cet avis, Monsieur le Premier Président CALMÈTES, qui aurait pu différer son retour jusqu'au commencement du mois de Novembre, époque de la reprise des travaux de la

Cour, s'empressa de rentrer en Corse, et, le 8 Octobre, il débarquait dans notre port.

Pendant toute la durée de l'épidémie, il se montra constamment calme et exempt des préoccupations qui troublaient les plus fermes esprits; — et lorsque la municipalité, effrayée de la responsabilité qui pesait sur elle, réclama le concours des plus recommandables habitants de la ville, pour arrêter, s'il était possible, les progrès du mal, les conseils qui lui furent donnés par le Chef de la Cour, contribuèrent à éloigner rapidement de la cité le fléau destructeur.

M. le Garde des Sceaux Abbatucci adressa, à cette occasion, à Monsieur le Premier Président Calmètes une lettre qui fut communiquée à la Cour et transcrite sur ses registres. Nous sommes heureux de pouvoir en reproduire les termes.

« Paris, le 15 décembre 1855.

» Monsieur le Premier Président, j'ai reçu les différents rapports que » vous m'avez adressés sur la marche et les progrès du *choléra* dans le » département de la Corse et particulièrement à Bastia.

» L'attitude prise et conservée par la Magistrature, en présence des » ravages exceptionnels exercés par l'épidémie, a attiré mon attention, » et j'ai été surtout heureux de reconnaître que, par le courage calme » et digne dont elle a fait preuve, la Cour Impériale a complétement » justifié la confiance dont la population n'a cessé de l'entourer.

» Je vous charge, Monsieur le Premier Président, d'en témoigner » toute ma satisfaction à vos collaborateurs. Ce témoignage, en passant » par votre bouche, aura d'autant plus de prix à leurs yeux que vous

» avez donné à tous l'exemple du dévouement au devoir et de l'abné-
» gation.

» Recevez, Monsieur le Premier Président, l'assurance de ma consi-
» dération très-distinguée,

» *Le Garde des Sceaux, Ministre de la Justice*,

» *Signé* : ABBATUCCI. »

La conduite de Monsieur le Premier Président Calmètes, pendant les douloureuses épreuves que nous venions de traverser, demandait une récompense, et par décret du 29 Décembre 1855, il fut promu au grade d'Officier de la Légion d'Honneur. — En apprenant cette nouvelle, la Cour Impériale se rendit en corps auprès de son Chef pour lui adresser des félicitations sincères et méritées.

Ici doit se terminer cet écrit. — Les travaux accomplis par Monsieur le Premier Président Calmètes, depuis qu'il dirige l'administration de la Justice dans ce ressort, sont connus ; — et la certitude de blesser un sentiment de modestie que je dois respecter, m'interdit une appréciation qui serait nécessairement un éloge.

Mais il est un acte de son administration que Monsieur le Premier Président Calmètes me permettra de rappeler, en terminant cette notice biographique que j'abrége à regret.

Rentré dans la vie privée, mon père charmait les loisirs de sa retraite par les consolations de sa mémoire, lorsqu'un décret impérial, bien inattendu, le nomma Commandeur de la Légion d'Honneur. — Mon père, qui avait apprécié la nature noble et élevée de Monsieur le Premier Président Calmètes, avait dit plusieurs fois, en parlant de cet honorable

Magistrat : Ce n'est pas un successeur, c'est un Collègue et un Ami ; — et lorsque le *Moniteur* eut prononcé son nom, il s'écria : Cette faveur je la dois a Monsieur le Premier Président Calmètes : c'est lui qui l'a sollicitée et obtenue. Ses pressentiments ne l'avaient pas trompé ; — la noblesse de l'action en révélait la source.

Ce témoignage de la vénération affectueuse que mon père avait inspirée à son Collègue, à son Ami, me toucha profondément ; et je suis heureux de trouver ici l'occasion d'exprimer la vive reconnaissance dont il a pénétré mon cœur.

Bastia, le 30 Mars 1859.

Cte COLONNA D'ISTRIA.

AVANT-PROPOS.

Le recueil d'arrêts, dont ce volume commence la deuxième série, répond à un besoin public dans ce Ressort. Au milieu du mouvement de rénovation qui s'est manifesté de toutes parts en Corse, — pays où la science du Droit a été de tout temps honorée, — les études juridiques ne pouvaient demeurer stationnaires.

Les journaux judiciaires de la Capitale ont souvent enrichi leurs colonnes des arrêts émanés de notre Cour; ils ont payé un juste tribut d'éloges à la sagesse de leurs décisions doctrinales, aussi bien qu'au mérite de leur rédaction; et notre Jurisprudence, on ne saurait le méconnaître sans injustice, plus connue et mieux appréciée, n'a fait que grandir dans l'estime publique et dans l'opinion des jurisconsultes.

En Corse même, deux feuilles spéciales, consacrées à la science du Droit et à la Jurisprudence de notre Ressort, ont attiré l'attention des esprits sérieux. Le grand ouvrage, dont M. le Conseiller Colonna d'Istria a conçu l'heureuse pensée, est destiné surtout à révéler les trésors ignorés, enfouis dans la poussière du greffe de la Cour Impériale.

Cet ouvrage se divise en deux périodes, qui présentent des différences essentielles. La première période abonde surtout en décisions, qui sont d'un très-haut intérêt pour les justiciables de ce Ressort : elles forment, en quelque sorte, le commentaire vivant et animé de notre ancien STATUT CIVIL; elles en expliquent le texte quelquefois obscur; elles en développent l'esprit, et en facilitent l'intelligente application.

La deuxième période se rattache presque exclusivement à la législation générale; et elle n'a pas une moindre utilité pour la Corse, qui a reconnu d'autres lois et une nationalité nouvelle depuis qu'elle est devenue partie intégrante de la France (1).

Les deux parties de ce recueil, dont nous venons d'indiquer les traits différentiels en ce qui concerne leur utilité doctrinale, nous paraissent présenter aussi des caractères distincts, sous le rapport de la forme des décisions qui s'y trouvent reproduites.

La pratique des affaires et l'étude de la Jurisprudence ne tardent pas à révéler aux esprits attentifs, que les Magistrats chargés de la rédaction des arrêts s'inspirent de théories, ou obéissent à des méthodes différentes. Les uns s'attachent surtout à subordonner le Droit au Fait; préoccupés d'une équité souvent trompeuse, ils transforment le Magistrat en Juré, et leurs Sentences en Verdicts: laissant ainsi trop facilement supposer qu'ils ignorent les règles et les principes, dont ils éludent l'autorité ou méconnaissent l'importance. Leurs arrêts ne sauraient trouver place dans les recueils, et la science du Droit leur rend, à son tour, les dédains qu'ils affectent pour elle.

D'autres, au contraire, passionnés pour une étude à laquelle leur vie fut vouée, ne paraissent se complaire que dans les pures abstractions du Droit. Le Fait n'est qu'un élément subordonné et secondaire dans

---

(1) En 1769.

leurs décisions; il n'occupe que la moindre place dans l'économie de leurs arrêts ; le Droit y domine, et c'est principalement à ses préceptes immuables qu'ils aiment à emprunter les motifs essentiels de leurs solutions.

Entre ces deux systèmes, un sage et conciliant éclectisme se plaît à combiner le Fait avec le Droit, à fortifier les déductions scientifiques par les circonstances spéciales à chaque litige, et à rendre ainsi les décisions de la justice inattaquables à un double point de vue.

M. le Premier Président Cte COLONNA D'ISTRIA nous paraît avoir appartenu à cette dernière école. Profondément versé dans la connaissance de l'ancienne et de la nouvelle législation, il ne se montra cependant ni dédaigneux du Fait, ni Juriste exclusif; et, par une heureuse alliance vers laquelle le portaient les tendances naturelles de son esprit, on voyait toujours les deux éléments essentiels de toute décision judiciaire se prêter, dans ses arrêts, un mutuel appui.

Les décisions que nous offrons aujourd'hui à nos lecteurs sont empreintes d'un autre caractère; et il suffit d'ouvrir au hasard ce volume pour reconnaître qu'elles appartiennent à l'école purement doctrinale. Elles revêtent presque toujours la forme rigoureuse du syllogisme : le Fait à peine indiqué, le Droit *affirmé* ou *démontré*, en sont les prémisses; le dispositif en est la conséquence ou la conclusion.

Nous avons dit le Droit *affirmé* ou *démontré*. En effet, les arrêts rédigés par M. le Premier Président CALMÈTES, procèdent tantôt par *affirmation*, tantôt par *démonstration*. S'agit-il d'un point de Droit qui ne comporte ni doute ni incertitude, la formule de la décision sera dogmatique et sententieuse; le Magistrat ne démontre pas le Droit, il l'affirme, il le dit, *Jus dicit* (1). Si la question agitée est, au contraire, un sujet de controverse, si la solution adoptée par la Cour doit être fortifiée par des arguments nouveaux, l'arrêt offrira alors un ensemble de déductions systématiquement liées, AUSSI REMARQUABLES PAR LEUR

---

(1) Éloge de M. VIGER, Premier Président de la Cour de Montpellier, par M. Calmètes, alors Président dans cette compagnie.

LUCIDITÉ QUE PAR LEUR RIGOUREUX ENCHAINEMENT LOGIQUE (1), et qui imprimeront à la démonstration doctrinale UNE PUISSANCE IRRÉFUTABLE (2).

Nous n'ignorons pas que le premier mérite d'un bon recueil d'arrêts CONSISTE DANS L'EXPOSITION LACONIQUE ET CLAIRE DES FAITS (3); et l'on remarquera, sans doute, que ce préambule, souvent indispensable, manque à la plupart des arrêts renfermés dans ce volume. Nous ne craignons pas toutefois d'affirmer, que le lecteur n'aura pas à regretter cette omission; il n'en résultera, pour lui, ni embarras ni obscurité : chaque arrêt se suffit à lui-même et renferme tous les éléments nécessaires à sa parfaite intelligence.

Quel que soit le mérite de ces arrêts, nous n'avons pas toujours partagé les opinions doctrinales qu'ils consacrent; et nous avons cru pouvoir, sans manquer à aucune convenance, exprimer ce dissentiment dans les notes qui accompagnent cet ouvrage; mais si, dans de rares circonstances, les solutions de la Cour nous ont paru contestables, nous devons reconnaître que l'on trouvera toujours, dans les motifs des arrêts, les considérations les plus puissantes et les arguments les plus sérieux que pouvait offrir à la science du Jurisconsulte l'étude approfondie du Droit et des monuments de la Jurisprudence.

Les quelques lignes qui précèdent étaient à peine écrites, lorsqu'un événement, aussi douloureux qu'imprévu, est venu jeter le deuil et la désolation au sein d'une des plus illustres familles de ce département. M. LE Cte COLONNA D'ISTRIA, Premier Président honoraire de la Cour impériale de Bastia et Commandeur de la Légion d'honneur, a succombé aux étreintes d'une courte maladie, tandis que les apparences d'une santé florissante semblaient lui promettre encore une longue et

---

(1-2) M. DEVILLENEUVE, Rédacteur en chef du Recueil des lois et des arrêts, tom. 53, 2me part., pag. 97; — tom. 57, 2me part., pag. 333.

(3) M. DUVERGIER, dans sa Préface de cet ouvrage, tom. 1er.

heureuse existence. Cette perte irréparable a excité de profonds et unanimes regrets, car chacun avait pu, avait su apprécier les talents supérieurs, les rares et éminentes qualités qui avaient placé M. LE Cte COLONNA D'ISTRIA au premier rang des Notabilités de la Corse et parmi les plus hautes illustrations de la Magistrature française. La Providence, prodigue pour lui de ses trésors, n'a pas voulu lui réserver la satisfaction de voir paraître un recueil, dans lequel la piété filiale avait réuni les travaux d'une Cour, que M. le Premier Président COLONNA D'ISTRIA avait présidée, pendant trente années, avec la science d'un jurisconsulte et l'autorité d'un père de famille. Sa fin prématurée m'a privé peut-être du plaisir de lui entendre répéter, que la collaboration à laquelle j'ai été appelé par une amitié bien précieuse et dont il avait lui-même encouragé les efforts, avait répondu, en partie, à son indulgente attente.

Bastia, le 31 Mars 1859.

GAFFORJ.

ANNÉE 1854.

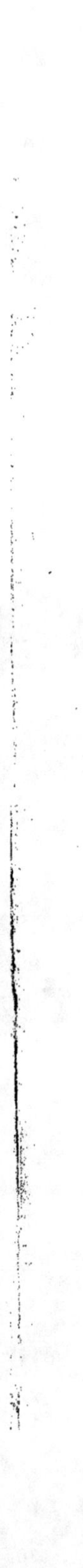

ARRÊTS NOTABLES

RENDUS

PAR LA COUR IMPÉRIALE DE BASTIA

1854-1856.

DU 21 FÉVRIER 1854.

QUOTITÉ DISPONIBLE. — ENFANT RENONÇANT.

Pour déterminer dans une succession le montant de la quotité disponible à l'égard des enfants du défunt, il faut comprendre dans le nombre des enfants même ceux qui renoncent à la succession. [*Cod. Nap. 913, 914*] (1).

Et il en est ainsi spécialement à l'égard des enfants qui renoncent à la succession pour s'en tenir aux dons ou legs qu'ils auraient reçus du défunt (2).

(1-2) DUVERGIER sur TOULLIER, tom. 5, nos 109 et suiv.; — MARCADÉ, sur l'art. 914, no 5; — LAGRANGE, *Revue de droit français et étranger*, 1844, pag. 109; — VALETTE, Journ. *Le Droit*, du 17 déc. 1845; — P. VERNET, pag. 382, combattent cette doctrine. Les raisons sur lesquelles ces auteurs fondent leur opinion, sont très-séduisantes sans doute; mais il nous semble que la lettre de l'art. 913 du Cod. Nap. et son esprit, permettent de résister à leur attrait. — La loi, balançant le droit de la propriété et les devoirs de la paternité, abandonne à la libre disposition du père de famille une certaine quotité de sa fortune, compatible avec la nécessité d'assurer l'existence civile à ceux qui lui doivent l'existence naturelle. Elle détermine cette quotité par le nombre *des enfants qu'il laisse à son décès*. Cette fixation est invariable; elle ne peut être ni restreinte ni étendue. Vouloir la régler dès lors, eu égard, non au nombre des enfants *appelés* à la succession, mais d'après le nombre de ceux *qui se sont portés héritiers*, c'est, à notre sens, faire faire à la loi la part de l'imprévu; c'est substituer l'arbitraire au droit.... Voyez dans ce sens et pour les

Roccaserra C. Roccaserra.

ARRÊT.

Après délibération en la Chambre du Conseil,

LA COUR; — sur les conclusions conformes de M. BERTRAND Premier Avocat général;

SUR LE PREMIER GRIEF DE L'APPEL PRINCIPAL ET DE L'APPEL INCIDENT :

Considérant qu'aux termes de l'article 913 du Code Napoléon, la quotité disponible est déterminée par le nombre des enfants que le testateur laisse à son décès; — Qu'il est constant, en droit, que si l'héritier qui renonce à la succession perd, par cela même, sa part dans la réserve légale, il n'en doit pas moins être compté pour fixer l'étendue de cette réserve et celle de la quotité disponible;

Considérant que Jean-Paul Roccaserra est décédé à la survivance de deux enfants; — Que, par conséquent, c'est par une erreur de droit manifeste que le Tribunal de première instance a décidé que la quotité

---

développements de l'opinion que nous ne faisons qu'énoncer, TOULLIER, *ubi suprà*; — VAZEILLE, *Donat.* art. 913, n° 2; — TROPLONG, *Donat. et Test.*, tom. 2, n° 784; — DALLOZ, *Jur. gén.*, 2e édit. V° *Disposit. Entre-Vifs et Test.*, n° 756; — ZACHARIÆ, tom. 5, § 681; — GRENIER, tom. 2, n° 564; — DURANTON, tom. 8, n° 298; — ROLLAND DE VILLARGUES, *Répert. du not.*, V° *Disp. Entre-Vifs*, nos 27 et suiv.; — LEVASSEUR, n° 40; — GUILHON, *Donat.*, tom. 1er, n° 242; — POUJOL, *Donat.*, n° 7; — COIN-DELISLE, n° 6; — SAINTESPÈS-LESCOT, *Donat.*, tom. 2, n° 312. — Conf. Civ. Rej. 18 févr. 1818 (S. 18, 1, 98); — Caen, 16 févr. 1826 et 25 juillet 1837 (D. P. 26, 2, 197-38, 2, 129. — S. V. 26, 2, 296-37, 2, 486); — Voyez les motifs des arrêts des Cours d'Amiens, 17 mars 1853 (D. P. 53, 2, 230); et de Bastia, du 23 janvier 1856, infrà à cette date. — DELVINCOURT, tom. 2, pag. 428, n'adopte l'opinion contraire à celle de l'arrêt ici recueilli, que pour le cas où l'enfant renonce pour s'en tenir au don qui lui aurait été fait antérieurement. Si la renonciation est pure et simple, il est d'avis que l'enfant doit faire nombre. Cette distinction, qui était admise, dans l'ancien droit, par plusieurs auteurs, nous semble encore moins fondée que le système radical de Marcadé.

disponible de Jean-Paul Roccaserra était de la moitié et non du tiers du patrimoine du testateur ; — Qu'il y a lieu, par suite, de réformer, quant à ce, la décision des premiers juges ;

Sur le troisième grief de l'appel incident :

Considérant qu'aux termes de l'article 845 du Code Napoléon l'héritier qui renonce à la succession peut retenir le don entre-vifs ou réclamer le legs à lui faits jusqu'à concurrence de la portion disponible ;

Considérant que, si de graves difficultés se sont élevées dans la doctrine et la jurisprudence sur la question de savoir si l'héritier qui renonce, peut cumuler la portion disponible et sa part dans la réserve légale, on ne saurait, sans méconnaître les véritables principes de la matière et ce qui résulte des documents de la cause, décider que la partie de Pellegrini sera tenue de supporter, sur sa seule réserve, le montant du don fait en avancement d'hoirie à la De Suzzoni, et tout ce qui lui a été compté postérieurement au décès de Jean-Paul Roccaserra, son père ;

Considérant que cette décision ne peut évidemment porter aucune atteinte aux conventions faites dans une transaction intervenue entre certaines des parties, transaction dont la Cour n'a point eu à s'occuper, puisqu'elle n'a point été l'objet des conclusions prises sur l'appel ;

. . . .

Disant droit à l'appel principal et à l'appel incident,

Et réformant quant à ce seulement,

Déclare que la portion disponible de Jean-Paul Roccaserra doit être fixée au tiers du patrimoine du défunt ;

Pour le surplus, confirme.

Chambre Civile. — M. CALMÈTES, *Premier Président.*

MM. Arrighi, Milanta, Gavini, *Avocats.*

DU 27 FÉVRIER 1854.

1° SÉPARATION DES PATRIMOINES. — ACTION. — HÉRITIERS. — CRÉANCIERS PERSONNELS ;
2° PAIEMENT PARTIEL. — DROIT HYPOTHÉCAIRE. — RENONCIATION ;
3° HYPOTHÈQUE. — INDIVISION. — EXPROPRIATION. — NULLITÉ. — SURSIS ;
4° FAUSSE CAUSE. — AVEU. — INDIVISIBILITÉ. — CAUSE RÉELLE.

1° La séparation des patrimoines ne peut être demandée directement contre l'héritier du débiteur originaire, dans une instance où ne figure aucun créancier personnel de l'héritier (1).

2° L'article 1211 du Code Napoléon ne peut être invoqué lorsqu'il s'agit d'une obligation hypothécaire, laquelle est indivisible de sa nature (2).

3° L'article 2205 du même code ne peut servir de base à une demande en nullité des poursuites ou en sursis, lorsque l'hypothèque porte sur la totalité de l'héritage et non uniquement sur une part indivise (3).

---

(1) La Cour de Poitiers s'est prononcée dans le même sens le 8 août 1828 (S. V. 31, 2, 82), et Duranton, tom. 7, n° 488, ainsi qu'Aubry et Rau sur Zachariæ, tom. 4, pag. 319, note 12, soutient cette doctrine. Mais la Cour de Nancy, par arrêt du 14 février 1833 (S. V. 33, 2, 304), a jugé que, pour demander la séparation des patrimoines, il n'est pas nécessaire d'assigner les créanciers personnels de l'héritier. Cette dernière opinion est celle de Delvincourt, tom. 2, pag. 384 ; — de Belost-Jolymont, sur Chabot, observ. 5 ; — de Dalloz, *Jur. Gén.* 2me Édit. V° *Succession*, nos 1410 et 1411. — Quant à nous, nous inclinerions pour la solution adoptée par la Cour de Bastia parce qu'elle trouve sa base dans le texte même de l'art. 878 Cod. Nap. Cet article porte, en effet, que les créanciers (du défunt) peuvent, dans tous les cas, demander la séparation des patrimoines *contre tout créancier* (de l'héritier). D'ailleurs nous croyons que les créanciers personnels de l'héritier sont principalement intéressés à combattre la demande en séparation des patrimoines; que l'héritier n'a pas qualité pour la repousser de son chef, comme le décide un arrêt de la Cour de Bordeaux du 11 déc. 1834 (S. V. 35, 2, 345), et que, par suite, c'est contre les créanciers, ou en leur présence du moins, qu'une semblable demande doit être formée et discutée. Cependant nous admettrions volontiers une exception, dans le cas où les créanciers personnels de l'héritier ne sont pas connus, afin de ne pas rendre en quelque sorte inutile, par une suspension indéfinie, le droit des créanciers de la succession. V. DALLOZ, *ubi suprà*, n° 1413 ; — Paris, 31 juillet 1852 (S. V. 52, 2, 604).

(2-3) La première solution ne saurait, selon nous, être contestée, car la présomption établie par l'article 1211 ne peut évidemment servir de règle que pour les obligations

4° Si la fausseté de la cause d'une obligation n'est constatée que par l'aveu de la partie, laquelle fait connaître en même temps la cause réelle de l'obligation, cet aveu est indivisible, et la convention ne peut être annulée pour défaut de cause (1).

Poli C. **Brignole et Casalta.**

ARRÊT.

Après délibération en la Chambre du Conseil,

LA COUR, — sur les conclusions de M. BERTRAND, Premier Avocat général;

SUR LE PREMIER GRIEF DE L'APPEL DE LA DAME VEUVE POLI :

Considérant que les poursuites en expropriation forcée dirigées par les mariés Nicolas Brignole et Angèle Casalta, contre les héritiers du général Casalta, ont pour objet le recouvrement d'une créance dotale, dont le paiement avait été garanti par le général;

Considérant que tous les biens du débiteur sont le gage commun de ses créanciers; — Que pour ramener ce principe à exécution, les représentants de la dame Lilla Poggi, épouse Casalta, ont obtenu contre

---

susceptibles de division. Comment concevoir en effet, que l'on puisse être admis à supposer qu'un créancier a eu l'intention de recevoir une partie d'un tout indivisible de sa nature? Cela nous semble impossible. — Nous croyons également que l'art. 2205 ne peut être appliqué ni lorsque le créancier saisit, non pas seulement la part de son débiteur, mais la totalité de l'immeuble indivis; ni surtout au cas où, comme dans l'espèce, les créanciers du défunt poursuivent la mise en vente des biens de la succession. V. Bordeaux, 29 nov. 1833 (S. V. 34, 2, 247); — Paris, 10 mai 1811 (S. 13, 2, 365); — Bastia, 22 mai 1823; — Lyon, 11 févr. 1841 (S. V. 41, 2, 259); — PERSIL, tom. 1er, n° 11; et CHAUVEAU sur CARRÉ, Quest. 2198, pag. 410.

(1) Conf. — Cass. 28 avril 1807 et Rej. 13 juillet 1808 (S. 7, 2, 810 et DALLOZ A, 10, 758); — Pau, 11 nov. 1834 (S. V. 35, 2, 169); — TOULLIER, tom. 6, n° 176; — MERLIN, *Répert.* V° *Convention*, § 2 et quest. V° *Cause des obligations*, § 1, n° 3; — DURANTON, tom. 10, n° 351; — ROLLAND DE VILLARGUES, V° *Cause des obligations*, n° 60; — Rejet, 13 mars 1854 (S. V. 55, 1, 751).

les héritiers du général, un jugement à la date du 26 novembre 1847, qui condamne ces derniers hypothécairement chacun pour le tout à payer aux mariés Brignole et à Philippe Casalta la somme de quinze mille francs formant la dot de ladite dame Lilla Poggi;

Considérant que l'hypothèque judiciaire résultant de ce jugement, a frappé tous les biens immeubles composant l'hoirie du général Casalta, en quelques mains qu'ils fussent à l'époque de la condamnation;

Considérant qu'aux termes de l'article 878 du Code Napoléon, l'action en séparation des patrimoines ne peut être valablement exercée que contre les créanciers personnels de l'héritier et non contre l'héritier lui-même; — Qu'ainsi, la séparation des patrimoines étant invoquée dans une instance où ne figure aucun créancier des héritiers, le moyen dont il s'agit doit être écarté comme non recevable;

Considérant, d'ailleurs, que les droits des représentants de la dame Lilla Poggi, créanciers du général Casalta pour le montant de la dot de leur mère, se trouvent suffisamment garantis par l'hypothèque résultant du jugement de 1847;

Considérant que ces droits ont pu être légitimement exercés par la voie de l'expropriation forcée, soit par la dame Angèle Casalta, épouse Brignole, de son chef, soit par Nicolas Brignole, en qualité de cessionnaire de Philippe Casalta;

Considérant que l'article 1211 du Code Napoléon, au titre des obligations solidaires, est évidemment inapplicable au droit hypothécaire qui, de sa nature, est indivisible;

Considérant, d'autre part, que l'article 2205 du même Code ne saurait être invoqué dans l'espèce, puisque l'hypothèque qui sert de base à la poursuite, frappe tous les immeubles de la succession et non pas seulement la part indivise de l'un des cohéritiers;

Sur le premier grief de l'appel de Philippe Casalta relatif a la quittance par lui souscrite a la dame veuve Poli :

Considérant que d'après l'article 1134, Code Napoléon, les conventions librement formées tiennent lieu de loi à ceux qui les ont faites, et doivent être exécutées loyalement et de bonne foi;

Considérant qu'il n'apparaît d'aucune manœuvre frauduleuse, d'aucune contrainte morale exercée contre Philippe Casalta pour l'amener à souscrire la quittance dont il s'agit, et l'obligation qui en est l'accessoire;

Considérant que l'obligation sur une cause fausse n'est point nulle, si, d'ailleurs, elle a une cause réelle et licite;

Considérant que dans l'espèce, la fausseté de la cause énoncée dans l'acte privé dont il s'agit, n'a été établie que par l'aveu de la dame veuve Poli, laquelle soutient en même temps que l'obligation a une cause réelle;

Considérant que cet aveu est indivisible;

Considérant que la cause indiquée n'est point illicite; — Que l'acte dont le sieur Philippe Casalta demande la nullité, n'a été que la conséquence d'une transaction verbale sur le procès qui divisait alors les parties et qui était pendant devant la Cour;

Considérant que, suivant cette convention verbale, la dame veuve Poli s'était engagée à se désister de ses prétentions envers Philippe Casalta, et que son désistement devait être donné à l'audience par des conclusions dans lesquelles elle déclarerait s'en remettre à la sagesse de la Cour; — Qu'une telle obligation n'était nullement soumise à une condition potestative dans le sens de l'article 1174 du Code Napoléon; — Qu'elle était, au contraire, pure et simple, et imposait à la dame veuve Poli un lien de droit aussi impérieux pour elle, que si la convention eût été revêtue des formes d'un acte public ou privé;

Considérant, au surplus, que la dame veuve Poli a exécuté l'obligation qu'elle s'était imposée; — Que dès lors, il ne serait ni juste, ni moral que le sieur Philippe Casalta pût être affranchi aujourd'hui des obligations qu'il a contractées à l'égard de la veuve Poli, lorsque celle-ci a satisfait à ses engagements envers lui;

. . . .

Démet de leurs appels respectifs les parties de Lusinchi et Pellegrini,

Et disant droit à l'appel incident,

Réformant quant à ce seulement,

Met au néant le chef du jugement qui déclare qu'il sera déduit des sommes contenues dans le commandement celle formant la part de la dame Poli envers Philippe Casalta;

Pour le surplus, CONFIRME.

Chambre Civile. — M. CALMÈTES, *Premier Président.*

MM. Poli, Camoin-Vence, Gavini. } *Avocats.*

DU 7 MARS 1854.

1° BAIL. — VICES DE LA CHOSE. — RESPONSABILITÉ.

2° ARCHITECTE. — RESPONSABILITÉ.

1° L'obligation du bailleur d'indemniser le preneur des pertes ou dommages causés à celui-ci par les vices de la chose louée, s'étend même au cas où les vices auraient été ignorés du bailleur au moment du bail : — A cet égard, on doit sous-entendre, dans le paragraphe de l'article 1721 du Code Napoléon, qui s'occupe du cas de perte *causée au preneur par les vices ou défauts de la chose louée, ces mots du paragraphe 1*er « QUAND MÊME LE BAILLEUR NE LES AURAIT PAS CONNUS » *où il est question de la garantie due au preneur à raison des vices ou défauts empêchant l'*USAGE *de la chose louée* (1).

---

(1) C'est dans le sens de la solution ci-dessus que se prononcent DELVINCOURT, tom. 3, pag. 191, notes; ZACHARIÆ, tom. 2, § 366, et la Cour de cassation (Arr. rej. 30 mai 1837, D. P. 37, 1, 409 et S. V. 37, 1, 602). Mais l'opinion contraire est embrassée par la généralité des interprètes du Cod. Nap. V. DURANTON, tom. 17, n° 63; — DUVERGIER, tom. 3, n° 341; TROPLONG, tom. 2, n° 194; — MARCADÉ, sur l'art. 1721; — DALLOZ, *Jur. gén.*, 2e édition, tom. 30, pag. 319, n° 191; — *Adde* DEVILLENEUVE, note sur l'arrêt que nous rapportons (S. V. 54, 2, 166.).

Ces divers auteurs, argumentant de l'affinité des principes qui régissent le contrat de vente et le contrat de louage, sont amenés à conclure que, si le Code Napoléon dispose (Art. 1645 et 1646, au titre de la *Vente*) que le vendeur qui a ignoré les vices de la chose est tenu seulement de la restitution du prix, tandis qu'il oblige en outre à des dommages-intérêts celui qui les a connus, il y a parité de raison pour admettre cette distinction en matière de louage, et décider, par suite, que le bailleur qui n'a pas connu les vices de la chose ne pourra point être condamné à des dommages-intérêts; mais qu'il y sera sujet, au contraire, s'il les a connus.... Rien d'ailleurs n'apparaissant dans la rédaction de l'art. 1721 qui fasse présumer que la distinction faite pour la vente, ne puisse également être faite pour le louage.

Cette opinion, qui se fonde sur l'unité des vues du législateur, nous paraît devoir être préférée à celle qui a prévalu dans l'arrêt de la Cour de Bastia. La distinction qu'elle

2° L'architecte est responsable des vices de construction du bâtiment par lui construit, alors même qu'il n'a bâti que sur le plan et d'après les indications données par le propriétaire, et avec les matériaux fournis par lui, et qu'il lui a signalé d'avance les vices et les dangers de la construction. [*Cod. Nap. Art. 1792*] (2).

Gandolfi C. **Bertin et Bourgeois.**

ARRÊT.

Après délibération en la Chambre du Conseil,

La Cour; — sur les conclusions de M. Ceccaldi, Substitut du Procureur Général,

I. Sur l'appel relevé par le sieur Gandolfi :

Considérant qu'il résulte, en fait, des documents de la cause que les eaux qui ont inondé le magasin tenu à bail par le sieur Bourgeois,

---

propose, était au surplus admise dans le droit romain, V. Pothier, *Du Louage*, n° 119. La loi 19, § 1, ff. *Locati conducti*, porte en effet : *Si quis dolia vitiosa locaverit, deinde vinum effluxerit, tenebitur in id quod interest,* NEC IGNORANTIA EJUS ERIT EXCUSATA; *et ita Cassius scripsit. — Aliter atque si saltum pascuum locasti, in quo herba mala nascebatur : hic enim si pecora vel demortua sunt, vel etiam deteriora facta, quod interest præstabitur,* SI SCISTI; SI IGNORASTI PENSIONEM NON PETES; *et ita Servio Labeoni placuit.* On a fait à cette loi le reproche de présenter des solutions contradictoires dans des hypothèses à peu près semblables. Mais n'est-il pas sensible, ainsi que l'expliquent Pothier, *loc. cit.*; Domat, liv. 1er, tit. 4, sect. 3, n° 8; Voet, *loc. cond.*, n° 10, et tous les auteurs précités, que si le jurisconsulte romain pense que le tonnelier doit des dommages-intérêts pour avoir loué des tonneaux impropres à contenir le liquide qu'ils sont destinés à recevoir, tandis qu'il exonère le propriétaire du préjudice que ses pâturages, dans lesquelles croissent des herbes vénéneuses, ont causé, c'est qu'à raison de sa profession, l'ignorance du tonnelier est inexcusable, et qu'on ne voit pas où serait la faute imputable au propriétaire des pâturages?...

(2) Cela ne nous paraît pas pouvoir faire difficulté. Cass. 19 mai 1851 (S. V. 51, 1, 393); — Zachariæ, tom. 3, § 374, pag. 48; — Duvergier, *Du louage*, tom. 2, n° 351; — Troplong, *id.*, tom. 3, n° 995; — Frémy-Ligneville, *Traité de la législation des bâtiments*, tom. 1, n° 94; — Décision du Conseil d'État du 3 avril 1851 (S. V. 51, 2, 449); — *Contrà*, Duranton, tom. 17, n° 355, pag. 268.

s'y sont introduites à travers les murs désignés au plan des experts par les lettres B, D, E;

Considérant qu'une grande partie des marchandises consistant en denrées coloniales, qui se trouvaient dans ce magasin, a péri par l'action des eaux; — Que d'autres marchandises ont été gravement avariées;

Considérant qu'il est établi par le rapport des experts précités, que l'inondation a eu pour cause la mauvaise construction des murs dont il s'agit; — Que, par suite, le sieur Gandolfi, locateur, est responsable, envers le sieur Bourgeois, d'un préjudice qui procède des vices ou défauts de la chose louée;

Considérant que vainement le sieur Gandolfi soutient que n'ayant pas connu le vice de construction des murs de son magasin, il est affranchi de toute responsabilité, aux termes de l'article 1721 du Code Napoléon;

Considérant qu'on ne saurait admettre la distinction sur laquelle se fonde l'appelant, entre les deux parties de cet article;

Que si, en effet, le législateur avait eu la pensée de modifier, en ce qui concerne les dommages, les conditions de responsabilité établies pour la garantie des vices ou défauts qui empêchent l'usage de la chose louée, il n'aurait certainement point omis de l'énoncer; qu'on ne comprendrait pas que dans un même article et pour deux cas de responsabilité qui reconnaissent une cause unique, il eût soumis le bailleur aux règles spéciales du contrat de louage relativement à l'un des cas et aux principes du contrat de vente quant à l'autre, sans l'exprimer d'une manière précise et non équivoque;

Considérant que cette doctrine n'est point en opposition avec la loi romaine; qu'elle trouve, au contraire, sa complète justification dans le texte d'Ulpien : *Si quis dolia vitiosa ignarus locaverit, deinde vinum effluxerit, tenebitur in id quod interest, nec ignorantia ejus erit excusata;* — Que cette loi pose un principe général en parfaite harmonie avec l'article 1721, tel qu'il a été interprété, avec juste raison, dans le jugement attaqué; — Que, dès lors, il y a lieu de démettre le sieur Gandolfi de l'appel par lui relevé contre le sieur Bourgeois.

II. Sur l'appel relevé par Bourgeois contre Gandolfi.

Considérant que les pluies qui, dans le mois de septembre dernier, ont occasionné le dommage dont le sieur Bourgeois poursuit la réparation ne présentent, en aucune façon, le caractère d'un cas fortuit;

Considérant, d'autre part, qu'aucune imprudence ne peut être reprochée au sieur Bourgeois dans la location du magasin appartenant au sieur Gandolfi; — Qu'il a dû supposer, en effet, que les murs en avaient été construits suivant les règles de l'art et que leur solidité était suffisante pour les mettre à l'abri de l'infiltration des eaux pluviales; — Que, par conséquent, c'est mal à propos que le tribunal de première instance a exonéré le sieur Gandolfi d'une partie de la responsabilité dont il est tenu, en attribuant à la fois le préjudice éprouvé par le sieur Bourgeois au cas fortuit, à sa faute, à sa propre imprudence et aux vices de la chose louée; — Qu'il y a lieu, par suite, en disant droit à l'appel du sieur Bourgeois, de réformer, quant à ce, la décision des premiers juges;

III. Sur les appels respectivement relevés par le sieur Gandolfi contre le sieur Bertin, et par le sieur Bertin contre le sieur Gandolfi :

Considérant que la responsabilité des entrepreneurs, constructeurs et architectes repose sur un principe d'humanité et qu'elle est, par cela même, d'ordre et d'intérêt public; qu'en cette matière l'intérêt privé est lié à l'intérêt général, se trouve placé sous sa sauvegarde et doit recevoir devant la justice une égale protection;

Considérant que le constructeur ou entrepreneur est responsable, alors même qu'il aurait bâti sur le plan et les indications du propriétaire avec les matériaux fournis par celui-ci, et qu'il lui aurait signalé les vices et les dangers de la construction projetée;

Considérant que le sieur Bertin a fait construire la maison dans laquelle est situé le magasin du sieur Gandolfi; — Qu'il n'a pu ignorer les vices et les défauts que présentaient les murs B, D, E, formant sur deux horizons la cloture de ce magasin; qu'il a dû particulièrement reconnaître que le mur E, mitoyen avec le sieur d'Angelis, était d'une construction vicieuse; et qu'il a eu le tort de ne pas reconstruire ce mur, ou tout au moins de n'y point adosser un contre-mur dans toute sa longueur, ainsi qu'il le fit pour une partie, laquelle a été mise, par là, à l'abri de l'introduction des eaux pluviales;

Considérant, dès lors, que le sieur Bertin est soumis à toutes les obligations du constructeur à l'égard du propriétaire conformément à l'article 1792 du Code Napoléon;

Considérant qu'aucune imprudence ne peut être imputée au sieur Gandolfi dans la construction du magasin dont il s'agit, puisque le sieur Bertin, en sa qualité de constructeur, en dirigeait seul les travaux; — Que, par conséquent, c'est le cas de démettre purement et simplement Bertin de son appel, et, en disant droit, au contraire, à l'appel du sieur Gandolfi, de déclarer Bertin intégralement responsable des pertes éprouvées par le sieur Bourgeois;

Considérant que le chiffre total des dommages éprouvés par ce dernier s'élève à la somme de trois mille neuf cents francs;

. . . .

DÉMET le sieur Bertin de son appel;

DÉMET pareillement le sieur Gandolfi de son appel envers le sieur Bourgeois;

ET DISANT DROIT à l'appel relevé par le sieur Bourgeois contre le sieur Gandolfi, et à celui du sieur Gandolfi contre le sieur Bertin,

RÉFORMANT quant à ce,

CONDAMNE le sieur Gandolfi à payer, à titre de réparations civiles, au sieur Bourgeois, la somme de trois mille neuf cents francs, à laquelle sont évaluées les pertes par lui éprouvées dans la nuit du 17 au 18 septembre dernier;

LE CONDAMNE, en outre, au paiement des intérêts de la susdite somme à compter de la demande, et aux dépens de première instance et d'appel envers ledit sieur Bourgeois;

Condamne le sieur Bertin à pleinement relever et garantir le sieur Gandolfi de la condamnation qui précède.

. . . .

Chambre Civile. — M. CALMÈTES, *Premier Président.*

MM. Gavini, Milanta, Bonelli. — *Avocats.*

DU 14 MARS 1854.

DÉLAI. — JUGEMENT. — EXÉCUTION. — JOUR A-QUO. — MINEUR. — SUSPENSION.

Au cas où un jugement ordonnant une mesure commune aux diverses parties en cause, spécialement le partage d'une succession, a fixé le délai dans lequel cette mesure doit être accomplie, ce délai court, non pas du jour du jugement, quand même ce jugement serait contradictoire, mais seulement du jour de sa signification par la partie la plus diligente ou la plus intéressée à l'exécution de la mesure ordonnée. — Il n'en est pas du délai dont il s'agit, comme du délai de grâce, que les tribunaux peuvent accorder en certains cas à la partie condamnée, pour l'exécution du jugement. [Cod. de Proc. Civ. Art. 122, 123] (1).

Dans le même cas, si l'une des parties en cause était mineure, le délai serait suspendu par la notification du décès du tuteur faite aux parties, et il ne recommencerait à courir qu'après la nomination d'un nouveau tuteur, et par l'effet d'une reprise d'instance qui devrait être régulièrement ordonnée par un jugement. — La maxime Contrà non valentem agere non currit præscriptio, *est applicable en matière de simple déchéance, comme en matière de prescription* (2).

Rasori et Renucci C. **Renucci**.

ARRÊT.

Après délibération en la Chambre du Conseil.

La Cour; — sur les conclusions de M. Ceccaldi, Substitut du Procureur Général,

---

(1) Conf. Bordeaux, 30 novembre 1825 et 14 août 1833. (S. V. 30, 1, 228 et 34, 2, 653.) Chauveau sur Carré, quest. 526 (*bis*), cite divers arrêts à l'appui de cette opinion qu'il adopte.

(2) Voir *Anal.* Paris, 24 août 1830. (S. V. 32, 1, 669.)

SUR LES APPELS RELEVÉS PAR LES PARTIES DE PELLEGRINI ET DE LUSINCHI :

Considérant que les articles 122 et 123 du Code de Procédure Civile se réfèrent à l'article 1244 du Code Napoléon, qui autorise les juges à accorder au débiteur un délai de grâce pour l'exécution des obligations à terme ;

Considérant que le créancier, contraint de subir le retard que la justice lui impose, ne pouvait être tenu de signifier le jugement pour faire courir le délai imparti ; — Qu'il était d'une évidente justice d'édicter, ainsi que l'a fait le législateur dans l'article 123 précité, que le délai accordé au débiteur commencerait à courir du jour du jugement, s'il était contradictoirement rendu ;

Considérant que le délai de trois mois, dans lequel, aux termes du jugement du 12 mai 1848, les frères et sœur Rasori étaient obligés de parachever les opérations du partage de la succession de feu Antoine Renucci, n'était point un délai de grâce accordé pour l'exécution d'une obligation préexistante et venue à échéance ; — Que le jugement créait l'obligation et fixait en même temps le délai pendant lequel elle devait être exécutée ;

Considérant, d'ailleurs, que ce délai était bien moins fixé dans l'intérêt des frères et sœur Rasori, appelants, que dans celui des parties de Nicolini, intimées ; — Que ces dernières devaient, par conséquent, selon les principes généraux du droit en cette matière, signifier le jugement aux frères et sœur Rasori, pour les constituer en demeure de l'exécuter ;

Considérant que le jugement dont il s'agit, n'a été signifié que le 16 juin 1848 ; — Qu'il a été frappé d'appel le 24 du même mois ;

Considérant que l'arrêt confirmatif du jugement attaqué n'a été signifié que le 17 juillet 1851 ;

Considérant que l'instance en partage a été mise hors de droit par la notification qui a été faite à la requête des intimés, le 19 août 1849, du décès du sieur Silvarelli, tuteur des enfants mineurs Pierre, Jean et Philippe-Louis Renucci ;

Considérant qu'à cette date le cours du délai de trois mois, non encore expiré, a été légalement suspendu;

Considérant qu'après avoir fait pourvoir les mineurs Renucci d'un nouveau tuteur, les appelants ont formé une demande en reprise d'instance, — Que les intimés, bien loin d'acquiescer à cette demande, l'ont, au contraire, positivement contestée; — Qu'ils la contestent même devant la Cour, puisqu'ils concluent à la confirmation du jugement du 29 mai 1852, lequel déclare qu'il y a lieu d'ordonner la reprise de l'instance;

Considérant que les frères et sœur Rasori se sont trouvés ainsi placés, par le fait même des intimés, dans l'impossibilité d'agir et que par suite ils ont été mis à l'abri de toute déchéance, suivant la maxime : *Contra non valentem agere non currit præscriptio*, laquelle est aussi bien applicable en matière de déchéance qu'en matière de prescription; — Que, dans ces circonstances, la procédure ne pouvait être régularisée, et le délai de trois mois ne pouvait recommencer à courir que par l'effet de la reprise d'instance régulièrement ordonnée par la justice; — Que par conséquent, le premier juge a manifestement violé la loi, en décidant que les appelants étaient déchus du droit de faire procéder au partage, le délai de trois mois n'ayant pas été utilisé par eux à ces fins, et qu'il n'y avait pas lieu de statuer sur la reprise d'instance;

Que, par suite, c'est le cas d'infirmer le jugement attaqué et, en déclarant l'instance reprise, de renvoyer les parties devant le tribunal civil de Bastia, juge d'attribution, pour être procédé, en ce qui reste, suivant les derniers errements de la cause;

. . . .

Disant droit aux appels des parties de Pellegrini et de Lusinchi,

A mis et met l'appellation et ce dont est appel au néant;

Émendant, procédant par nouveau jugé, et faisant ce que le premier juge aurait dû faire,

Déclare reprise l'instance en partage qui existe entre les parties;

Ordonne qu'elle sera continuée selon les derniers errements de la procédure à la date de la notification du décès du sieur Silvarelli tuteur des enfants Renucci.

Chambre Civile. — M. CALMÈTES, *Premier Président.*

MM. Tommasi, Podesta, } *Avocats.*

DU 15 MARS 1854.

1° APPEL. — JURIDICTION COMMERCIALE. — HUITAINE. — EXÉCUTION.
2° PROPRIÉTAIRE. — VENTE DE RÉCOLTE. — OBLIGATION. — CARACTÈRE. — COMPÉTENCE.

1° La prohibition d'interjeter appel dans la huitaine du jugement n'est pas applicable en matière commerciale, ou lorsque le juge a ordonné que sa décision serait exécutée dans la huitaine (1).

2° Le propriétaire qui charge un capitaine de navire de transporter sa récolte d'un port à un autre pour en opérer la vente, ne fait point pour cela acte de commerce et ne peut être traduit devant la juridiction consulaire à raison des engagements par lui contractés en cette circonstance (2).

(1-2) Ces deux solutions ne sauraient, selon nous, donner lieu à aucune critique. Il nous semble, en effet, incontestable que l'art. 449 Cod. Proc. Civ. est en parfaite corrélation avec l'art. 450 qui le suit ; et que, par une conséquence forcée, on doit admettre que la faculté d'appeler est ouverte à la partie condamnée, aussitôt que la possibilité d'exécuter est née pour l'autre partie. Or la doctrine et la jurisprudence s'accordent pour reconnaître que les jugements des tribunaux de commerce sont, de plein droit, exécutoires par provision, moyennant caution. Par suite, lors même que l'art. 645 Cod. Com. ne porterait pas textuellement que l'appel peut être interjeté le jour même du jugement, il faudrait toujours décider que la prohibition d'interjeter appel dans la huitaine, ne s'applique pas aux matières commerciales, puisque l'art. 449 précité ne suspend la faculté d'appeler que pour le cas où le jugement n'est pas exécutoire par provision. — V. Paris, 7 janvier 1812 (S. V. 12, 2, 148) ; — Bastia, 6 août 1855 et 3 décembre 1856 (*infra pag.* 169, 327) ; CARRÉ et CHAUVEAU, quest. 1612 ; — DALLOZ, *Jurisp. Gén.* V° *Appel*, n° 852 ; — BOITARD, tom. 2, n° 198 ; — TALANDIER, *De l'appel*, 2° 161. — Cette interprétation de la loi nous paraît d'autant plus inébranlable que la Cour de Cassation, ainsi que le plus grand nombre des Cours impériales et la généralité des auteurs, a posé en principe que les jugements des tribunaux de commerce sont susceptibles d'être frappés d'appel même avant l'expiration du délai de l'opposition, s'ils ont été rendus par défaut. — V. Cass. 24 juin 1816 (S. 16, 1, 409) ; — MERLIN, quest. V° *Appel*, § 8, art. 3, n° 4 ; — CARRÉ et CHAUVEAU, n° 1637 ; — NOUGUIER, *Trib. de Com.* tom. 3, pag. 154, n° 9, lesquels citent à l'appui de leur opinion, plusieurs arrêts de Cours impériales et un grand nombre de jurisconsultes.

Quant à la seconde solution donnée par la Cour de Bastia, nous croyons qu'il serait bien difficile, pour ne pas dire impossible, de voir un acte de commerce dans le fait d'un propriétaire qui charge le capitaine d'un navire du transport de sa récolte, puisqu'il est admis que la vente même de cette récolte ne le soumettrait pas à la juridiction consulaire.

De Casabianca C. Clementi.

ARRÊT.

Après délibération en la Chambre du Conseil.

LA COUR ; — sur les conclusions conformes de M. BERTRAND, Premier Avocat-Général ;

EN CE QUI CONCERNE L'APPEL DU JUGEMENT DU 28 NOVEMBRE 1853 :

Considérant que si, en principe général, l'appel ne peut être valablement relevé dans la huitaine qui suit la prononciation du jugement, il n'en est point ainsi lorsqu'il s'agit de décisions émanées de la juridiction commerciale ; — Que l'article 645 du Code de Commerce, porte, en effet, en termes exprès, qu'en cette matière spéciale l'appel peut être relevé le jour même du jugement ;

Considérant qu'il y a encore exception à l'article 449 du Code de Procédure Civile, prohibitif de l'appel dans la huitaine, lorsque le jugement dispose que l'exécution aura lieu dans les huit jours qui suivront la prononciation, circonstance qui se vérifie dans le jugement attaqué ; — Que, par suite, les sieur et dame De Casabianca ont été autorisés à interjeter appel, le cinq décembre dernier, envers le jugement émané du tribunal de commerce de Bastia le 28 novembre précédent ;

AU FOND :

Considérant que la question soulevée par l'appel dont le jugement du 28 Novembre dernier a été l'objet, consiste à savoir, si le tribunal de première instance a ordonné à bon droit la preuve des faits articulés par le sieur Clementi ;

D'ailleurs, on sait que, dans les contestations relatives à un acte commercial pour une partie et non commercial pour l'autre, la compétence se détermine par la nature de l'engagement contracté par le défendeur. — V. Bastia 10 août 1831. (*Not. Rec.* tom. 1er, à cette date.) — Ainsi, dans l'espèce, le tribunal était évidemment incompétent.

Considérant que les sieur et dame de Casabianca n'exercent point de profession commerciale ; — Qu'en supposant, dès lors, qu'ils eussent chargé le sieur Clementi de faire transporter leur récolte de lupins de *foce di Golo* à Livourne pour y être vendus, ce mandat ne pouvant constituer une opération de commerce de la part des appelants, la preuve ordonnée était superflue et frustratoire, suivant la maxime : *Frustra probatur quod probatum non relevat;*

Considérant que le tribunal de commerce de Bastia étant radicalement incompétent pour connaître de la demande du sieur Clementi, quel que fut le résultat de la preuve ordonnée, il y a lieu de réformer le jugement attaqué, en délaissant l'intimé à se pourvoir ainsi qu'il avisera ;

. . . .

Sans s'arrêter au moyen de nullité opposé par le sieur Clementi à l'appel relevé par la dame de Casabianca et son fils envers le jugement du 28 Novembre dernier, et icelui rejetant comme mal fondé,

Disant droit audit appel,

Met à néant le jugement attaqué.

Chambre Civile. — M. CALMÈTES, *Premier Président.*

MM. Montera, Cecconi, } *Avocats.*

DU 20 MARS 1854.

1° QUOTITÉ DISPONIBLE. — ÉPOUX. — TIERS. — DISPOSITION CUMULATIVE.
2° VENTE A RÉMÉRÉ. — CONTRAT PIGNORATIF. — TRIBUNAUX. — POUVOIRS.
3° DÉFENSE. — AUDIENCE. — CONCLUSIONS DU MINISTÈRE PUBLIC. — NOTES AU CONSEIL. — CONCLUSIONS NOUVELLES.

1° La quotité disponible fixée par l'article 1094 du Code Napoléon peut être cumulativement léguée dans un même testament, partie à l'époux survivant, partie à l'un des réservataires, pourvu que les deux libéralités réunies n'excèdent point l'extrême limite déterminée par l'article précité (1).

---

(1) La Cour d'Agen, par un arrêt du 27 août 1810 (S. 11, 2, 112), avait décidé que la quotité disponible fixée par l'art. 913 Cod. Nap., pouvait être cumulée avec celle déterminée par l'art. 1094, même code; mais la doctrine et la jurisprudence ont repoussé cette opinion dont les conséquences seraient tellement extraordinaires, qu'il suffirait de les énoncer pour les faire rejeter. V. surtout : Rej. 11 juill. 1813 (S. 13, 1, 441); — Cass. 21 nov. 1842 (S. V. 42, 1, 897); — Toullier, tom. 5, n° 870; — Grenier, tom. 2, n° 584; — Merlin, *Répert.* V° *Réserve*, sect. 1re, § 2, n° 18; — Proudhon, *Usufruit*, tom. 1er, n° 356; — Troplong, *Don. et Test.*, tom. 4, nos 2581 et 2582; — Dalloz, *Jur. gén.* V° *Disp. Entre-Vifs*, n° 820. Nous croyons donc que la discussion n'est plus possible sur ce point. Toutefois il n'en est pas ainsi de la question de savoir, si les deux portions disponibles peuvent se combiner de manière que la plus forte des deux puisse toujours être épuisée, même dans le cas où il existe deux donations, dont l'une a été faite au conjoint et l'autre à un tiers.

Lorsque, comme dans l'espèce jugée par la Cour de Bastia, les deux donations ont été faites dans le même acte, en d'autres termes, lorsqu'elles sont simultanées, une jurisprudence constante et l'universalité des auteurs ont décidé, que les deux libéralités doivent être exécutées jusqu'à concurrence de la quotité disponible la plus étendue. V. Turin, 15 avril 1810 (S. 11, 2, 109); — Limoges, 24 août 1822 (S. 22, 2, 261); — Rej. 3 janv. 1826 (S. 26, 1, 269); — Rej. 18 nov. 1840 (S. V. 41, 1, 90); — Rej. 9 nov. 1846 (S. V. 46, 1, 801); — Cass. 23 août 1847 (S. V. 47, 1, 840); — Rej. 20 déc. 1847 (S. V. 48, 1, 231); — Cass. 12 juillet 1848 (S. V. 48, 1, 473). — Toullier et Grenier, *ubi suprà*; — Proudhon, *Usufruit*, nos 360 et suiv.; — Duranton, tom. 9, nos 794 et suiv.; — Vazeille, sur l'art. 1094, n° 7; — Dalloz, *eod. loc.*, nos 830 et 844; — Troplong, *ubi suprà*, nos 2592, 2606 et 2607; — Benech, *Quotité disponible*, pag. 185 et suiv. 244.

Mais si les deux donations ont été faites successivement dans des actes séparés, il s'est élevé une controverse fort vive, qui n'est pas encore terminée. On a distingué le cas, où la donation en faveur du tiers, précède celle faite à l'époux, et le cas où la libéralité faite au conjoint, est antérieure à celle dont un tiers devrait profiter. Dans la première hypothèse, on s'accorde à reconnaître, ce qui ne nous paraît pas contestable, que l'époux donataire

2° Aujourd'hui, comme sous l'ancien droit, les tribunaux ont le pouvoir de rechercher si, sous les apparences d'une vente à réméré, les parties n'ont pas déguisé un contrat pignoratif, présentant les caractères d'un prêt usuraire (2).

3° Si, après les conclusions du ministère public, il n'est pas interdit aux parties de compléter leur défense, en faisant passer des notes à la Chambre du Conseil, ce droit n'implique pas la faculté de prendre des conclusions contenant des demandes nouvelles, qui n'auraient pas été soumises à la discussion contradictoire de l'audience (3).

---

doit être admis à réclamer l'excédant de la quotité disponible la plus forte, qui n'aurait pas été épuisée par la première donation. C'est dans ce sens que s'est prononcée la Cour de Toulouse, le 20 juin 1809 (S. 10, 2, 13); car les uns refusent tout effet à la libéralité faite en faveur du tiers; tandis que les autres soutiennent, et nous sommes de cet avis, que la seconde donation doit produire tout son effet pour la différence qui existe entre la quotité disponible de l'art. 1094 et celle de l'art. 913. — On peut consulter entr'autres arrêts, 1° pour l'inefficacité de la seconde libéralité : Rej. 21 juillet 1813 (S. 13, 1, 441); — *Idem*, 7 janv. 1824 (S. V. 33, 1, 506); — Besançon, 7 fév. 1840 (S. V. 40, 2, 105); — Douai, 24 fév. 1840 (S. V. 40, 2, 270); — 2° pour l'opinion contraire : Lyon, 10 fév. 1836 (S. V. 36; 2, 177); — Grenoble, 13 déc. 1843 (S. V. 44, 2, 100); — Toulouse, 13 août 1844 (S. V. 45, 2, 38), et méditer la discussion lumineuse de M. Troplong, qui prévoit tous les cas, entre dans tous les détails, et démontre la parfaite légalité de l'opinion proclamée par l'arrêt que nous rapportons, dans son *Traité des Don. et Test.*, tom. 4, n°s 2581 à 2607.

(2) Voir l'arrêt du 31 mai 1854 et la note, ci-après, pag. 65.

(3) Aux termes de l'art. 87 du décret du 30 mars 1808, lorsque le ministère public, agissant comme partie jointe, a été une fois entendu dans ses conclusions, les parties ne peuvent plus en effet obtenir la parole, et il ne leur est plus permis de signifier des conclusions nouvelles. Cette règle est tellement absolue, qu'elle doit être suivie même lorsque, par les conclusions nouvelles, on se bornerait à déférer le serment décisoire, ainsi que dans le cas où le ministère public aurait proposé d'office, soit une fin de non-recevoir, soit une nullité de procédure. Rien ne s'opposerait cependant à ce que, même après l'audition du ministère public et le renvoi pour prononcer, les parties fussent admises à fournir des notes pour éclaircir et justifier leurs premières conclusions. Ce sont là des vérités acquises, et qui résultent des décisions ci-après : Agen, 20 déc. 1824 (S. 25, 2, 330); — Paris, 25 juin 1825 (S. 25, 2, 258); — Rej. 22 déc. 1829 (S. 30, 1, 55); — Pau, 5 mars 1833 (S. V. 33, 2, 423); — Rej. 28 août 1834 (S. V. 34, 1, 642); — Cass. 22 avril 1835 (S. V. 35, 1, 764); — Rej. 9 juillet 1838 (S. V. 38, 1, 764); — Cass. 23 août 1848 (S. V. 48, 1, 604); — Rej. 29 mai 1850 (S. V. 51, 1, 131); — Montpellier, 19 juin 1854 (S. V. 55, 2, 635). — V. dans ce sens, Carré et Chauveau, quest. 397; — Dalloz, *Jur. gén.* V. *Conclus.*, n° 55, *Défense*, n° 240 et *Minist. public*, n° 107. — Dans tous les cas, il a été décidé par la Cour de Rennes, le 16 janv. 1844 (S. V. 44, 2, 465) et par la Cour de Cassation, au moyen de son arrêt déjà cité du 23 août 1848, que les frais de tous actes signifiés, après que le ministère public a donné ses conclusions, doivent être rejetés de la taxe.

Finocchietti C. Aitelli.

ARRÊT.

Après délibération en la Chambre du Conseil.

La Cour ; — sur les conclusions de M. Bertrand, Premier Avocat-Général ;

Sur le premier grief de l'appel :

Considérant qu'il s'agit de savoir si les libéralités contenues dans le testament de Jacques Aitelli, en date du 4 Mars 1831, ne portent point atteinte à la réserve légale ;

Considérant que les libéralités, dont il s'agit, étant faites cumulativement dans un même acte en faveur de la femme du testateur et de ses deux enfants Louis et François-Marie, la quotité disponible se trouvait régie par l'article 1094 du Code Napoléon ; — Que, par conséquent, Jacques Aitelli pouvait disposer ou d'un quart en propriété et d'un autre quart en usufruit, ou de la moitié de tous ses biens en usufruit seulement ;

Considérant, en fait, que si dans la première partie de son testament, le sieur Jacques Aitelli lègue à son épouse l'usufruit de la totalité de sa succession, en rapprochant cette libéralité apparente de la clause finale du testament, on demeure convaincu que le legs de la totalité de l'usufruit n'est point une disposition sérieuse, mais uniquement l'expression d'un vœu ou d'un désir du testateur ; — Qu'on lit, en effet, dans le testament : *Dispongo finalmente che qualora detta mia moglie venisse inquietata e molestata nel godimento dell'intiero usufrutto da me lasciatole, quest'usufrutto sarà ridotto alla sola metà di tutti i miei beni ;* — Qu'en présence de cette disposition, il est manifeste que le legs de la moitié de l'usufruit a seul le caractère d'une libéralité sérieuse et obligatoire, puisque seul il créait, pour la veuve Aitelli, un droit indépendant de la volonté de ses enfants ;

Considérant qu'aux termes du testament, le legs préciputaire du quart, fait en faveur de Louis et de François-Marie, étant soumis à l'usufruit légué à la veuve, il en résulte que les deux libéralités combinées consistent en un quart en toute propriété, et un quart en usufruit, ce qui rentre dans les limites précises, déterminées par le 2e § de l'article 1094 du Code Napoléon.

Sur le second grief de l'appel :

Considérant que si l'ancienne jurisprudence a cessé d'avoir force de loi, en ce qui concerne la prohibition des contrats pignoratifs, et les circonstances qui leur donnaient ce caractère, les tribunaux ont toujours le pouvoir de rechercher si, sous les apparences d'une vente à pacte de rachat, les parties n'ont pas déguisé un contrat de prêt fait moyennant un gage immobilier, et sous la stipulation d'un intérêt usuraire;

Mais considérant que dans la cause, il n'apparaît nullement que l'acte de vente à réméré du 5 Novembre 1822, intervenu entre Jacques Aitelli et le sieur Massei, ait eu pour objet de déguiser un prêt à usure;

Considérant, d'autre part, que l'on ne trouve, dans l'espèce, ni la vilité du prix, ni la relocation, conditions essentielles du contrat pignoratif d'après les anciens principes;

Considérant que le sieur Massei étant devenu, par l'expiration du terme de rachat, propriétaire incommutable de l'immeuble par lui acquis, il a pu valablement le rétrocéder à François Aitelli, tout comme il aurait pu en transmettre la propriété à un tiers.

Sur la demande en preuve formée par les parties de Corbara :

Considérant que le 1er Mars courant la Cour, après avoir entendu les plaidoiries de la cause et les conclusions du ministère public, ordonna qu'il en serait délibéré en Chambre de Conseil, et elle renvoya la prononciation de son arrêt à une autre audience; — Que postérieurement, et à la date du 4 même mois de Mars, les parties de Corbara ont signifié des conclusions nouvelles, tendantes à la preuve de certains faits qui y sont articulés;

Considérant qu'il est de principe, sous la législation actuelle, comme sous le droit ancien, que dans les matières civiles, après les conclusions du ministère public, l'instruction est close, et que l'affaire doit être jugée en l'état; — Que si, après la mise en délibéré, les parties peuvent remettre des notes aux juges, conformément à l'article 87 du décret du 30 mars 1808, il leur est interdit de prendre de nouvelles conclusions, et de former de nouvelles demandes;

. . . .

CONFIRME.

Chambre Civile. — M. CALMÈTES, *Premier Président.*

MM. MILANTA, BATTESTI, } *Avocats.*

DU 22 MARS 1854.

LEGS UNIVERSEL. — ENVOI EN POSSESSION. — ORDONNANCE. — APPEL.

L'ordonnance du Président du Tribunal, portant envoi en possession du légataire universel institué par testament olographe, est susceptible de recours, et cela tant par la voie de l'opposition devant ce magistrat (non devant le Tribunal) que par la voie de l'appel devant la Cour. [*Cod. Nap. 1008.*] (1).

Petriconi C. **Guadelli et Mattei.**

ARRÊT.

Après délibération en la chambre du conseil.

La Cour; — sur les conclusions conformes de M. de Casabianca, Avocat Général;

. . . .

Sur la demande en nullité de l'ordonnance d'envoi en possession :

Considérant que les Ordonnances d'envoi en possession, rendues par les Présidents des Tribunaux de première instance aux termes de l'article 1008 du Code Napoléon, ne sont pas une vaine formalité; — Qu'elles constituent des actes juridictionnels pouvant entraîner, en droit, de très-graves conséquences et, en fait, d'irréparables préjudices; — Que par suite, on ne pourrait les déclarer insusceptibles de tout recours, sans méconnaître les principes les plus certains du droit de la défense; — Qu'aussi est-il généralement admis, que les ordonnances d'envoi en possession peuvent être attaquées par la voie de l'op-

---

(1) Conf. Bastia, 10 janvier 1849 (V. notre Recueil tom. 5, où l'on a présenté l'état de la Jurisprudence et de la doctrine sur cette question controversée.

position devant les magistrats de qui elles émanent, et par la voie de l'appel devant la juridiction supérieure des Cours Impériales;

Mais considérant que la dame Petriconi, qui, dans ses conclusions, a contesté la régularité de l'Ordonnance d'envoi en possession, rendue par le Président du Tribunal Civil de Bastia le 28 juin 1852, n'a introduit sa demande en nullité de ladite Ordonnance ni par l'une, ni par l'autre des deux voies qui lui étaient ouvertes; — Qu'elle en a saisi directement le Tribunal Civil de Bastia, qui ne pouvait en connaître ni sur l'opposition, ni sur l'appel; — Qu'ainsi la dame Petriconi a fait ce qu'elle ne pouvait pas faire, et ce qu'elle pouvait faire, elle ne l'a point fait : *fecit quod non potuit, quod potuit non fecit;*

Considérant que les héritiers naturels de feu Paul-Marie Guadelli ont procédé avec la même irrégularité; — Que dans ces circonstances, et sans approuver les motifs qui ont déterminé les premiers juges, il y a lieu de confirmer leur décision quant à ce, l'Ordonnance d'envoi en possession n'ayant été légalement attaquée ni devant le Tribunal de première instance, ni devant la Cour;

. . . .

CONFIRME.

Chambre Civile. — M. CALMÈTES, *Premier Président.*

MM. GRAZIANI, MILANTA, TOMMASI, *Avocats.*

DU 5 AVRIL 1854.

INTERROGATOIRE SUR FAITS ET ARTICLES. — APPEL. — OPPOSITION.

En admettant qu'en principe, les jugements qui statuent sur les demandes à fin d'interrogatoire sur faits et articles ne soient susceptibles d'aucun recours, soit par la voie de l'appel, soit par la voie de l'opposition, en ce qui touche la pertinence des faits sur lesquels doit porter l'interrogatoire; il en serait autrement quant aux moyens d'appel pris de l'inobservation des formalités spéciales prescrites pour cet incident. — Ainsi, en cette matière, est recevable l'appel motivé sur ce que les juges auraient admis les parties à prendre des conclusions à l'audience et à plaider non-seulement sur la pertinence des faits, mais encore sur l'admissibilité et l'opportunité de l'interrogatoire. [*Cod. Proc. Civ. art. 325.*] (1).

---

(1) Les questions relatives à l'admissibilité de l'opposition et à la recevabilité de l'appel des jugements sur requête qui ordonnent un interrogatoire sur faits et articles sont fort indécises en jurisprudence et parmi les auteurs.

L'opposition est déclarée admissible par les Cours de Paris, 28 mai 1808 (D. P. 2, 536); — 5 mai 1825 (S. V. 26, 2, 117); — 19 novembre 1829 (D. P. 30, 2, 269); — Bruxelles, 1er décembre 1810 (S. V. 12, 2, 19 et D. P. 11, 2, 160); — Grenoble, 27 février 1812 (J. Av. tom. 14, pag. 709; — Lyon, 28 janvier 1824 (S. 25, 2, 49); — Montpellier, 27 décembre 1825 (D. P. 27, 2, 43 et S. V. 27, 2, 42); — Metz, 7 juin 1827; — Rouen, 9 février 1829 (D. P. 30, 2, 69 et S. V. 30, 2, 216); — Caen, 11 mai 1852 (S. V. 53, 2, 71). — C'est dans ce sens que se prononcent PIGEAU, tom. 1er, pag. 584, 211, 284; — FAVARD DE LANGLADE, tom. 3, pag. 115, n° 7; — DEMIAU-CROUZILHAC, pag. 239, 240, n° 239; — THOMINE DESMAZURES, tom. 1er, pag. 531, 532; — BIOCHE, *Dict. de Proc.* V° *Interr. sur faits et articles*, n° 46; — MERLIN, V° *Oppos.* § 2; — RODIÈRE, pag. 220; — CRIVELLI, sur Pigeau, tom. 1er, pag. 304, n° 1.

Le contraire est consacré par les Cours de : Amiens, 26 juillet 1822 et 8 avril 1824 (DALLOZ, *Jur. Gén.* 2e édit. tom. 29, pag. 116, n° 57, et S. V. 24, 2, 244); — Grenoble, 3 janvier 1826 et 26 février 1831 (D. P. 31, 2, 201 et S. V. 32, 2, 83); — Paris, 11 janvier 1836 et 18 décembre 1837 (D. P. 36 et 38, 2, 162 et 212; — Besançon, 2 janvier 1838 (D. P. 39, 2, 96; — Poitiers, 25 janvier 1848 (D. P. 48, 2, 109). — Et cette opinion est partagée par BONCENNE, tom. 4, pag. 538; — CARRÉ et CHAUVEAU, quest. 1020 et 1241; — BOUCHER D'ARGIS, *Taxe*, V° *Interr. sur faits et articles*, pag. 202; — DALLOZ, *Jur. Gén. ubi supra.*

La recevabilité de l'appel professée par Pigeau, Favard de Langlade, Demiau, Thomines, *ut supra*; Dalloz, *Arm. Dict. Gén.* tom. 3, pag. 162, n° 96, V° *Interr. sur faits et articles*;

Campana C. Campana.

ARRÊT.

Après délibération en la Chambre du Conseil.

La Cour; — sur les conclusions de M. de Casabianca, Avocat Général;
Considérant que pour apprécier le mérite de la fin de non-recevoir opposée par André Campana à l'appel relevé par les parties de Pelle-

---

Crivelli sur Pigeau, *loc. cit.*; Merlin, *loc. cit.*, trouve un appui dans les décisions des Cours de : Turin, 27 janvier 1808 (Dalloz, *Alph.* 9, 575; — Lyon, 26 août 1822 (Dalloz, *Jur. Gén.* 2e édit. tom. 29, V° *Interr. sur faits et articles*, n° 62); — Grenoble, 3 janvier 1826 (D. P. 26, 2, 138); — Bruxelles, 14 mars 1827 (D. P. 30, 2, 257); — Paris, 19 novembre 1829 (D. P. 30, 2, 269); — Besançon, 2 janvier 1838 (D. P. 39, 2, 96).

Chauveau et Carré, Boucher d'Argis, *ut supra*, et autres auteurs cités ci-dessus, la rejettent au contraire; ce que font également les Cours de : Toulouse, 5 mai 1829 (J. Av. 39, 17); — Liége, 15 mai 1837 (J. Av. 47, 581); — Paris, 11 janvier 1836 et 18 décembre 1837 (D. P. 36, 2, 162 et 38, 2, 212); — C. Cass. de Belgique, 13 octobre 1837 (Dalloz, *Jur. Gén. loc. sup. cit.*); — Poitiers, 25 janvier 1848 et 11 décembre 1847 (D. P. 48 et 51, 2, 109 et 91); — Toulouse, 28 janvier 1853 (S. V. 53, 2, 49). — Voir, en outre, sur la matière, Berriat Saint-Prix, pag. 313, note 10; — Delaporte, pag. 310; — Hautefeuille, pag. 179 et 180; — Rodier, Bourbeau et Lepage. — Voir aussi arrêts de Turin, 1er mai 1810; Bruxelles, 23 février 1809, 17 février 1819 et 25 novembre 1829, rapportés à leur date dans le *Journal du Palais*. — *Junge, Observ.* de M. Maniez, conseiller à la Cour de Poitiers, rapp. en note du *Rec. Per.* de Dalloz, 2e part. pag. 109, année 1851.

En principe, l'opposition est admissible et l'appel recevable dans tous les cas où ces voies ne sont pas interdites par une loi spéciale. Or, cette défense ne se rencontre dans aucun des articles qui règlent l'interrogatoire sur faits et articles. On est d'autant plus impuissant à l'y trouver, que l'orateur du Conseil d'Etat dit expressément que si la partie interrogée refuse de répondre sur des faits qui ne lui paraissent pas pertinents, le juge-commissaire doit dresser procès-verbal sommaire du motif du refus et renvoyer à l'audience où il est statué; — et que, lors de la discussion de l'art. 325 du Cod. de Proc. Civ. la section de législation du Tribunat, préoccupée des difficultés d'interprétation que présenterait cette disposition, observa qu'il était indispensable d'ajouter : « *que le jugement serait exécutoire nonobstant opposition ou appel.* » De ce que cette proposition ne fut point adoptée, il ne s'ensuit sans doute pas que la voie de l'opposition ou celle de l'appel soit fermée contre le jugement qui ordonne l'interrogatoire.

L'art. 324 du Cod. de Proc. Civ. autorise l'interrogatoire lorsque les faits et articles sont pertinents et concernent seulement la matière dont il s'agit. Pour reconnaître cette perti-

grini, il importe, avant tout, de déterminer quel est, en général, le caractère du jugement qui ordonne une audition catégorique, et en particulier, quel est le caractère du jugement soumis à l'appréciation de la Cour;

---

nence, le juge doit donc procéder à l'examen des faits côtés; d'où il suit que le jugement qui intervient à cet égard, a tous les caractères d'un interlocutoire, le juge pouvant puiser dans les réponses la base de sa décision, et aux termes de l'art. 330 du même code, si la partie ne comparaît pas ou refuse de répondre, tenir les faits pour avérés. Or, incontestablement, un pareil jugement fait grief, et, dès lors, il faut faire application à cette matière du droit commun.

Vainement oppose-t-on ces mots de l'art. 324 : *sans retard de l'instruction ni du jugement.* Si ces mots énonçaient une règle prohibitive de laquelle les juges ne pussent se départir, jamais l'interrogatoire ne devrait être ordonné, car l'admission de l'interrogatoire sur faits et articles entraîne toujours un retard quelconque à sa suite, spécialement dans le cas de l'art. 328.

Vainement aussi veut-on induire la non-recevabilité de l'appel des termes de l'art. 79 du tarif. Toutes choses doivent être égales entre les plaideurs : et c'est précisément parce que l'art. 79 précité dispose que le jugement qui ordonne l'interrogatoire sera rendu sur requête, que la justice et la raison ne peuvent vouloir refuser à la partie qui doit être interrogée le droit de contester le mérite d'un pareil jugement.

Cependant, si malgré ce que nous venons de dire, la solution donnée par la Cour de Bastia devait prévaloir, et s'il fallait déclarer, en thèse générale, que les jugements qui ordonnent ou refusent un interrogatoire sur faits et articles ne sont susceptibles d'aucun recours, il nous semble que l'appel ne pouvait pas être reçu par cela seul que, comme dans l'espèce, le tribunal aurait admis les parties à discuter la pertinence des faits articulés. Nous pensons, en effet, que les arguments au moyen desquels on repousse l'appel en général, sont entièrement applicables au cas particulier dont il s'agit, que les inconvénients seraient toujours les mêmes, et que les précautions prises, dit-on, par le législateur pour interdire tout droit de critique ou d'examen, relativement aux faits sur lesquels l'interrogatoire doit porter, deviendraient illusoires dans l'une comme dans l'autre hypothèse. Nous croyons même pouvoir ajouter que la loi serait, selon nous, formellement violée, si l'omission ou l'inobservation des formalités prescrites suffisait pour ouvrir la voie de l'appel contre un jugement qui, au fond, n'aurait pas été susceptible de ce recours. Telle est, du moins, la conclusion qui nous paraît devoir être tirée du § 2 de l'art. 480 du Code de Proc. Civ. qui autorise la requête civile contre les jugements en dernier ressort lors desquels les formes prescrites à peine de nullité ont été violées, ainsi que des art. 65, 66 de la loi du 22 frimaire an VIII, et 3 de la loi du 20 avril 1810, portant en résumé qu'il y a ouverture à Cassation contre les décisions en dernier ressort rendues sur des procédures, dans lesquelles les formes ont été violées ou qui contiennent quelque contravention expresse à la loi. — V. *Conf.*; mais par d'autres motifs, DALLOZ, *Jur. Gén.* 2e édit. V° *Interr. sur faits et articles.* — Dans le sens de l'arrêt de Bastia, CHAUVEAU, quest. 1241 *bis*, et Rouen, 18 mars 1828 (S. V. 28, 2, 174).

Considérant que les articles 323 et suivants du Code de Procédure Civile renferment un ensemble de dispositions formant un tout systématiquement lié et créant une procédure exceptionnelle, destinée à réglementer tout ce qui concerne les interrogatoires sur faits et articles ;

Considérant qu'il résulte de ces dispositions sainement entendues, que l'audition catégorique a essentiellement pour but d'obtenir directement de la partie des éclaircissements qu'elle seule peut donner à la justice ; — Que la principale utilité de ce mode d'investigation consiste dans l'imprévu des demandes et dans la spontanéité des réponses ; — Que le législateur a dû, dès lors, tracer, en cette matière, des règles spéciales, dérogatoires, sous certains rapports, aux principes du droit commun ; — Que ces règles tendent manifestement à isoler la partie qui doit être interrogée, à la placer en face du juge sous les seules inspirations de sa conscience et sans qu'il lui soit possible d'étudier un système de réponses suggérées par la mauvaise foi et artificieusement combinées ;

Que la pensée de la loi se révèle surtout dans les articles 324, 325, 333 du Code de Procédure Civile et 79 du tarif ;

Que d'après ces articles, la partie que l'on demande à faire interroger ne doit être ni entendue, ni appelée, ni avertie avant le jugement qui ordonne l'interrogatoire ; — Que la requête contenant l'exposé des faits et articles ne doit lui être signifiée qu'avec le jugement qui autorise l'interrogatoire et avec l'ordonnance qui en fixe le jour ; — Qu'il suffit même que vingt-quatre heures séparent l'interrogatoire de la signification de la requête et du jugement ;

Considérant que la partie sommée de comparaître est tenue de se présenter seule, sans assistance de conseil et sans pouvoir lire ou consulter aucun projet de réponse écrite ; — Qu'enfin l'article 324 précité porte en termes exprès que l'interrogatoire ne doit retarder ni l'instruction, ni le jugement de la cause ;

Considérant que ces règles si exceptionnelles témoignent, avec évidence, que le législateur a voulu proscrire, en cette matière, toute discussion contradictoire préalable à l'interrogatoire, et, comme conséquence nécessaire, tout recours contre le jugement qui l'ordonne ; — Qu'en effet, l'opposition et l'appel, si ces voies de recours étaient admises, donneraient toujours à la partie condamnée à subir l'interrogatoire, le moyen d'obliger le demandeur à discuter contradictoirement la pertinence des faits et à dévoiler ainsi sa pensée secrète, qui souvent se trouve dissimulée sous les artifices d'une habile articulation ;

Mais considérant que l'opposition et l'appel ne présentent les inconvénients qui viennent d'être signalés et ne sont, par cela même, prohibés, que lorsque le premier juge, en se conformant littéralement à la loi spéciale de la matière, a examiné secrètement dans la chambre du conseil l'admissibilité de l'interrogatoire et la pertinence des faits, et qu'il s'est borné à prononcer le jugement à l'audience, en s'abstenant de donner aux faits articulés aucune publicité ;

Considérant que si, par une violation formelle de ces règles, le tribunal de première instance avait admis les parties, ainsi que cela s'est réalisé dans l'espèce, à prendre des conclusions à l'audience, à plaider non-seulement sur la pertinence des faits, mais encore sur l'admissibilité et l'opportunité de l'interrogatoire, il est manifeste que les motifs qui ont déterminé le législateur à proscrire l'opposition et l'appel demeureraient sans puissance et sans valeur ;

Que dès qu'on s'écarte des formes et des règles spéciales à l'interrogatoire sur faits et articles, pour se placer dans les conditions du droit commun, le jugement qui intervient doit être soumis à toutes les voies de recours que le droit commun autorise ;

Considérant, d'ailleurs, qu'en raison des circonstances dans lesquelles le jugement attaqué a été rendu et des motifs qui lui servent de base, la décision dont il s'agit présente tous les caractères d'un véritable interlocutoire ; — Que, par conséquent, il y a lieu de déclarer, à ces divers points de vue, que la fin de non-recevoir opposée à l'appel n'est point fondée ;

Au fond : — Considérant que quelle que soit l'irrégularité, en la forme, du jugement dont est appel, la Cour ne saurait en prononcer, à ce point de vue, l'annulation ;

Considérant, en effet, que les parties de Pellegrini seraient irrecevables à la demander, puisque c'est par elles qu'a été provoquée, en première instance, la violation des formes légales; — Que leur demande serait dès lors repoussée par la maxime : *Non auditur appellans de his quæ ipse facienda curavit.*

Considérant qu'André Campana n'aurait pu s'en plaindre de son côté, s'il y avait eu intérêt, que par la voie de l'appel incident, appel qui n'a pas été relevé;

Considérant, d'autre part, que la Cour ne peut annuler le jugement en statuant d'office, la violation des règles relatives à la procédure ne constituant point une nullité d'ordre et d'intérêt public.

. . . .

SANS S'ARRÊTER à la fin de non-recevoir envers l'appel relevé par les parties de Pellegrini et icelle REJETANT comme mal fondé,

CONFIRME.

Chambre Civile. — M. CALMÈTES, *Premier Président.*

MM. MILANTA, CAMOIN-VENCE, SAVELLI, } *Avocats.*

DU 10 AVRIL 1834.

1° DONATION ENTRE-VIFS. — NULLITÉ. — ACCEPTATION (DÉFAUT D'). — RATIFICATION. — HÉRITIERS.
2° PARTAGE D'ASCENDANT. — RATIFICATION.
3° TESTAMENT. — FOI. — MENTION. — INTERPRÉTATION.
4° TESTAMENT AUTHENTIQUE. — SIGNATURE. — LECTURE.

1° La nullité d'une donation pour défaut d'acceptation est de celles qui, aux termes de l'article 1340 du Code Napoléon, sont susceptibles d'être couvertes, à l'égard des héritiers du donateur, soit par la ratification expresse, soit par l'exécution volontaire de la donation après la mort du donateur (1).

2° Et la même solution est applicable au cas de nullité d'un partage d'ascendant par acte entre-vifs, auquel tous les copartageants n'ont pas concouru ou adhéré du vivant de l'ascendant. — En un tel cas donc, si ces copartageants ont fait des actes d'exécution du partage postérieurement au décès de l'ascendant, ils ne peuvent plus se prévaloir de la nullité du partage. [*C. Nap., art. 1075, 1076*] (2).

Mais les actes d'exécution que les copartageants auraient faits avant le décès de l'ascendant donateur ne pourraient leur être opposés (3).

(1, 2 et 3) Il résulte clairement du texte même des art. 1075 et 1076 Cod. Nap., que les partages faits par les ascendants entre leurs descendants, quoiqu'ils ne constituent en réalité ni de véritables donations ni de véritables legs, sont cependant soumis à toutes les règles et conditions prescrites pour les donations entre-vifs ou pour les testaments, selon la forme qui a été adoptée pour l'acte de partage. Il est donc évident que l'acceptation des descendants est aussi nécessaire à la validité d'un partage d'ascendant par acte entre-vifs, que le devient l'acceptation du donataire dans le cas prévu par l'art. 932 du code précité. Cette vérité incontestable une fois admise, la Cour avait à se demander si la nullité produite par le défaut d'acceptation ne pouvait pas être couverte aux termes de l'art. 1340 du Cod. Nap.; et elle a décidé avec raison, selon nous, que cette nullité n'est pas d'ordre public; que par suite, les héritiers du donateur qui ont expressément ratifié ou volontairement exécuté la donation, ne peuvent plus en demander la nullité sous le prétexte qu'elle n'avait pas été acceptée par le donataire. C'est d'ailleurs ce qu'a décidé la Cour de Colmar par ses arrêts des 10 décembre 1808 et 18 juillet 1809 (S. 9. 2, 161 et 11, 2, 478); ainsi que la Cour de Besançon le 23 juin 1852 (S. V. 55, 1, 95); C'est une vérité qui nous semble incontestablement démontrée par les doctrines que professent : MERLIN, *Répert.*, V° *Testam.*, pag. 761; — ZACHARIÆ, tom. 5, pag. 60; — TROPLONG, *Des Don. et Testam.*, tom. 5,

3° Les testaments ne font pas foi des simples déclarations du testateur relatives à des faits qu'elles ont pour but de constater en dehors de toute intention de libéralité.

Spécialement : *La déclaration faite par un père de famille, dans son testament, que l'un de ses enfants a reçu de lui, avant sa mort, une somme déterminée, ne suffit pas pour donner droit aux autres enfants d'exiger que celui-ci tienne compte de la somme dont il s'agit, dans le partage de la succession du père commun.*

La règle d'interprétation établie dans l'article 1157 du Cod. Napoléon en matière de contrat, d'après laquelle, lorsqu'une clause est susceptible de deux sens, on doit plutôt l'entendre dans celui avec lequel elle peut avoir quelque effet, que dans le sens avec lequel elle n'en pourrait produire aucun, est applicable en matière de testament (4).

---

nos 1065, 1090, 1092; — Dalloz, *Jur. Gén.*, 2e édit., Vo *Disp. entre-vifs et Testam.*, no 1310. Voir en outre la note de Devilleneuve mise au bas de l'arrêt que nous rapportons (S. V. 54, 2, 236). — Nous croyons devoir faire remarquer que l'arrêt de la Cour de Besançon ci-dessus indiqué a été cassé le 24 juillet 1854 (S. V. 55, 1, 95), mais par le motif que, s'agissant d'une donation faite à un établissement public, l'autorisation nécessaire pour pouvoir l'accepter est prescrite dans un intérêt d'ordre public, et ne peut être suppléée par la ratification ou l'exécution des héritiers du donateur. La simple lecture de cette décision de la Cour de cassation suffirait, à notre sens, pour justifier la doctrine proclamée par la Cour de Bastia.

(4) Permettre à un père de famille de constater dans son testament qu'il est créancier ou débiteur d'un de ses enfants, lorsque cette créance ou cette dette ne résultent d'aucun autre fait, d'aucune autre pièce justificative, ce serait, selon nous, l'autoriser par une voie indirecte à dépasser, en faveur ou contre ce même enfant, la quotité de la portion disponible fixée par la loi. Il dépendrait en effet de la seule volonté du testateur de créer un titre qui donnerait à un de ses enfants le droit de prélever sur la succession une somme qui ne lui est pas due, ou lui imposerait l'obligation de laisser opérer ce prélèvement par ses cohéritiers. La Cour de Bastia s'est déjà prononcée dans ce sens le 10 mai 1823; et la Cour de cassation en rejetant le pourvoi dirigé contre un arrêt de la Cour de Dijon du 20 juillet 1832, a confirmé cette jurisprudence le 27 juin 1833 (S. V. 33, 1, 691). — On peut consulter d'ailleurs sur ce point de doctrine : Toullier, tom. 5, no 636; — Merlin, *Répert.* Vo *Testam.* sect. 2, § 6; — Troplong, *ubi suprà*, tom. 2, no 728 et tom. 4, nos 1973, 2054 et suiv. — Quant au point de savoir si la règle d'interprétation, établie par l'art. 1157 Cod. Nap. en matière de contrats, est applicable en matière de testaments, l'affirmative nous paraît hors de toute contestation. V. Riom, 3 déc. 1827 (S. 30, 2, 30); — Rejet, 23 juillet 1834 (S. V. 34, 1, 577); — Douai, 10 mai 1854 (S. V. 54, 2, 435). — Poujol et Vazeille, sur l'art. 972; — Troplong, tom. 1er, nos 117 et 118, tom. 4, nos 1906 et 1907; — Dalloz, *ubi sup.* nos 2836 et 3498.

4° Pour la validité d'un testament authentique, il n'est pas nécessaire qu'il soit donné lecture au testateur de la déclaration par lui faite qu'il ne peut signer [C. Nap. art. 972, 973] (5).

Arrighi C. **Paoli.**

ARRÊT.

Après délibération en la chambre du conseil.

La Cour, sur les conclusions de M. Bertrand, Premier Avocat Général;

Sur le 1er grief de l'appel principal relatif a la nullité de l'acte de partage du 24 Septembre 1826 :

Considérant que les partages d'ascendants, lorsqu'ils ont lieu par actes entre-vifs, participent de la nature des donations entre-vifs et sont soumis aux mêmes règles et aux mêmes conditions; — Que, par suite, le partage d'ascendant auquel les co-partageants n'ont pas concouru et qu'ils n'ont pas sanctionné par leur acceptation, est irrégulier et nul;

Mais considérant que cette nullité n'est point d'ordre et d'intérêt public; — Que, d'autre part, le législateur moderne n'a point reproduit les sévères dispositions de l'Ordonnance de 1731 prohibitive de tout autre mode d'acceptation que l'acceptation expresse; — Que l'article 1340 du Code Napoléon, en cela conforme aux principes du Droit Romain, admet la ratification de la donation non acceptée, *Non tantum verbis, sed etiam actu;* — Que d'après cet article l'exécution

(5) Jurisprudence désormais constante, malgré un arrêt de la Cour de Paris du 14 juillet 1851 (S. V. 52, 2, 26), et l'opinion de Troplong, *Des Don. et Testam.* tom. 3, n° 1591. — V. en effet, entre autres arrêts, Aix, 16 février 1853; Dijon, 3 mars 1853; Douai, 24 mars 1853 (S. V. 53, 2, 182, 377 et 379); — Cass. 8 mai, 4 et 12 juin 1855 (S. V. 55, 1, 597 et 56, 1, 251).

volontaire d'une donation par les héritiers ou ayants-cause du donateur, après son décès, emporte leur renonciation à opposer soit les vices de forme, soit TOUTE AUTRE EXCEPTION; — Que la généralité de ces derniers termes comprend nécessairement le vice résultant du défaut d'acceptation;

Considérant que, dans l'espèce, il est constant que la donation contenue dans l'acte de partage anticipé du 24 Septembre 1826, n'a point été acceptée par les enfants de Pierre-Paul Arrighi ascendant donateur;

Considérant que la nullité qui résultait du défaut d'acceptation n'intéressant qu'André-Antoine Arrighi, auteur des appelants principaux, il était libre de renoncer à s'en prévaloir suivant la maxime : *Unicuique licet juri pro se introducto renuntiare;*

Considérant que vainement les appelants opposent que l'acte de partage de 1826 étant vicié dans son essence, il était comme non avenu et ne pouvait être ni confirmé, ni ratifié;

Considérant que la ratification admise par la loi suppose l'existence d'un vice qui rendrait l'acte inefficace et nul, si ce vice n'était réparé ou couvert; — Qu'on ne saurait donc légitimement argumenter de la nullité de l'acte pour en induire l'impossibilité de la ratification;

Considérant que ces principes ainsi établis, il reste à examiner si le défaut d'acceptation de la donation contenue dans le partage de 1826, a été couvert par la ratification résultant de l'exécution volontaire;

Considérant qu'on ne peut invoquer, comme constituant un acte d'exécution suffisant, la prise de possession des biens par les enfants Arrighi immédiatement après l'acte de partage et avant le décès du donateur;

Considérant que toute stipulation sur une succession future est formellement interdite par la loi, et qu'on annihilerait ce principe d'ordre public, si l'on admettait que par une voie indirecte, à l'aide d'actes ou de faits d'exécution volontaire antérieurs à l'ouverture de la succession, un héritier peut être dépouillé du droit de provoquer un partage nouveau, après le décès de son auteur;

Considérant, d'ailleurs, que la ratification du vivant du donateur par des actes d'exécution volontaire, est manifestement repoussée par les articles 932, 1339 et 1340 du Code Napoléon;

Mais considérant que, dans la cause, l'exécution volontaire ne résulterait pas seulement de la prise de possession antérieure au décès du père et immédiatement après l'acte de partage anticipé; — Que la jouissance séparée, exclusive et à titre de maître, de chaque lot par chaque co-héritier, s'est continuée après l'ouverture de la succession de Pierre-Paul Arrighi donateur; — Que même le sieur André-Antoine Arrighi, auteur des appelants principaux et l'un des co-partageants dans l'acte de 1826, a vendu, par acte public du 12 Septembre 1835, l'immeuble dit l'*enclos de la Serricchia* qui lui avait été imparti dans l'acte de 1826; — Que cette vente a été faite sous la garantie de fait et de droit expressément stipulée, et avec déclaration que l'acquéreur pourrait immédiatement disposer du terrain à lui vendu;

Considérant que ces stipulations impliquent le droit de propriété en la personne du vendeur;

Considérant que l'*enclos de la Serricchia* ne pouvait appartenir à ce dernier qu'en vertu du partage anticipé de 1826; — Que, par conséquent, l'acte de vente dont il s'agit constitue la plus énergique des exécutions volontaires;

Considérant que l'immeuble de la *Serricchia* a été revendu par le sieur Dominique Leca qui l'avait acquis du sieur André-Antoine Arrighi;

Que tout démontre que le partage du 24 Septembre 1826 avait été fait en vue du mariage d'Angèle-Françoise Arrighi, fille du donateur;

Que ce mariage fut célébré le 4 Octobre de la même année, sous la foi de cet acte;

Que dans de telles circonstances, il y aurait un danger manifeste pour le repos des familles et pour les tiers, à annuler un partage sanctionné par le temps et par l'exécution unanime des parties intéressées;

Considérant que le testament de Pierre-Paul Arrighi du 23 Août 1834, ne faisait pas obstacle à la ratification de la donation contenue dans le partage de 1826, soit parce que les deux actes dont il s'agit n'étaient point inconciliables, soit parce que la ratification postérieure au décès emportait renonciation à se prévaloir même des exceptions résultant dudit testament; — Qu'ainsi et par les divers motifs qui précèdent, il y a lieu de déclarer que le premier grief de l'appel principal n'est point fondé.

. . . .

SUR LE IIIe GRIEF RELATIF A LA SOMME DE QUATRE CENTS FRANCS QUI, D'APRÈS LE TESTAMENT DU SIEUR PIERRE-PAUL ARRIGHI, AURAIT ÉTÉ REÇUE DE SON VIVANT PAR SA FILLE ANGÈLE-FRANÇOISE, MÈRE DE MARIE-JEANNE PAOLI, INTIMÉE :

Considérant que les déclarations contenues dans les testaments, lorsqu'elles ne constituent pas des actes de libéralité, n'ont de force et de valeur que si elles trouvent leur preuve et leur justification en dehors du testament lui-même;

Considérant que dans la cause il n'apparait d'aucun document, d'aucun fait, d'aucune disposition, que Françoise-Angèle eût reçu de son père la somme de quatre cents francs mentionnée dans le testament de ce dernier; — Qu'il y a lieu, par conséquent, de confirmer aussi, quant à ce, la décision des premiers juges.

SUR L'APPEL INCIDENT :

Considérant que si les testaments ne sont pas entourés aujourd'hui de la même faveur que sous le Droit Romain, suivant lequel leur confection appartenait non au droit privé, mais au droit public, *non privati, sed publici juris,* il n'en faut point conclure que les formalités des testaments publics aient été dictées par un esprit d'hostilité contre le droit de tester; — Qu'elles ont eu pour but, au contraire, d'assurer la libre manifestation des dernières volontés et de prévenir les fraudes qui pourraient être commises dans la rédaction de ces actes;

Considérant que la Cour de cassation, si sévère d'abord pour tout ce qui se rattache à l'observation des formalités testamentaires, est entrée plus tard dans une voie plus rationnelle et plus juste, en décidant que l'article 1157 du Code Napoléon devait être appliqué en matière de testament;

Considérant, dès lors, que si la question soulevée par l'appel incident pouvait présenter quelques doutes, elle devrait être résolue plutôt dans le sens qui aurait pour résultat le maintien du testament, que dans celui qui entraînerait son annulation;

Mais considérant que la question dont il s'agit ne présente point des doutes sérieux; — Qu'il y a lieu de distinguer, en effet, dans les testaments par actes publics, l'expression de la volonté du testateur de l'acte destiné à la constater;

Considérant que les articles 972 et 973 du Code Napoléon, renferment des dispositions qui ont un objet essentiellement différent et qu'on ne saurait confondre; — Que le premier de ces articles se réfère au testament lui-même, à sa dictée, à son écriture et à sa lecture; — Qu'il consacre le droit spécial de la matière; — Que l'article 973 n'est que la reproduction de l'article 14 de la loi du 25 Ventôse an XI, lequel est applicable à tous les actes publics;

Considérant que ces deux derniers articles n'imposent nullement au notaire l'obligation de donner lecture de la mention que la formalité qu'ils prescrivent a été observée;

Considérant que les notaires, en qualité d'officiers publics, ont incontestablement le pouvoir de constater, avec le concours et la signature des témoins, le fait matériel que le testateur a déclaré qu'il ne savait ou ne pouvait signer; — Que, par conséquent, le testament de Pierre-Paul Arrighi, en date du 30 mai 1835, ne saurait être annulé pour défaut de lecture au testateur de la mention qu'il ne savait signer, laquelle mention se trouve placée après celle de la lecture du testament lui-même; — Que, par suite, c'est le cas de déclarer l'appel incident mal fondé;

. . . .

CONFIRME.

Chambre Civile. — M. CALMÈTES, *Premier Président.*

MM. GAVINI, BONELLI } *Avocats.*

DU 3 MAI 1854.

1° SAISIE IMMOBILIÈRE. — ACTION EN NULLITÉ. — PROCÉDURE. — COMMANDEMENT. — FIN DE NON-RECEVOIR.

2° FORMULE EXÉCUTOIRE. — JUGEMENT. — EXÉCUTION. — FORMULE EN VIGUEUR AU MOMENT DE L'EXPÉDITION.

3° EXCEPTIONS. — DÉFENDEURS. — JUGEMENT AU FOND. — FIN DE NON-RECEVOIR.

1° La fin de non-recevoir résultant de l'article 728 du Code de Procédure Civile, s'applique aussi bien à l'action en nullité contre le commandement tendant à saisie que contre la procédure qui précède la publication du cahier des charges (1).

2° Les actes et jugements antérieurs au décret du 13 Mars 1848, ont pu être exécutés sous la seule formule exécutoire dont ils avaient été originairement revêtus.

L'addition de la formule républicaine n'est pas prescrite à peine de nullité (2).

---

(1) Nous croyons nécessaire de faire remarquer que la nullité du commandement n'avait été demandée que postérieurement au procès-verbal de saisie; et que, par suite, c'est avec raison que la Cour a décidé, que l'action des appelants constituait un véritable incident sur une poursuite en saisie immobilière et devait être régie par les dispositions des art. 728 et suiv. du Code de procédure civile. S'il en eût été autrement, et si une opposition au commandement avait été faite avant que la saisie n'eût été liée avec les appelants, nous penserions que l'instance ainsi engagée ne pourrait pas être considérée comme un incident à la saisie, serait toujours soumise aux règles ordinaires, et ne tomberait pas sous l'application des principes édictés dans le titre 13 du Code précité. V. Cass. 1er fév. 1830 (S. 30, 1, 401); — Toulouse, 14 déc. 1848 (S. V. 51, 2, 682); — Cass. 9 janv. 1854 (S. V. 54, 1, 55); — CHAUVEAU sur CARRÉ, n° 2422 bis.

Cependant cette distinction semblerait avoir été repoussée par un arrêt de la Cour de Paris du 8 mai 1851 (S. V. 51, 2, 266), lequel décide que les incidents relatifs au commandement sont soumis à la même juridiction que les questions qui viendraient à surgir après la saisie. Nous ne saurions adopter cette opinion qui nous semble contraire à la loi sainement interprétée et qui est contredite par la jurisprudence de la Cour de cassation.

(2) La Cour de Paris, qui avait décidé le contraire par un arrêt du 20 janv. 1849 (S. V. 49, 2, 153), est revenue à la doctrine adoptée par la Cour de Bastia, en confirmant, le 3 janv. 1852, un jugement rendu par le tribunal de la Seine, le 25 janvier 1851, et motivé, ce nous semble, avec beaucoup de soin (S. V. 52, 2, 142). — Prononcer la nullité d'un acte pour une omission pour laquelle aucune peine n'a été édictée, ce serait, à notre sens, se mettre en contradiction avec l'esprit et le texte de la loi.

3° Tous les moyens et exceptions qui pouvaient être proposés par le défendeur sont écartés par le jugement qui accueille la demande.

Mastagli C. Flach.

ARRÊT.

Après délibération en la Chambre du Conseil,

La Cour; — sur les conclusions conformes de M. Bertrand, Premier Avocat Général;

En ce qui concerne la nullité de la saisie-immobilière résultant de l'illégalité de la formule exécutoire des deux jugements et de l'arrêt signifiés en tête du commandement :

Considérant que ce moyen de nullité a été proposé pour la première fois devant la Cour; — Qu'il doit, dès lors, être repoussé soit en vertu de l'article 732 du Code de Procédure Civile, qui proscrit tous les moyens et toutes les exceptions non développés devant le premier juge et non énoncés dans l'exploit d'appel; soit par l'article 728 du même Code, en ce que le moyen dont il s'agit n'aurait pas été proposé trois jours au plus tard avant la publication du cahier des charges; — Que vainement Me Milanta a soutenu, dans l'intérêt des appelants, que l'article 728 précité ne s'applique point au commandement tendant à saisie, mais uniquement à la saisie et à la procédure qui la suit jusqu'à la publication du cahier des charges;

Considérant que cette distinction est repoussée par la généralité des termes de l'article 728; — Qu'on ne comprendrait pas que le législateur eût couvert d'une inégale protection la procédure en saisie immobilière et le commandement qui en est le préalable nécessaire; — Qu'il n'y aurait ni logique ni raison à déclarer à l'abri de toute atteinte directe la procédure antérieure à la publication du cahier des charges, tout en permettant de l'attaquer indirectement et par voie de conséquence, en admettant l'action en nullité contre le commandement; — Qu'ainsi le moyen de nullité fondé sur l'illégalité de la formule exécutoire des jugements et de l'arrêt en vertu desquels la saisie a procédé, doit être écarté par fin de non-recevoir ;

Considérant, au surplus, qu'au fond ce moyen ne saurait être accueilli ; — Qu'en effet le commandement dont la régularité est contestée a eu pour base le jugement du 1er Juillet 1817, celui du 3 Mai 1831, et l'arrêt du 28 Juillet 1851 ; — Qu'il a été signifié le 29 Décembre 1851 ;

Considérant que le jugement du 3 Mai et l'arrêt du 28 Juillet portent l'intitulé et le commandement prescrits par le décret du 13 Mars 1848, ce qui suffirait pour la parfaite régularité de la procédure ;

Considérant que le jugement du 1er juillet 1817 porte l'intitulé et le mandement exigés par la législation en vigueur à l'époque où la grosse en a été délivrée, c'est-à-dire par l'ordonnance du 16 Août 1830 ;

Considérant que le décret du 13 Mars 1848, en prescrivant une nouvelle formule exécutoire n'a pas entendu invalider celle dont les jugements et les actes antérieurs auraient été originairement revêtus ; — Qu'il n'a point ordonné que la formule ancienne serait supprimée ou modifiée ; — Qu'il a uniquement prescrit l'addition d'une formule exécutoire en harmonie avec la forme et les principes du nouveau gouvernement ;

Considérant que cette addition n'a pas même été exigée à peine de nullité ; — Que le décret du 13 Mars 1848 se trouve, sous ce rapport, en parfaite harmonie avec l'avis du Conseil d'État du 4e jour complémentaire An XIII, suivant lequel les grosses des contrats notariés peuvent être mises à exécution sous la seule formule exécutoire dont elles sont revêtues au moment de leur confection ; — Qu'il résulte de ces principes que les jugements et l'arrêt prémentionnés ont pu servir légalement de base à la saisie immobilière pratiquée au préjudice des appelants le 27 mars 1852, et que ce premier moyen de nullité doit être déclaré à la fois irrecevable et mal fondé.

En ce qui concerne la nullité de la saisie résultant de ce qu'elle aurait porté sur des immeubles qui ne provenaient point du débiteur originaire :

Considérant que, pour apprécier le mérite de ce moyen de nullité, il faut rechercher si les appelants sont héritiers purs et simples, ou seulement héritiers bénéficiaires de feu Paul-Baptiste Cataneo;

Considérant que vainement les mariés Mastagli invoquent, pour établir leur qualité d'héritiers bénéficiaires, le jugement du 4 Messidor An XIII; — Que ce jugement s'est borné à donner acte aux trois sœurs Cataneo de leur déclaration, qu'elles n'entendaient accepter la succession de leur père que sous bénéfice d'inventaire, mais sans rien statuer soit sur la qualité qui leur appartenait réellement, soit sur aucune des questions du litige;

Considérant, d'ailleurs, que la déclaration d'acceptation sous bénéfice d'inventaire ne produit les effets qui y sont attachés par la loi, que lorsqu'elle a été précédée ou suivie d'un inventaire exact et fidèle de tous les biens de la succession;

Considérant que les héritiers Cataneo n'ont fait procéder à aucun inventaire; — Qu'ils se sont même rendus opposants à celui qui fut dressé à la requête du sieur Gaëtan Flach, créancier dudit Paul-Baptiste Cataneo;

Considérant que les appelants ou leurs auteurs ont fait acte d'héritiers purs et simples, en aliénant une créance dépendant de la succession dont il s'agit, et en s'en appropriant la valeur;

Considérant, d'autre part, que lors du jugement du 27 Mai 1817, les trois sœurs Cataneo prirent la qualité d'héritières pures et simples de leur père Paul-Baptiste Cataneo; — Que les jugements du 1er juillet 1817 et 3 Mai 1831, passés en force de chose jugée, leur ont attribué cette même qualité; — Qu'ainsi il est irrécusablement établi en fait et souverainement constaté par lesdits jugements, que les appelants sont les héritiers purs et simples de feu Paul-Baptiste Cataneo, leur auteur;

En ce qui concerne la demande en sursis ayant pour objet d'établir que la créance, dont les intimés poursuivent le recouvrement, est éteinte par le paiement :

Considérant que la prétention qui sert de fondement à la demande en sursis, a été produite diverses fois en justice par les héritiers de feu Paul-Baptiste Cataneo; — Qu'on la retrouve notamment formulée dans les conclusions par eux prises, lors des jugements du 14 Messidor An XIII, et du 3 Mai 1831;

Considérant que nonobstant l'exception de paiement dont le mérite dut alors être apprécié, les héritiers Cataneo ont été condamnés au paiement de la dette de leur auteur; — Que les jugements et arrêt portant ces condamnations ont acquis l'autorité de la chose jugée; — Qu'il est, d'ailleurs, de principe en droit, que tous les moyens et exceptions qui auraient pu être opposés par le défendeur, sont définitivement écartés par le jugement qui admet la demande, lorsque ce jugement est passé en force de chose souverainement jugée; — Qu'ainsi la prétention des appelants, fondée sur l'extinction de la dette par le paiement, ne peut être aujourd'hui légalement reproduite;

Considérant qu'en l'état de la cause, ordonner le sursis et le règlement de comptes demandés par les époux Mastagli, dans le but avoué de paralyser les jugements de condamnation contre eux intervenus, ce serait manifestement violer la chose jugée et consacrer, en quelque sorte, l'impuissance de la justice pour ramener à exécution un titre de créance dont la sincérité n'est pas contestée;

Considérant que la Cour, dont la mission consiste essentiellement à assurer force au droit, ne saurait donner un si déplorable exemple, et qu'il y a lieu, par suite, de rejeter, comme irrecevable et mal fondée, la demande en sursis;

. . . .

CONFIRME.

Chambre Civile. — M. CALMÈTES, *Premier Président.*

MM. MILANTA, TOMMASI, } *Avocats.*

DU 8 MAI 1854.

ENQUÊTE. — ORDONNANCE DU JUGE-COMMISSAIRE. — PARTIE. — TÉMOINS.

L'ordonnance du juge-commissaire, qui fixe les jour et heure des dépositions des témoins, ne doit point être, sous peine de nullité, signifiée à la partie. [*Art. 261, Cod. proc. civ.*] (1).

La signification de l'ordonnance n'est prescrite qu'en ce qui concerne les témoins. [*Art. 260, Cod. proc. civ.*] (2).

Veuve Cardi C. Saliceti.

ARRÊT.

Après délibération en la Chambre du Conseil.

La Cour; — sur les conclusions de M. Bertrand, Premier Avocat Général;

Sur la nullité de l'enquête :

Considérant que le moyen de nullité est fondé sur le défaut de signification aux mariés Saliceti de l'Ordonnance de M. le Juge Commissaire, qui permet d'assigner les témoins aux jour et heure indiqués;

Considérant que la signification de l'ordonnance n'est prescrite, à

(1-2) Ces solutions nous semblent de toute évidence, malgré que Carré, dans son commentaire de l'art. 261, s'exprime en ces termes : « Après avoir obtenu du juge-commissaire » l'ordonnance prescrite par l'art. 259, chaque poursuivant *la fait signifier à sa partie adverse,* » avec assignation à comparaître aux jour et heure fixés, devant ce magistrat, pour être » présent, si bon lui semble, à l'enquête. » Les termes dont le législateur s'est servi dans les art. 260 et 261, et le but qu'il s'est proposé sont tellement différents, qu'il ne serait pas logique, selon nous, d'appliquer les formalités prescrites pour les témoins à l'assignation qui doit être donnée à la partie. S'il en était autrement, il faudrait admettre que cette assignation doit également contenir le dispositif du jugement en ce qui concerne les faits admis; et nous ne savons pas que l'on ait jamais poussé la prétention jusque-là.

peine de nullité, que par l'article 260 du Code de Procédure Civile, et seulement en ce qui concerne les témoins; — Que la même disposition ne se retrouve point dans l'article 261 relatif à l'assignation à donner à la partie; — Que la différence qui existe entre les deux articles précités s'explique et se justifie par les notions théoriques du droit;

Considérant, en effet, qu'en matière civile la partie, à la différence des témoins, n'a nul besoin d'un commandement de justice pour obéir à la sommation d'être présente à l'enquête; — Qu'elle est assez puissamment sollicitée par son intérêt propre à assister aux dépositions des témoins, et qu'il suffit, dès lors, qu'elle soit informée des jour et heure de leur comparution;

Considérant que l'assignation donnée aux mariés Saliceti renferme toutes les indications prescrites par l'article 261 du code précité; — Qu'ainsi le moyen fondé sur la nullité de l'enquête doit être écarté.

. . . .

Sans s'arrêter à la demande en nullité de l'enquête, laquelle est déclarée non fondée;

Tenant l'aveu des mariés Saliceti en ce qui concerne la somme de neuf cents francs par eux reçue de la veuve Cardi;

Disant droit à l'appel principal et réformant quant à ce seulement;

Dit que sur le montant de la dot constituée à sa fille, la veuve Cardi s'est libérée; 1° de la somme de neuf cents francs suivant la reconnaissance et l'aveu des intimés; 2° de la somme de cent cinquante francs, valeur des objets mobiliers que la femme Saliceti a reçus de sa mère;

Pour le surplus, confirme.

Chambre Civile. — M. CALMÈTES, *Premier Président.*

MM. Montera, Ollagnier, } *Avocats.*

DU 22 MAI 1854.

1° SUBSTITUTION PROHIBÉE. — LEGS CONDITIONNEL.
2° PRESCRIPTION. — PARTAGE. — NULLITÉ.
3° TESTAMENT AUTHENTIQUE. — LECTURE. — MENTION.
4° DONATION. — DISPONIBILITÉ DES BIENS. — LOI DE L'ÉPOQUE.

1° Il n'y a pas nécessairement une substitution prohibée dans la disposition, par laquelle le testateur, en instituant un légataire universel, déclare qu'au cas où la personne instituée viendrait à être condamnée à raison de quelque délit, il lui substitue les enfants qui naîtraient de son mariage; on peut ne voir, dans une telle disposition, qu'une double institution alternative, faite, la première, sous condition résolutoire, la seconde, sous condition suspensive. [*Cod. Nap., 896.*] (1).

---

(1) Cette solution nous paraît exacte. — Ce n'est pas toutefois que les institutions conditionnelles ne puissent pas elles-mêmes présenter les caractères de substitutions prohibées, et comme telles, qu'elles ne soient radicalement nulles. La Cour de cassation a souvent décidé, et notamment par arrêts de la chambre des requêtes des 11 juin 1817, 10 janvier 1821, 8 février 1854 (D. A. 12. 203. 204; D. P. 54. 1. 59; S. V. 18. 1. 294; 21. 1. 384; 54. 1. 694), que la prohibition de l'article 896 du Code Napoléon s'étend aux institutions faites sous condition, lorsque, par exemple, celles-ci présentent une alternative de substitution fidéicommissaire pour le cas d'inexécution de cette condition. Ainsi, un testateur, après avoir fait un legs à une personne non mariée, ajoute, qu'au cas où cette personne ne se marierait pas ou mourrait sans enfants, le bien légué *irait après elle* au légataire universel institué dans le même testament; une semblable disposition pourrait peut-être renfermer une substitution prohibée, et, par conséquent être considérée comme nulle. En effet, il ne serait pas bien difficile de trouver dans cette clause l'établissement de l'ordre successif et la charge de conserver et de rendre, car les enfants et le légataire universel sont compris dans l'institution, et, soit que la condition se réalise, soit qu'elle vienne à défaillir, on peut dire, dans les deux cas, que l'époque où la condition doit s'accomplir étant celle du décès du légataire, si les enfants ou le légataire universel recueillent, ce ne sera pas des mains du disposant qu'ils tiendront les biens légués. — Mais en est-il de même dans l'espèce de l'arrêt que nous rapportons? Nous ne le pensons pas. On trouve bien ici encore une double institution directe; mais, à la différence de ce que nous remarquions dans l'exemple ci-dessus, point de certitude dans l'événement de la condition, point d'alternative, puisque, si la condition arrive sans que l'institué ait des enfants, personne n'est appelé à recueillir, et l'institué conserve la libre disposition des biens légués : — Tout au moins il y aurait doute raisonnable, et la décision qui nous occupe devrait alors être protégée par ce principe que, dans le doute, la disposition doit être

2° *Le demandeur en partage d'une succession à qui l'on oppose un traité consenti par lui ou ses auteurs, dans lequel ils auraient adhéré à un partage antérieur et renoncé à en demander un nouveau, ne peut arguer ce traité de nullité pour cause de minorité et de lésion, s'il s'est écoulé plus de dix ans depuis le jour du traité : à ce cas n'est pas applicable la maxime :* Quæ temporalia sunt ad agendum sunt perpetua ad excipiendum. [*Cod. Nap.*, *1304.*] (2).

3° *La formalité de la lecture du testament que le notaire doit, à peine de nullité, donner au testateur en présence des témoins, n'est pas suffisamment établie par la mention écrite à la fin de l'acte :* lecture en ayant été faite. [*Cod. Nap.*, *972.*] (3).

4° *Les libéralités par actes entre-vifs faites sous l'empire d'une législation qui interdisait de tels actes entre les parties, dans l'unique but de restreindre la disponibilité des biens au profit des héritiers légitimes, ne peuvent plus être attaquées par les héritiers du donateur, lorsque ce dernier est mort sous l'empire d'une législation qui autorisait ces actes.* [*Cod. Nap.*, *2 et 902.*] (4).

Spécialement : *Des donations à charge de rentes viagères ou ventes à fonds perdu faites sous l'empire de la loi du 17 Niv. An II, et contrairement à la disposition de l'art. 26 de cette loi, qui interdisait de faire de tels actes au profit de l'un des héritiers présomptifs, sans le consentement des autres,*

---

entendue dans le sens qui en assure la validité, comme le fait très-bien remarquer M. Troplong, sur l'art. 896, Cod. Nap., n° 117, en se basant sur l'art 1157 du même code. — V. Cass. 27 fév. et 4 déc. 1843 (S. V. 43 et 44. 1. 440 et 268); — Rej. 30 avril 1855 (S. V. 56. 1. 607); — Amiens, 6 avril 1854 (S. V. 54. 2. 315).

(2) Quelque faveur qui s'attache à la minorité, il ne faut cependant pas que le sort des actes reste indéfiniment dans l'incertitude : l'intérêt public en souffrirait. V. Bordeaux, 1er juill. 1830 (D. P. 30. 2. 280); — Angers, 22 mai 1834 (D. P. 37. 2. 68); — Req. 5 avril 1837 (D. P. 37. 1. 469); — *Contrà* — Pau, 11 déc. 1835(D. P. 36. 2. 91); — Nîmes, 30 juin 1839 (S. V. 39. 2. 525); — Agen, 10 janvier 1851 (S. V. 51. 2. 779).

(3) S'il est constant en jurisprudence et en doctrine, que la mention de la présence des témoins à la lecture du testament qui doit être faite au testateur, n'est point assujettie à des formes sacramentelles, il n'est pas moins certain que l'accomplissement de cette condition essentielle pour la validité du testament ne peut ressortir des termes retenus par l'arrêt ici recueilli.

(4) V. Comme analogie, Cass. 22 août 1810, Montpellier, 26 fév. 1827 et 21 janv. 1851 (D. P. 10. 1. 439; 51. 2. 204); et sur le principe que consacre notre arrêt, Merlin, V° *Effet rétroactif*, sect. 3, § 3, an 6; — Dalloz, *Jur. gén.*, 2e édit. Vs *Lois* et *Disposit. entre-vifs*.

ne peuvent être attaquées par les héritiers du disposant, lorsque celui-ci est mort postérieurement à la loi du 4 Germ. An VIII, qui a abrogé la disposition prohibitive de l'an II.

Orlandi C. Ettori.

ARRÊT.

Après délibération en la Chambre du Conseil.

LA COUR ; — sur les conclusions de M. BERTRAND, Premier Avocat Général ;

Considérant que les représentants de Constance Ettori, épouse Pompée Pietri, ont formé une demande en partage des successions de leur aïeul Hector Ettori *senior* et de Jean-Baptiste Ettori *senior*, leur grand oncle ; — Que le Tribunal de première instance a accueilli cette double demande et qu'il s'agit, aujourd'hui, sur l'appel de Cecchetta Ettori, épouse Orlandi, successible au même degré d'Hector et de Jean-Baptiste *seniores*, d'apprécier le mérite de cette décision.

I. EN CE QUI CONCERNE D'ABORD LA SUCCESSION D'HECTOR ETTORI *senior* :

Considérant que les époux Orlandi, défendeurs en première instance, repoussent la demande en partage, en invoquant : 1° le testament d'Hector Ettori *senior*, en date du 4 Juillet 1798 ; 2° le contrat de mariage de Constance Ettori du 27 Janvier 1802 ;

Considérant que les moyens fondés sur ces deux actes sont indivisiblement liés, et qu'il importe d'en examiner cumulativement l'influence sur le sort de la demande en partage ;

Considérant que le testament d'Hector Ettori *senior*, institue pour son héritier universel Hector Ettori *junior*, encore enfant, à la date du testament, sous la condition que si ledit Hector Ettori *junior*, venait à être déporté par le gouvernement à raison de quelque délit, dans ce cas, *o in altri simili casi*, il lui substitue, à compter de la veille du délit (*per un giorno avanti il delitto*), les enfants mâles qui naîtront de son légitime mariage; et à défaut (*in mancanza*), il lui substitue les filles qui seraient également nées de son légitime mariage; — Que le testateur, après avoir indiqué plusieurs héritiers éventuels pour recueillir ses biens dans le cas ci-dessus énoncé, ordonne que ces héritiers venant à faire défaut, sa succession sera partagée suivant ce qui est prescrit pour les successions *ab intestat;*

Considérant que les intimés, demandeurs en partage, soutiennent que cette disposition est nulle, comme renfermant une substitution fidéicommissaire prohibée, et que la nullité de la substitution entraîne avec elle la nullité de la disposition principale;

Considérant qu'une semblable prétention ne saurait être accueillie par la Cour; — Qu'en effet les substitutions prohibées se reconnaissent à deux caractères essentiels : 1° la charge de conserver et de rendre, 2° l'ordre successif;

Considérant que le testament d'Hector Ettori *senior* n'impose nullement à l'héritier institué la charge de conserver et de rendre; — Qu'on y chercherait vainement aussi l'ordre successif; — Que le testateur n'a point évidemment disposé en prévision de la mort d'Hector Ettori *junior* et pour régler à l'avance sa succession; — Qu'on ne peut voir dans le testament dont il s'agit, que diverses institutions directes, subordonnées les unes aux autres et dépendantes d'une condition incertaine, soit quant à sa réalisation, soit quant à l'époque où elle pouvait se réaliser; — Que ce testament ne trasmet à l'héritier premier institué qu'un droit résoluble, si la condition arrive;

Considérant, au contraire, que si la condition vient à défaillir, l'héritier institué se trouvera investi d'un droit absolu de propriété sur les biens donnés, et il pourra les transmettre, par donation ou par testament, à telles personnes qu'il lui plaira de gratifier; — Que, d'autre part, les aliénations qu'il aurait pu consentir de tout ou partie de ces biens, deviendront définitives et irrévocables, si la condition résolutoire ne s'est point réalisée de son vivant; — Qu'il est manifeste qu'une semblable disposition ne frappe point d'une manière absolue d'indisponibilité les biens donnés, et qu'elle ne présente pas, dès lors, les graves inconvénients qui portèrent les législateurs de 1792 et de 1803 à proscrire les substitutions comme contraires à la loi politique et aux principes d'une saine économie sociale; — Qu'ainsi le moyen fondé sur la nullité du testament, comme contenant une substitution prohibée, doit être écarté.

II. SUR LA NULLITÉ DE L'INSTITUTION PRINCIPALE RÉSULTANT DES DISPOSITIONS DE LA LOI DU 17 NIVOSE AN II :

Considérant qu'Hector Ettori *senior* est décédé sous l'empire de la loi du 17 Nivôse an II, qui décrétait l'égalité en matière de partage; — Qu'aux termes des articles 1 et 9 de cette loi, l'institution universelle faite par Hector Ettori *senior* en faveur de son petit fils et au préjudice de Constance Ettori, épouse Pompée Pietri, se trouve frappée de nullité;

Mais considérant que, dans son contrat de mariage de 1802, Constance Ettori a approuvé et volontairement exécuté le testament d'Hector Ettori *senior;* — Que le contrat de mariage dont il s'agit a fait cesser l'indivision entre elle et son frère et constitué par cela même un acte de partage; — Que Constance Ettori renonce, par ce contrat, à demander un partage nouveau; — Qu'en outre, les parties stipulant dans ledit acte, en prévision des difficultés qui pouvaient naître des dispositions de la loi du 17 Nivôse an II, Constance Ettori déclare renoncer expressément au bénéfice de toute loi à elle favorable; — Qu'ainsi ses héritiers ne peuvent se prévaloir aujourd'hui du vice qui aurait originairement infecté l'institution faite au profit d'Hector Ettori *junior*, et argumenter de la nullité de la donation pour en induire l'admissibilité de la demande en partage.

III. SUR LE MOYEN RELATIF A LA RESCISION DE L'ACTE DE 1802 :

Considérant que les intimés soutiennent que la renonciation à demander un partage nouveau n'est point valable, leur mère étant mineure à l'époque de son contrat de mariage, et les formalités prescrites pour la garantie des droits des mineurs par le chapitre 26 des statuts corses, n'ayant pas été observées;

Considérant qu'avant d'examiner le mérite, au fond, de ce moyen, il y a lieu de rechercher si l'action en rescision du contrat de 1802 peut être valablement exercée par les héritiers de Constance Ettori, demandeurs en partage;

Considérant que cette action est repoussée par une double fin de non-recevoir;

Considérant, d'abord, que le contrat de l'an X constitue un véritable traité sur les difficultés qui pouvaient provenir de la loi du 17 Nivôse An II, et que cet acte ne peut, par suite, être attaqué, suivant l'article 6 de la loi du 9 Fructidor An II, pour cause de lésion ou pour cause de minorité, la lésion et la minorité se confondant, dans l'espèce, pour ne former qu'un seul et même moyen;

Considérant, d'un autre côté, que le contrat dont on demande la rescision, porte la date du 27 Janvier 1802; — Que la dame Constance Ettori est décédée en 1823; — Que par conséquent l'action en rescision, qui n'a été proposée qu'au cours de l'instance introduite en 1847, est repoussée par la prescription décennale établie par l'article 1304 du Code Napoléon; — Que vainement les intimés invoquent la maxime : *Quæ temporalia ad agendum perpetua sunt ad excipiendum;* — Que cette maxime, dont on abuse trop souvent au palais, ne peut être légitimement invoquée que par le possesseur; — Que l'on conçoit, en effet, que celui qui possède en vertu d'un titre rescindable, n'a point d'action à exercer, tant qu'on ne le trouble pas dans sa possession : *Possidenti non competit actio sed exceptio;*

Considérant que, dans la cause, le bénéfice de la maxime dont il s'agit, n'est point revendiqué par le possesseur, mais bien par les demandeurs en partage d'une hoirie dont les mariés Orlandi, défendeurs, sont en possession; — Que l'action en rescision n'est, en réalité, de la part des représentants de Constance Ettori, épouse Pietri, qu'un moyen auxiliaire de la demande en partage; — Que, dans de telles circonstances, la maxime : *Quæ temporalia sunt ad agendum*, invoquée pour repousser la prescription opposée à l'action en rescision, n'est point applicable; — Que par suite, c'est le cas de déclarer doublement irrecevable l'action en nullité ou en rescision de l'acte du 27 Janvier 1802;

Considérant, surabondamment, que si cette action était recevable, elle devrait être écartée comme mal fondée, toutes les formalités prescrites par le chapitre 26 du statut corse ayant été observées ; — Que de tout ce qui précède, il résulte que la demande en partage de la succession d'Hector Ettori *senior* ne saurait être accueillie, et qu'il y a lieu de réformer, quant à ce, la décision des premiers juges.

IV. En ce qui concerne la succession de Jean-Baptiste Ettori *senior* :

Considérant que les appelants opposent à la demande en partage de cette succession : 1° le testament du 6 Mai 1808, par lequel ledit Jean-Baptiste Ettori institue Hector Ettori *junior* pour son légataire universel ; 2° un acte intervenu entre ledit Jean-Baptiste Ettori et Hector Ettori *junior* le 6 Floréal An XI.

Sur la première exception :

Considérant que le testament dont il s'agit n'a pas été lu au testateur en présence des témoins ; — Qu'il est, dès lors, radicalement nul aux termes de l'article 972 du Code Napoléon ;

Considérant qu'en supposant que la minute de ce testament fût originairement terminée par les mots : *fattone lettura*, cette mention serait inefficace et insuffisante, puisqu'il n'en résulterait pas que la lecture a été faite au testateur en présence des témoins.

Sur la deuxième exception :

Considérant que les intimés soutiennent : 1° Que l'acte du 6 Floréal an XI n'est point sérieux ; — 2° Qu'il est nul, comme n'ayant pas été accompagné des formalités prescrites par le Chapitre XXVI du Statut corse ; — 3° Qu'il renferme une libéralité déguisée sous la forme d'un contrat de constitution de rente viagère ou de vente à fonds perdu et que, sous ce dernier rapport, il est frappé de nullité par l'article 26 de la loi du 17 Nivôse An II ;

Considérant que ces divers moyens contradictoires entre eux, ne sont aucunement fondés ;

Considérant que l'acte dont il s'agit présente tous les caractères d'une stipulation sérieuse et à titre onéreux; — Que ledit Jean-Baptiste Ettori, débiteur de son petit neveu d'une somme de trois mille six cents francs, lui baille en paiement les biens qu'il possédait ou qu'il pourrait acquérir dans les communes de Portovecchio et de Quenza, avec la faculté d'en faire déterminer la valeur par des experts; — Qu'il lui abandonne, en outre, le surplus de ses biens de toute nature, à l'effet de se payer annuellement sur lesdits biens, et sauf estimation, de la somme de six cents francs, à laquelle sont évaluées les dépenses que son entretien dans la maison dudit Hector Ettori *junior* pourra occasionner;

Considérant que cette convention ayant été exécutée jusqu'en 1808, époque de la mort de Jean-Baptiste Ettori, c'est-à-dire pendant cinq années, Hector Ettori *junior* s'est trouvé légitime créancier de la somme de six mille six cents francs, qu'il doit être autorisé à prélever en immeubles, après estimation et jusqu'à due concurrence, sur la succession de Jean-Baptiste Ettori, si, toutefois, la convention dont il s'agit est reconnue valable;

Or, considérant qu'un tel acte n'était pas soumis à l'observation des formalités prescrites par le chapitre 26 des statuts corses; — Qu'alors même que l'on pourrait voir dans cette convention une libéralité déguisée sous la forme d'un contrat de rente viagère ou de vente à fonds perdu, sa validité n'en serait pas moins incontestable, puisque l'article 26 de la loi du 17 Nivôse An II a été abrogé par la loi du 4 Germinal An VIII, et que ledit Jean-Baptiste Ettori est décédé sous l'empire d'une législation qui lui permettait de disposer de tous ses biens; — Qu'ainsi, il y a lieu de décider que l'acte du 6 Floréal doit être maintenu et sortir à effet; — Qu'il reste maintenant à examiner s'il forme une exception péremptoire contre la demande en partage;

Considérant que l'acte dont il s'agit n'a pas eu pour objet de transmettre à Hector Ettori *junior* l'universalité des biens de son grand oncle; — Qu'il ne constitue qu'un bail en paiement de la somme de trois mille six cents francs, due au moment de l'acte et des annuités qui pourraient échoir jusqu'au décès dudit Jean-Baptiste Ettori *senior*, à raison de six cents francs par an;

Considérant que, par suite de ces conventions, ledit Hector Ettori *junior*, n'étant créancier de l'hoirie de son grand oncle que de la somme de six mille six cents francs, dont il doit être payé en immeubles, il en résulte que le surplus des biens ayant appartenu à Jean-Baptiste Ettori *senior*, n'a pas cessé de faire partie de la succession de ce dernier et doit être partagé entre les appelants et les intimés suivant leurs droits respectifs.

V. Sur les bases du partage :

Considérant que les représentants de Constance Ettori, épouse du sieur Pompée Pietri, n'ayant aucun droit acquis sur la part revenant à Marie-Catherine et à Marie-Constance dans la succession à partager, ils ne peuvent légitimement prétendre, du chef de leur mère, qu'à un sixième de ladite hoirie, prélèvement fait de la somme de six mille six cents francs due aux appelants;

. . . .

Disant droit à l'appel et réformant en ce qui concerne la succession d'Hector Ettori *senior*,

Déclare valable le testament du 4 Juillet 1798, par lequel Hector Ettori *senior* institue pour son légataire universel Hector Ettori *junior*, son petit fils;

Maintient l'acte du 27 Janvier 1802;

Déclare, par suite, irrecevable et mal fondée, la demande en partage de la succession d'Hector Ettori *senior*.

En ce qui concerne la succession de Jean-Baptiste Ettori *senior*,

Déclare sincère et valable l'acte de bail en paiement consenti le 6 Floréal An XI par ledit Jean-Baptiste Ettori en faveur d'Hector Ettori, son petit neveu;

Dit que cet acte sortira à effet jusqu'à concurrence de six mille six cents francs, lesquels seront prélevés sur les biens composant la succession dudit Jean-Baptiste Ettori, eu égard à leur valeur à l'époque du décès de ce dernier;

Fixe à un sixième la part revenant aux intimés sur la succession dudit Jean-Baptiste Ettori, prélèvement fait sur icelle de la somme revenant aux appelants en vertu de l'acte du 6 Floréal An XI;

Pour le surplus confirme.

Chambre civile. — M. CALMÈTES, *Premier Président.*

MM. Montera, Podesta, Bonelli, } *Avocats.*

DU 31 MAI 1854.

CONTRAT PIGNORATIF. — VILITÉ DU PRIX. — VENTE.

La vilité du prix, qui constitue l'un des éléments essentiels du contrat pignoratif, ne s'apprécie point, en cette matière, d'après les principes du contrat de vente en matière de lésion (1).

Ambrosini C. Guidoni.

ARRÊT.

Après délibération en la Chambre du Conseil.

La Cour; — sur les conclusions conformes de M. Bertrand, Premier Avocat Général;

Considérant que les deux actes du 18 Décembre 1840 et 22 Septembre 1849 se lient et se confondent pour ne former qu'une seule et

---

(1) Les tribunaux ont incontestablement un pouvoir discrétionnaire pour apprécier les circonstances de la cause et pour décider, si les actes qui leur sont soumis contiennent une vente sincère et réelle ou un simple contrat pignoratif. Il est également vrai que, dans la nouvelle jurisprudence, comme sous l'empire des anciens principes, les caractères essentiels de l'impignoration sont la faculté de rachat, la relocation et la vilité du prix. Mais il nous semble qu'il ne faut pas nécessairement conclure que tout contrat dans lequel se retrouveraient ces trois conditions, ne pourrait pas être considéré comme une véritable vente avec pacte de réméré. Ce serait, selon nous, anéantir ou du moins rendre inutile dans les mains des magistrats le pouvoir d'interprétation qui leur appartient souverainement, et se mettre en contradiction avec la jurisprudence et l'opinion des auteurs. Voir Bastia, 10 mai 1830, notre Rec., tom. 1er ; Bordeaux, 1er juin 1843; Orléans, 14 décembre 1843; Cass., 23 décembre 1845 et 22 avril 1846 (S. V. 46. 1. 639 et 732); Merlin, *Rép.* V° *Cont. Pign.*, § 2. — Toullier, tom. 9, n° 313. — Duvergier, *Vente*, tom. 2, n° 11. Mais si le prix stipulé dans la relocation n'était pas en rapport avec le prix de vente; si, comme dans l'espèce, le bail consenti par l'acheteur en faveur du vendeur ne servait qu'à voiler des intérêts illégaux

même convention; — Qu'ils présentent tous les caractères des contrats pignoratifs; — Que l'on y trouve, en effet : 1° le pacte de réméré; 2° la relocation; 3° la vilité du prix;

Considérant que l'acte de 1849, en particulier, a eu pour but spécial d'assurer le paiement des intérêts usuraires stipulés dans l'acte du 18 Décembre 1840; — Que vainement le tribunal de première instance, pour écarter la circonstance caractéristique de la vilité du prix, allègue que la différence entre le prix des biens vendus par l'acte de 1849 et la valeur réelle desdits biens, ne serait point constitutive d'une lésion d'outre moitié;

Considérant que le premier juge a évidemment confondu les principes spéciaux aux contrats de vente, avec ceux qui doivent diriger le magistrat, lorsqu'il recherche si un acte est entaché du vice d'impignoration;

Considérant, sous un autre rapport, qu'aux termes de l'article 1367 du Code Napoléon, le juge ne peut déférer d'office le serment, soit sur la demande, soit sur l'exception, que lorsque la demande ou l'exception n'est pas totalement dénuée de preuves et qu'elle n'est pas pleinement justifiée;

Considérant que telle n'était point la position de Guidoni devant le tribunal de première instance; — Qu'au moment où le serment lui a été déféré ses prétentions étaient manifestement dénuées de fondement;

Considérant que Guidoni avait déjà été frappé d'une condamnation pour délit d'usure; — Que ses antécédents et sa moralité devaient détruire toute confiance dans ses déclarations même assermentées;

Considérant, d'ailleurs, que les diverses sommes dont ledit Guidoni a prétendu, devant le tribunal de première instance, avoir fait le verse-

---

et usuraires, le doute ne serait plus possible, et cette fraude à la loi ne devrait pas être tolérée. Quant à la décision de la Cour de Bastia, relativement aux principes d'après lesquels il faut apprécier la vilité du prix, elle nous semble à l'abri de toute critique. Il suffirait en effet, dans notre manière de voir, que l'on eût vendu pour mille francs seulement un immeuble dont le prix du bail s'élèverait à plus de cinquante francs, pour que la vilité du prix de la vente fût suffisamment établie et démontrée. Cette doctrine nous paraît conforme aux autorités que nous venons de citer, ainsi qu'aux arrêts rendus par la Cour de Montpellier le 25 août 1829 et par celle de Pau le 17 mai 1830 (S. 30. 2. 82 et 243).

ment entre les mains des appelants, ne justifierait point la décision déférée à la censure de la Cour;

Considérant que les deux actes du 18 Décembre 1840 et 22 septembre 1849 étant ainsi écartés, il y a lieu de reconnaître les offres faites par les appelants suffisantes, et de réformer, par suite, le jugement attaqué;

. . . .

A mis et met l'appellation et ce dont est appel au néant;

Procédant par nouveau jugé et faisant ce que le premier juge aurait dû faire;

Déclare nuls et de nul effet les actes du 18 décembre 1840 et 22 septembre 1849, comme constituant des actes pignoratifs, ayant pour objet de déguiser la perception d'intérêts usuraires;

Déclare, par suite, que les immeubles vendus à titre de réméré par lesdits actes sont et demeureront la propriété des parties de Me Corbara;

Dit que les offres faites par les appelants sont suffisantes, le surplus des sommes énoncées dans l'acte du 22 septembre 1849 n'étant que la représentation des exactions usuraires dudit Guidoni;

Ordonne, enfin, que, moyennant le paiement ou la consignation, selon les formes légales, de la somme offerte par les appelants, ces derniers demeureront libérés de tout ce qu'ils pouvaient devoir en capital et intérêts à la demoiselle Guidoni, en qualité d'héritière de feu Antoine Guidoni, son frère.

. . . .

Chambre Civile. — M. CALMÈTES, *Premier Président.*

MM. Montera, De Caraffa, } *Avocats.*

DU 6 JUIN 1854.

PRESCRIPTION. — FEMME MARIÉE. — SUSPENSION.

La prescription d'un immeuble, commencée au profit d'une femme mariée, n'est pas suspendue par la vente de cet immeuble que le mari s'est fait consentir pendant le mariage par le véritable propriétaire : la disposition de l'article 2253 du Code Napoléon, portant que la prescription ne court point entre époux, n'est pas applicable à un tel cas (1).

Casta C. Agostini.

ARRÊT.

Après délibération en la Chambre du Conseil.

La Cour ; — sur les conclusions conformes de M. Bertrand, Premier Avocat Général ;

En ce qui concerne la maison et le jardin dits de Fornace :

Considérant que la possession de Marie-Anne Casta, épouse en secondes

---

(1) M. Dalloz, *Jur. gén.*, 2ᵉ édit. Vᵒ *Prescription civile*, nᵒ 700, approuve cette décision en ces termes : « La Cour de Bastia a très-bien décidé que le mari ne peut acquérir pendant » le mariage des droits inconciliables avec ceux de la femme, dont il est le protecteur et le » défenseur légal. En effet, s'il n'en était pas ainsi, les dispositions de l'art. 2253, bien loin » d'avoir pour résultat de maintenir la bonne harmonie dans la famille, y porteraient, au » contraire, le trouble et le désordre. » — Comment comprendre en effet, que le mari, qui doit défendre, contre toutes les atteintes, les droits de sa femme, qui doit agir pour elle, ou tout au moins l'autoriser à exercer les actions indispensables pour la conservation de ces mêmes droits, puisse, au contraire, par son fait et par sa fraude, empêcher que la prescription acquisitive ne continue à courir en faveur de son épouse? Ce système serait souverainement injuste, et en opposition flagrante avec l'esprit de la loi, avec le but que le législateur avait nécessairement en vue, lorsqu'il a édicté l'art. 2253 Cod. Nap. Il pourrait, d'ailleurs, être victorieusement repoussé par la maxime : *Contrà non valentem agere non currit præscriptio.*

noces de Philippe-Joseph Casta, remonte au 23 Mars 1800; — Qu'elle s'est continuée sur sa tête ou sur celles de Sauveur Agostini et Pietrelli Mathieu, ses ayants droit, jusqu'au 17 Novembre 1849; — Que, par conséquent, la prescription serait acquise, si des causes légitimes n'étaient venues y faire obstacle ou en suspendre le cours;

Considérant que les appelants invoquent, d'abord, le caractère dotal des immeubles dont il s'agit, pour établir que la propriété n'a pu en être prescrite au profit des intimés;

Mais considérant que le contrat de mariage de la dame Oliva Penna à laquelle, selon les allégations des appelants, la maison et le jardin dits de *fornace* auraient appartenu à titre de dot, n'est pas produit; — Que les documents de la cause ne sauraient suppléer à l'absence de ce document indispensable; — Qu'ainsi ce premier moyen doit être écarté.

En ce qui touche la suspension de la prescription, pendant la durée du mariage de Marie-Anne Casta avec le sieur Philippe-Joseph Casta :

Considérant, en fait, que le 23 Mars 1800, Anne-Marie Casta, alors veuve en premières noces du sieur Ignace Casta, acquit du sieur Olivier Penna, stipulant tant en son nom qu'en celui de sa femme Oliva Casta, pour laquelle il se portait fort, la maison et le jardin dont il s'agit au procès; — Que, plus tard, Marie-Anne Casta ayant convolé à de secondes noces avec Joseph-Philippe Casta, ce dernier se fit céder fauduleusement les mêmes immeubles par la femme Oliva Penna, procédant en l'absence et sans l'autorisation de son mari;

Considérant que c'est sur le fondement de cet acte que les appelants soutiennent que la prescription, qui avait commencé à courir en faveur de Marie-Anne Casta, avant son mariage, a été suspendue, pendant le mariage, en conformité des dispositions de l'article 2253 du Code Napoléon;

Considérant que cet argument ne présenterait un fondement sérieux que s'il y avait lutte et antagonisme de droits et d'intérêts entre le mari et la femme;

Mais considérant qu'abstraction faite même des vices qui invalident l'acte du 16 Octobre 1803, on ne saurait admettre que Philippe-Joseph

Casta ait pu acquérir, pendant la durée du mariage, des droits inconciliables avec ceux de sa femme, dont il était le protecteur nécessaire et le défenseur légal; — Que, consacrer une doctrine contraire, ce serait créer entre les époux des rivalités d'intérêts et des causes de désaffection, qui auraient pour infaillible résultat de porter le trouble et le désordre dans la famille; — Que les prétentions des appelants, à cet égard, doivent être repoussées comme étant en opposition manifeste avec les principes d'ordre public qui régissent l'association conjugale;

Considérant, d'ailleurs, que le Tribunal de première instance a fait une juste et saine appréciation du caractère et de la portée de l'acte du 16 Octobre 1803, et que le jugement attaqué doit, dès lors, être également confirmé quant à ce;

. . . .

CONFIRME.

Chambre Civile. — M. CALMÈTES, *Premier Président.*

MM. PODESTA, TOMMASI, } *Avocats.*

DU 7 JUIN 1854.

VENTE. — CHOSE COMMUNE. — NULLITÉ.

La vente de la chose commune ou indivise est essentiellement nulle.
Il en est ainsi surtout quand il s'agit d'un immeuble non susceptible de division, soit à raison de sa nature et de sa consistance, soit à raison du nombre des copartageants [*Cod. Nap., art. 1599*] (1).

Antonsanti C. Poletti.

ARRÊT.

Après délibération en la Chambre du Conseil,

La Cour; — sur les conclusions conformes de M. Bertrand, Premier Avocat Général;

Considérant que la convention du 26 Mai 1852 constituerait, si son existence était établie, non une promesse de vente, mais une vente réelle; — Qu'il s'agit donc de savoir si cette convention est légalement justifiée;

Considérant qu'il résulte des faits et documents de la cause que l'objet qui aurait fait la matière de la vente de 1852, consiste en une propriété indivise entre Pontien Antonsanti, ses frère et sœur et sa mère;

Considérant que cette propriété appartenait pour un sixième à Pontien Antonsanti et pour les cinq sixièmes restants à sa mère et à ses frère et sœur;

Considérant que Pontien Antonsanti et Jean-Paul son frère auraient seuls participé à la prétendue vente alléguée par le sieur Poletti intimé;

---

(1) Voir l'arrêt rendu par la Cour de Bastia le 18 avril 1855, infrà, ainsi que la note dont il est accompagné.

— Que ni l'un ni l'autre ne se sont portés fort pour leurs co-intéressés; — Que, par suite, quant à ces derniers, la vente est nulle aux termes de l'article 1599 du Code Napoléon, comme constituant la vente de la chose d'autrui; — Qu'il reste à examiner s'il y a preuve légale de la vente, en ce qui concerne Pontien ou Jean-Paul Antonsanti, et quel serait l'effet de cette vente si elle était prouvée;

Considérant que le sieur Poletti prétend induire l'existence de la convention, de l'aveu de Pontien Antonsanti devant le premier juge;

Considérant que les déclarations de Pontien Antonsanti ne peuvent être opposées à Jean-Paul, qui n'a point été interpellé personnellement et n'a pù faire aucun aveu;

Considérant, d'autre part, que l'aveu de Pontien Antonsanti est indivisible; — Que, s'il convient que les bases d'un arrangement furent arrêtées et constatées par écrit devant le Juge de Paix de Campile le 18 Mai 1852, il déclare, en même temps, qu'il n'aurait jamais signé l'acte dont il s'agit, sans avoir obtenu l'assentiment de sa mère et de sa sœur; — Qu'en fait, l'acte projeté n'a été signé par aucune des parties; — Que le sieur Poletti a considéré lui-même l'arrangement de 1852 comme un projet abandonné, puisque postérieurement à la vente qu'il invoque aujourd'hui, il a actionné la famille Antonsanti comme étant encore propriétaire de l'objet en litige;

Considérant, surabondamment, qu'alors même qu'en ce qui touche Pontien Antonsanti la vente serait établie, il y aurait lieu d'en prononcer la nullité;

Considérant, en effet, que l'objet de la vente consistait dans la totalité une et indivisible du quart d'un moulin situé à l'*Agoniza*, laquelle portion était possédée indivisément et à titre héréditaire par la famille Antonsanti;

Considérant que cette vente étant annulée pour les cinq sixièmes, aux termes de l'article 1599 du Code Napoléon, il en résulte qu'elle doit être annulée aussi pour le sixième formant la part de Pontien Antonsanti; — Que différemment, la Cour créerait une convention nouvelle pour la substituer à celle qui aurait fait la matière du contrat de vente invoqué par le sieur Poletti; — Que le Tribunal de première instance ayant méconnu ces principes, en rejetant la demande en licitation du moulin de l'*Agoniza*, sur le fondement d'une vente qui n'était pas légalement établie, c'est le cas de dire droit à l'appel relevé par les parties de Nicolini;

. . . .

A MIS et met l'appellation et ce dont est appel au néant;

PROCÉDANT par nouveau jugé, et FAISANT ce que le premier juge aurait dû faire,

SANS S'ARRÊTER aux moyens et exceptions invoqués par le sieur Poletti, lesquels sont déclarés mal fondés,

ORDONNE qu'il sera procédé, aux formes de droit, à la licitation du moulin de l'*Agoniza*.

. . . .

Chambre Civile. — M. CALMÈTES, *Premier Président.*

MM. CECCONI, BONELLI, } *Avocats.*

DU 22 AOUT 1854.

1° ENCLAVE. — PASSAGE. — INDEMNITÉ. — PRESCRIPTION;
2° VENTE. — GARANTIE. — SERVITUDE.

1° Il y a enclave donnant droit au propriétaire du fonds enclavé de réclamer un passage sur le fonds voisin, bien que le fonds enclavé ait une issue sur un torrent, si ce torrent n'offre en tout temps qu'un trajet peu sûr et très-incommode, et s'il est impraticable une partie de l'année [Cod. Nap., art. 682] (1).

La prescription de l'indemnité due, au cas d'enclave d'un fonds, pour le passage à travers le fonds voisin, court du jour où a commencé le passage d'une manière paisible et publique, et non pas seulement du jour où le passage a été reconnu nécessaire et l'indemnité réglée [Ibid.] (2).

---

(1) Conf. — Req. 31 juillet 1844 (D. P. 44. 1. 351 — S. V. 44. 1. 845); — Angers, 14 juillet 1847 (D. P. 47. 2. 47 — S. V. 47. 2. 250). — Il a même été jugé qu'il suffit pour constituer l'état d'enclave que le fonds n'eût pas une issue suffisante pour l'exploitation, Rej. 25 août 1827 (D. P. 27. 1. 498 — S. V. 28. 1. 111); — Cass. 16 février 1835 (D. P. 35. 1. 169 — S. V. 35. 1. 806). — Et encore, que le passage ne peut être refusé sous prétexte que le fonds enclavé avait anciennement une issue par un chemin vicinal actuellement envahi ou détruit, et que le propriétaire de ce fonds pourrait en obtenir le rétablissement ou demander passage sur les terrains limitrophes de ce chemin. (Même arrêt, Cass. 16 février 1835 ci-dessus). — V. *Anal.* Rej. 8 mars 1852 et 30 avril 1855 (S. V. 52 et 55. 1. 316 et 736). Cette jurisprudence est adoptée par MERLIN, *Rép.* V° *Voisinage*, § 4, n° 4; — ZACHARIÆ, tom. 2, § 246, n° 4, et MARCADÉ, sur l'art. 682. On consultera avec fruit sur cette question DAVIEL, *Cours d'Eau*, tom. 1er, n° 8, et une dissertation de SIREY, tom. 21. 2. 153. Cependant si l'on devait faire une application rigoureuse du principe posé par l'art. 682 C. Nap. il faudrait dire peut-être qu'il n'y a pas d'enclave donnant droit à un passage sur le fonds voisin, lorsque le fonds enclavé a une issue sur la voie publique, quelque difficile et incommode qu'elle puisse être. Mais l'on ne saurait s'empêcher de reconnaître, que les tribunaux ont le pouvoir de déclarer dans quelles circonstances la difficulté du passage doit être considérée comme une impossibilité, ou en d'autres termes, quand l'impossibilité morale se change en impossibilité physique. Par suite, il nous semble que la question d'enclave se réduit toujours à une appréciation en fait, laquelle échappe même à la censure de la Cour de Cassation. En résumé, nous croyons pouvoir dire que tous les arrêts rendus sur cette matière sont des arrêts d'espèce.

(2) Conf. — Lyon, 12 juin 1823 (D. A. 12, 63, n° 1); — Req. 11 août 1824 et 23 août 1827 (D. P. 25. 1. 22 — 27. 1. 498 — S. V. 28. 1. 111) — Bourges, 8 février 1840 (D. P. 41. 2. 70). — TOULLIER, tom. 3, n° 553; — DUVERGIER, *ibid.* note 1; — DELVINCOURT, tom. 1er, pag.

2° L'acquéreur d'un fonds grevé d'une servitude de passage au profit d'un autre fonds enclavé et qui n'a pas été déclarée dans le contrat de vente, n'a pas de recours en indemnité contre son vendeur, à raison de cette servitude, lorsque le fait de l'exercice du passage était annoncé par des signes extérieurs, et que d'ailleurs il est établi que l'acquéreur avait connaissance, au moment de la vente, de l'existence de la servitude [*Cod. Nap., art. 1638*] (3).

.... *Peu importe que le fonds ait été déclaré dans l'acte de vente* FRANC DE TOUTE CHARGE ET SERVITUDE, *s'il paraît certain que cette clause ne se rapporte pas à la servitude dont il s'agit* (4).

Frères Negri C. Gilormini et Bizarelli.

ARRÊT.

Après délibération en la Chambre du Conseil,

LA COUR; — sur les conclusions conformes de M. CECCALDI, Substitut du Procureur Général;

I. SUR L'APPEL RELEVÉ PAR LES FRÈRES NEGRI CONTRE GILORMINI :

Considérant qu'il résulte des enquêtes et des documents de la cause que la vigne de Gilormini est enclavée;

391; — PARDESSUS, n° 222; — DEMOLOMBE, *Servitudes*, tom. 2, n° 635; — DURANTON, tom. 5, n° 429; — MARCADÉ, sur l'art. 682, n° 3; — ZACHARIÆ, § 246, note 10; — DEMANTE, *C. Anal. du Cod. Nap.* tom. 2, n° 39 *bis*; — ROLLAND DE VILLARGUES, *Répert. du Notar.*, 2e édit., V° *Passage*, n°s 66 et suiv. — Voyez cependant VAZEILLE, *Prescription*, tom. 1er, n° 409; — MOURLON, *Répét. Ecrit.* tom. 1er, pag. 801; — Voyez aussi DALLOZ, *Jur. Gén.*, 2e édit., V° *Servitudes*.

(3) Conf.— Req. 20 juin 1843 et 20 mars 1850 (D. P. 43. 1. 331 — 50. 1. 339); — *Sic*, POTHIER, *Vente*, 188; — DUVERGIER, *Vente*, 318; — TROPLONG, *Vente*, tom. 1er, n°s 418 et 526; — DURANTON, tom. 16, n° 502. — C'est d'ailleurs ce qui résulte, selon nous, du texte même de l'article 1638 Cod. Nap. qui n'oblige à déclarer que les servitudes non apparentes. — *Contrà* Bourges, 7 mai 1853 (D. P. 54. 5. 409).

(4) Conf. — Req. 8 novembre 1854 (D. P. 54. 1. 426).

Que vainement les frères Negri soutiennent que Gilormini peut aboutir à la voie publique en passant dans un torrent contigu à sa vigne ;

Considérant qu'il est constant que ce torrent n'offre, en tout temps, qu'un trajet peu sûr et très-incommode, et qu'il est même impraticable pendant une partie de l'année; — D'où il résulte que l'existence du torrent dont il s'agit ne fait pas cesser l'état d'enclave;

Considérant qu'il n'est pas contesté, par les frères Negri, que leur propriété dite *Li Suali* ne présente pas le trajet le plus court et le moins dommageable pour parvenir de la vigne enclavée de Gilormini à la voie publique; — Que, par conséquent, les frères Negri ne peuvent s'opposer au passage de Gilormini pour l'exploitation de sa vigne;

Considérant que les appelants n'ont pris aucune conclusion en ce qui touche l'indemnité, soit devant le Tribunal de première instance, soit devant la Cour;

Que d'ailleurs, l'indemnité qui aurait pu être originairement due par Gilormini est prescrite, le passage sur *Li Suali* ayant été exercé d'une manière paisible et publique pendant plus de trente années;

II. En ce qui concerne la demande en garantie formée par les frères Negri contre Bizarelli :

Considérant que si, en droit, le vendeur doit la garantie des vices cachés de la chose vendue, il est certain, en doctrine et en jurisprudence, qu'il n'est dû aucune garantie pour défaut de déclaration d'une servitude de passage, lorsque le passage résultant de la situation des lieux est révélé par des signes extérieurs permanents, et qu'il est établi que l'acquéreur avait, au moment du contrat, une parfaite connaissance de l'existence de la servitude, ainsi que cela se vérifie dans l'espèce particulière de la cause;

Considérant que les frères Negri argumentent en vain de la clause de l'acte, suivant laquelle la propriété dite *Li Suali* leur aurait été vendue : *franca di ogni peso e gravame;*

Qu'en effet, en rapprochant cette clause des diverses dispositions de l'acte et en l'interprétant, soit d'après ses termes mêmes, soit d'après son esprit, on demeure convaincu qu'elle ne se réfère point à la servitude de passage dont il s'agit;

Qu'il y a lieu, dès lors, de déclarer la demande en garantie non fondée;

Démet de l'appel.

Chambre Civile. — M. CALMÈTES, *Premier Président.*

MM. Montera, Cecconi, } *Avocats.*

DU 23 AOUT 1854.

1° PÉREMPTION. — ACTE D'AVOUÉ A AVOUÉ.

2° EXPLOIT. — VOISIN. — MENTION. — MAIRE. — SIGNATURE.

1° La demande en péremption d'instance doit, quand il y a avoué en cause, être formée par acte d'avoué à avoué, à peine de nullité : — En un tel cas, une demande formée par un exploit signifié à personne ou à domicile serait irrégulière et nulle [*Cod. Proc. Civ. Art. 400*] (1).

2° Est nulle la signification d'un exploit au moyen de la remise d'une copie à un voisin de la partie assignée, si l'huissier n'a pas mentionné expressément dans l'exploit qu'il n'a pas trouvé cette partie elle-même personnellement à son domicile : — Il ne suffirait pas d'une mention portant que

---

(1) La péremption de l'instance n'est réellement acquise qu'à partir du jugement qui l'accorde. Il est donc naturel de penser que les pouvoirs de l'avoué, qui occupait dans l'instance primitive, ne s'éteignent qu'avec ce jugement. Or, si on autorisait, pour la signification de la demande en péremption, une autre voie que celle tracée par l'art. 400 du Cod. de Proc. Civ., il arriverait que l'avoué n'ayant pas connaissance de cette demande, pourrait en faisant des actes valables couvrir la péremption. Dès lors, c'est avec raison, selon nous, que la Cour de Bastia décide que les formes prescrites par l'art. 400 précité, le sont à peine de nullité. — Voyez dans ce sens, Paris, 11 février 1811 (S. 14. 2. 345 — D. A. 11, 191); — Rennes, 3 avril 1813 (J. Av. 18, 428 — S. Coll. Nouv. 4. 2. 286); — Metz, 4 mai 1815 (J. Av. 18, 420 — S. C. N. 4. 2. 304; — Grenoble, 30 décembre 1816 (S. C. N. 5. 2. 218); — Metz, 17 août 1819 (S. C. N. 6. 2. 132); — Grenoble, 31 juillet 1824 (S. C. N. 7. 2. 416); — Lyon, 20 décembre 1827 (D. P. 28. 2. 38 — S. 28. 2. 50); — Toulouse, 13 juin 1832 (D. P. 33. 2. 119 — S. 32. 2. 623); — Pau, 13 mars 1836 (D. P. 36. 2. 157 — S. 36. 2. 429). — Conf. MERLIN, *Rép.* tom. 17, pag. 339, n° 6; — CARRÉ et CHAUVEAU, quest. 1446; — REYNAUD, n° 105; — RODIÈRE, pag. 249; — SOUQUET, *Des temps légaux*, tom. 1er, n° 985 de l'introduction. — *Contrà*, Limoges, 19 décembre 1826 (D. P. 28. 2. 38 — S. 27. 2. 91); — Bruxelles, 18 février 1824 (*Jour. de cette Cour*, tom. 2, de 1824, pag. 55); — Liège, 9 décembre 1834 (*Jour. de cette Cour*, tom. 2, de 1835, pag. 92). — Conf. BOURBEAU, pag. 668, continuation de Boncenne.

l'huissier n'a trouvé à ce domicile ni parents, ni domestiques, ni voisins de la partie assignée [Cod. Proc. Civ. Art. 68] (2).

Est nulle encore la signification d'un exploit au moyen de la remise d'une copie au maire de la commune, non en sa qualité de maire, mais comme voisin de la personne assignée; lorsque le maire, au lieu de signer la copie ainsi qu'il devait le faire en sa qualité de voisin, s'est contenté d'y mettre son visa, comme s'il eût reçu la copie en qualité de maire.— En pareil cas, la signature du maire ne serait pas valablement suppléée par celle de l'adjoint [Cod. Proc. ibid.] (3).

Veuve Mastagli C. Legalupi.

ARRÊT.

Après délibération en la Chambre du Conseil,

La Cour; — sur les conclusions de M. Ceccaldi, Substitut du Procureur Général;

Considérant que, par exploit en date du 25 Juillet 1834, signifié au domicile de la dame veuve Mastagli, les héritiers de feu Louis Legalupi formèrent une demande en péremption contre l'instance d'appel introduite par ladite veuve Mastagli le 11 Décembre 1817, envers le jugement rendu par le Tribunal de première instance de Calvi le 27 Mai précédent;

Considérant que cette demande ne saurait être déclarée irrégulière comme contraire aux dispositions de l'article 400 du Code de Procédure Civile, n'étant pas suffisamment démontré que la veuve Mastagli eût constitué un nouvel avoué en remplacement de M. Varese par elle

(2-3) Il suffit pour se convaincre de l'exactitude de ces solutions de se reporter aux termes de l'art. 70 combiné avec l'art. 68 du Cod. de Proc. Civ. On peut voir, en effet, quant à la première: Cass. 29 mai 1811, Rejet 25 mars 1812, et Cass. 12 novembre 1822 (S. 11.1. 264—12.1.356 — 23.1.217), ainsi que Carré, n° 366; Thomine Desmazures, n° 92; Rodière, pag. 297; Bioche, V° *Ajournement*, n° 182, et Souquet, *ubi supra*, n° 983. La seconde n'est à nos yeux qu'une distinction exacte entre l'homme public et l'homme privé, une saine appréciation des fonctions attribuées au maire et des obligations imposées au voisin de la partie assignée.

constitué dans son acte d'appel, et décédé postérieurement à la date de cet acte;

Considérant, d'autre part, que la veuve Mastagli a demandé, à son tour, par exploit signifié à personne et à domicile, la péremption de l'instance formée par les héritiers Legalupi le 25 Juillet 1834;

Considérant que les héritiers Legalupi étant représentés dans la cause par un avoué, la demande en péremption de la veuve Mastagli est irrégulière et nulle, puisqu'elle n'a pas été formée conformément aux prescriptions de l'article 400 précité du Code de Procédure Civile; — Que vainement on a soutenu que cet article ne prononce pas la peine de nullité, et qu'aux termes de l'article 1030 du même Code, les magistrats ne peuvent, sous ce rapport, suppléer au silence de la loi;

Considérant, en effet, que l'article 1030 n'est applicable que lorsqu'il s'agit des formalités intrinsèques des actes et non dans le cas où l'on a arbitrairement substitué une forme de procédure à celle qui est prescrite par la loi;

Mais considérant que la veuve Mastagli a formé, par acte d'avoué à avoué du 25 Juillet 1854, une nouvelle demande en péremption contre l'instance en péremption d'instance engagée par les héritiers Legalupi le 25 Juillet 1834;—Que la régularité de cette seconde demande, formée par acte d'avoué à avoué le 17 Juillet 1854, n'est pas contestée et ne saurait l'être légitimement; — Qu'il s'agit de rechercher si elle est fondée;

Considérant que le mérite de la demande de la veuve Mastagli est subordonné à la validité de l'acte signifié par les héritiers Legalupi, à la veuve Mastagli le 2 Juin 1854, pour voir statuer sur leur demande en péremption de l'instance d'appel engagée par ladite veuve Mastagli le 11 Décembre 1817;

Considérant, en fait, qu'il résulte des termes de cet acte que « l'huissier en a remis la copie au maire de la ville de Calvi, qui l'a reçue comme voisin, n'ayant trouvé au domicile de ladite veuve Mastagli ni parents, ni domestiques, ni voisins qui aient voulu recevoir ladite copie; »

Considérant que l'original et la copie de cet exploit énoncent que l'original a été visé par le maire qui a reçu la copie en qualité de voisin, tandis qu'au contraire, c'est l'adjoint municipal qui a signé l'original par empêchement de M. le maire;

Considérant que de ce qui précède il résulte que l'acte du 2 Juin 1854 est vicié d'une double nullité; — Qu'en effet, l'huissier n'a point constaté qu'il n'a remis la copie au maire en qualité de voisin, que parce qu'il n'a pas trouvé la veuve Mastagli en son domicile; — Que, d'un autre côté, le maire de Calvi ayant reçu la copie de l'exploit, non en qualité de maire, mais en qualité de voisin, la régularité de la signification exigeait impérieusement que l'original fût signé par le maire lui-même, l'adjoint étant évidemment sans qualité pour le remplacer, à cet égard, et signer en son lieu et place;

Considérant que cet exploit étant aussi frappé de nullité, par les dispositions formelles des articles 8 et 70 du Code de Procédure Civile, le dernier acte de la procédure valablement signifié par les héritiers Legalupi est à la date du 10 Mai 1851; — Que depuis cette époque plus de trois ans se sont écoulés sans que l'instance en péremption d'instance, originairement introduite par les héritiers Legalupi le 25 Juillet 1834, ait été entretenue; — Que, par suite, c'est le cas de la déclarer éteinte et périmée;

. . . .

Annulle la demande en péremption d'instance formée par la veuve Mastagli le 6 Janvier 1841;

Déclare éteinte et périmée, par discontinuation de poursuites pendant plus de trois ans, la demande en péremption d'instance formée par les héritiers Legalupi contre la veuve Mastagli le 25 Juillet 1834, et renouvelée ou entretenue par divers exploits successifs ultérieurement signifiés, le dernier de ces exploits étant à la date du 10 Mai 1851;

Déclare, en conséquence, qu'il y a lieu de statuer, suivant les derniers errements de la procédure, sur l'appel relevé le 11 Décembre 1817 par la veuve Mastagli;

. . . .

Chambre Civile. — M. CALMÈTES, *Premier Président.*

MM. Milanta, Montera, } *Avocats.*

DU 28 AOUT 1854.

SÉDUCTION. — DOMMAGES-INTÉRÊTS.

La séduction d'une fille, même suivie de grossesse, ne saurait motiver de sa part une demande en dommages-intérêts contre le séducteur (Cod. Nap. Art. 1382).

Il en est ainsi, alors surtout que celui-ci pourvoit aux besoins de l'enfant (1).

Bartoli C. **Bartoli.**

ARRÊT.

Après délibération en la chambre du conseil,

LA COUR; — sur les conclusions conformes de M. BERTRAND, Premier Avocat Général;

Considérant qu'il est de principe constant, sous la législation actuelle, que les filles et les femmes qui se prétendent séduites et délaissées,

---

(1) En présence des faits, tels qu'ils ont été constatés par l'arrêt, nous ne pouvons qu'adopter entièrement la solution ci-dessus. En effet, dès qu'il est reconnu que la grossesse de la fille n'a été précédée d'aucune promesse de mariage, et que nul fait précis de séduction n'a été articulé à l'appui de la demande en dommages-intérêts, il est impossible d'admettre celle qui se dit séduite à réclamer le prix de sa faiblesse, la réparation d'un déshonneur auquel elle s'est volontairement et spontanément soumise. Nous ne pensons pas que l'on puisse, comme l'avait fait le tribunal de première instance, en se basant sans doute sur les principes reçus dans l'ancienne jurisprudence, se contenter d'une simple présomption, et dire que la fille séduite n'a dû succomber qu'à la suite d'une promesse de mariage; mais si cette promesse est prouvée, nous croyons qu'il appartient aux tribunaux de décider si la grossesse ne constitue pas un préjudice de nature à autoriser une demande en dommages-intérêts. C'est un point qui nous semble constant en jurisprudence. Voir surtout : Rejet 21 décembre 1814 (S. 15. 1. 159); — *Idem*, 24 mars 1845 (S. V. 45. 1. 539); — Bordeaux, 23 novembre 1852 (S. V. 53. 2. 245); — Douai, 3 décembre 1853 (S. V. 54. 2. 195); — Nimes, 2 janvier 1855 (S. V. 55. 2. 58). — Dissertation de MARCADÉ dans la *Revue critique de Juris.*, cahier du mois d'avril 1853, pag. 197. On consultera en outre avec fruit une note de M. DEVILLENEUVE mise au bas de l'arrêt que nous rapportons (S. V. 54. 2. 657) et résumant les vrais principes de la matière.

n'ont point d'action en justice envers leurs séducteurs, pour en obtenir des dommages-intérêts.

Considérant qu'il n'est, d'ailleurs, articulé, dans la cause, aucun fait précis de séduction; — Que les relations intimes qui ont existé entre Marie-Catherine Bartoli et le sieur Bartoli ont été le résultat d'un entraînement réciproque et d'une volonté libre et réfléchie; — Que l'on ne saurait sérieusement soutenir, dans de telles circonstances, qu'une femme peut être admise à réclamer, par la voie judiciaire, le prix de sa faiblesse, de son déshonneur ou de son libertinage;

Considérant que vainement le Tribunal de première instance a déclaré, dans son jugement, que les écarts de Marie-Catherine Bartoli ont dû être précédés d'une promesse de mariage; — Que la Cour ne peut consacrer la légitimité d'une semblable présomption;

Considérant, d'autre part, que le sieur Bartoli ne s'est lié envers Marie-Catherine Bartoli par aucune promesse de mariage; — Qu'il a satisfait à toutes ses obligations naturelles et civiles en se chargeant de l'avenir des deux enfants nés de ses relations avec l'intimée et par lui reconnus; — Que de ce qui précède il résulte que c'est par une inexacte appréciation des faits de la cause, et une violation manifeste des principes de droit, que le Tribunal de première instance a condamné l'appelant à payer à Marie-Catherine Bartoli une pension annuelle et viagère de la somme de cent francs :

. . . .

DISANT DROIT à l'appel et RÉFORMANT quant à ce seulement,

MET au néant la disposition du jugement de première instance qui condamne le sieur Bartoli à payer à l'intimée une pension annuelle et viagère de la somme de cent francs;

Pour le surplus CONFIRME.

Chambre Civile. — M. CALMÈTES, *Premier Président.*

MM. OLLAGNIER, EMANUELLI } *Avocats.*

DU 28 AOUT 1854.

1° ENDOSSEMENT. — ÉCHÉANCE.
2° BILLET A ORDRE. — COMPÉTENCE. — NON-COMMERÇANT.

1° La propriété des effets de commerce peut encore, après leur échéance, être transmise par endossement [Cod. Comm. art. 136.] (1).

2° La règle de l'art. 637, Cod. Comm., qui attribue compétence aux Tribunaux de Commerce relativement aux billets à ordre portant à la fois des signatures de personnes commerçantes et de personnes non commerçantes, n'exige pas qu'au moins le souscripteur de l'effet soit commerçant; — Cette règle est générale et applicable même au cas où le souscripteur est un non-commerçant, du moment qu'il y a des commerçants parmi les endosseurs (2).

---

(1) Nous croyons que la généralité des termes de l'art. 136 Cod. Comm. justifie suffisamment cette solution, qui a été combattue par quelques arrêts et par divers auteurs, mais en faveur de laquelle la jurisprudence de la Cour de Cassation s'est constamment prononcée. — V. au surplus dans le sens de l'arrêt recueilli, Rej. 28 novembre 1821 (S. 22. 1. 170); — Cass. 5 avril 1826 (S. 26. 1. 333); — Paris, 31 août 1831 (D. P. 32. 2. 119 — S. V. 32, 2, 153); — Toulouse, 26 juillet 1832 (S. V. 32. 2. 508); — Rej. 24 janvier 1833 (S. V. 33. 1. 100); — Rej. 28 janvier 1834 (S. V. 34. 1. 115); — Bourges, 25 novembre 1839 (S. V. 41. 2. 586); — Bordeaux, 25 novembre 1843 (D. P. 44. 2. 156 — S. V. 44. 2. 437); — Lyon, 30 avril 1845 (S. V. 46. 2. 190); — Montpellier, 25 juillet 1851 (S. V. 52. 2. 48); — Cass. 22 mars 1853 (D. P. 53. 1. 83 — S. V. 53. 1. 469); — Cass. 29 août 1854 (D. P. 54. 1. 287 — S.V. 55. 1. 191); — Cass. 25 juillet 1855 (S. V. 56. 1. 25). — *Sic*, PERSIL, *Lettres de change*, sur l'art. 136; — MASSÉ, *Rev. de Législ.* 1847, tom. 9, pag. 168; — SOUQUET, *Des temps légaux*, tom. 1er, tabl. 129, col. 3, n° 1; — RIVIÈRE, *Répét. Ecrit. sur le Cod. Comm.* pag. 256.

Pour l'opinion contraire, on peut consulter : Bruxelles, 13 mars 1806 (S. 7. 2. 933); — Paris, 4 janvier 1817 (S. 18. 2. 11); — Limoges, 13 juillet 1820 (S. 21. 2. 72); — Trib. de Comm. de la Seine, 20 juin 1833 (33. 2. 338); — Rennes, 15 juillet 1844 (D. P. 44. 2. 145 — S. V. 44. 2. 433); — PARDESSUS, tom. 2, nos 351 et 352; — NOUGUIER, *Lettres de change*, tom. 1er, pag. 292; — DALLOZ, *Jur. Gén.* 2e édit. V° *Effets de Commerce*, nos 407 et 408, et une note de M. DEVILLENEUVE, sous l'arrêt précité de la Cour de Rennes.

Toutefois, quoique nous adoptions la décision de la Cour de Bastia, nous serions portés à faire une exception au principe qu'elle pose, lorsque la lettre de change a été présentée au paiement, qu'il y a eu protêt, assignation et poursuites. Dans ce cas, en effet, la lettre de change emprunte les caractères d'une créance litigieuse dont la transmission ne doit plus pouvoir être effectuée que dans les formes prescrites par les art. 1689 et 1690 C. Nap.

(2) Il nous semble, en effet, que le texte précis et formel de l'art. 637 Cod. Comm. ne saurait admettre aucune distinction, et que les Tribunaux de Commerce sont compétents

Santini C. Talon.

ARRÊT.

Après délibération en la Chambre du Conseil,

La Cour ; — sur les conclusions conformes de M. Bertrand, Premier Avocat-Général ;

Considérant qu'il est de l'essence du billet à ordre d'être transmissible par la voie de l'endossement ; — Que l'échéance du billet ne le dépouille pas de son caractère propre et ne porte aucune atteinte à sa transmissibilité ;

---

pour connaître des contestations soulevées à l'occasion des billets à ordre portant des signatures d'individus négociants et d'individus non négociants, lors même que les signataires commerçants ne figureraient que comme endosseurs, ou ne seraient pas poursuivis en même temps que les non négociants. Nous savons bien que telle n'est pas l'opinion de Despréaux, *Compét. des Trib. de Comm.*, n° 499 ; Orillard, n° 435 et Horson, Quest. 201 ; dont la doctrine a été consacrée par les arrêts de : Colmar, 25 mars 1814 (S. 16. 2. 92) ; — Limoges, 30 déc. 1825 (S. 27. 2. 53) ; — Bordeaux, 19 nov. 1827 (S. 28. 2. 72) ; — Paris, 17 déc. 1828, 19 mars 1831, 17 fév. 1844 (S. V. 29. 2. 26 ; 32. 2. 306 ; 48. 2. 705 à la note) et même par la Cour de Bastia le 4 janv. et 28 février 1832 (V. T. 1er de notre recueil à ces dates, et la note qui les accompagne), dans le cas où les signataires commerçants ne pourraient plus être recherchés pour le paiement. Mais nous croyons que la décision que nous rapportons est plus conforme à l'esprit comme au texte de la loi, ainsi que le soutiennent et le démontrent jusqu'à la dernière évidence, selon nous, Carré, *Compét.*, tom. 2, nos 528 et 529 ; — Vincens, tom. 1er, pag. 138 ; — Dalloz, *Jur. gén.*, 2e édit. V° *Compét. comm.*, nos 228 et suiv. ; — Nouguier, *Lettres de change*, tom. 1er, pag. 515 et *Trib. de Comm.*, tom. 2, pag. 200, dont la doctrine est appuyée sur un nombre d'arrêts vraiment imposant. V. surtout Bourges, 6 août 1825 (D. P. 26. 2. 190 — S. 26. 2. 209) ; — Montpellier, 25 février 1831 (S. V. 31. 2. 213) ; — Bordeaux, 17 janvier 1832 (D. P. 32. 2. 142 — S. V. 32. 2. 76) ; — Grenoble, 7 février 1832 (D. P. 32. 2. 78 — S. V. 32. 2. 402) ; — Amiens, 7 mars 1837 (D. P. 37. 2. 156 — S. V. 37. 2. 399) ; — Cass., 26 juin 1839 (D. P. 39. 1. 249 — S. V. 39. 1. 878) ; — Bordeaux, 23 novembre 1843 (D. P. 44. 2. 82 — S. V. 44. 2. 437.) ; — Cass., 20 décembre 1827 (D. P. 48. 1. 25 — S. V. 48. 1. 241) ; — Lyon, 3 janvier 1848 (S. V. 48. 2. 705). On trouvera enfin sous ce dernier arrêt une note approbative de M. Devilleneuve, qui cite en outre deux arrêts conformes rendus l'un, par la Cour de Douai, le 11 décembre 1840, et l'autre par la Cour de Bordeaux, le 26 mai 1843.

Considérant que l'endossement, même postérieur à l'échéance, a pour résultat de rendre celui en faveur de qui il est souscrit, créancier direct du tireur de l'effet;

Considérant que vainement la veuve Santini soutient qu'elle n'a consenti qu'un engagement civil, qui ne saurait la soumettre à la juridiction consulaire, les endossements, bien qu'émanés de négociants, n'ayant pu changer la nature de l'effet, ni modifier, quant à elle, les règles de la compétence;

Considérant que celui qui souscrit une valeur négociable par la voie de l'endossement, doit nécessairement subir toutes les conséquences qui résultent du caractère propre du titre; — Que l'article 637 du Code de Commerce dispose, en termes exprès, que les Tribunaux Consulaires connaissent des contestations nées des billets à ordre portant en même temps des signatures d'individus négociants et d'individus non négociants;

Considérant que ces principes sont applicables même dans le cas où le souscripteur originaire n'est pas négociant, et que les endosseurs seuls sont revêtus de cette qualité; — Que, par conséquent, c'est avec juste raison que le Tribunal de première instance a rejeté l'exception d'incompétence proposée par la veuve Santini;

. . . .

CONFIRME.

Chambre Civile. — M. CALMÈTES, *Premier Président.*

MM. GAVINI, MONTERA, } *Avocats.*

DU 30 AOUT 1854.

1° DOT. — PRÉSOMPTION DE PAIEMENT. — DROIT ROMAIN.
2° CRÉANCIER. — MINEUR. — NULLITÉ.

1° La présomption de paiement de la dot établie contre le mari par l'art. 1569 du Code Napoléon, lorsque le mariage a duré dix ans depuis l'échéance des termes pris pour le paiement, n'est pas applicable aux contrats de mariage passés en pays de droit écrit (en Corse) avant la promulgation du Code Civil : — Sous l'empire du Droit Romain, la femme ou ses héritiers ne pouvaient répéter la dot contre le mari qu'en prouvant qu'il l'avait réellement reçue (1).

---

(1) Il est de toute évidence que, sans donner un effet rétroactif à l'art. 1569 du Cod. Nap., on ne pourrait en appliquer les dispositions à une dot constituée dans un contrat de mariage antérieur à la promulgation de ce même code. Aussi n'est-ce pas principalement sur ce point que la veuve Vatteone a fait porter sa discussion devant la Cour. Elle prétendait surtout que l'art. 1569 n'avait pas introduit un droit nouveau, et qu'il ne faisait que répéter les principes qui régissaient autrefois la Corse, pays de droit écrit, en exécution des lois romaines. L'arrêt que nous rapportons a condamné ce système, et nous approuvons entièrement la décision de la Cour de Bastia. — Nous savons bien que quelques Parlements, celui de Paris et celui de Toulouse particulièrement, avaient consacré, par leur jurisprudence, des résultats assez semblables à ceux établis sur cette matière par le Code Napoléon, en interprétant d'une manière fort extensive, et même un peu extraordinaire, la Novelle 100 de l'Empereur Justinien ; mais pour ne pas tomber dans la même erreur, il suffit de se rappeler que cette Novelle ne faisait que régler le temps pendant lequel le mari pouvait opposer à sa quittance formelle l'exception *non numeratæ pecuniæ*, et qu'elle ne s'appliquait nullement au cas où le contrat de mariage contenait purement et simplement une constitution de dot, sans que le mari reconnût expressément l'avoir reçue. En effet, la loi 3, Cod. *De Dote Cauta non numerata*, est ainsi conçue : *In dotibus, quas datas esse dotalibus instrumentis conscribi moris est, cum adhuc nulla datio, sed pollicitatio tantum subsecuta sit, liceat non numeratæ pecuniæ exceptionem opponere, non solum marito contra uxorem.......; ut*

2° Les créanciers d'un mineur peuvent demander, en son nom, la nullité des actes consentis par celui-ci sans le consentement du conseil de famille: — Les actions en nullité fondées sur la minorité ne sont pas des actions attachées à la personne du mineur, dans le sens de l'article 1166 du Code Napoléon (2).

---

intrà annum tantum continuum a morte mariti, vel mulieris, vel missione repudii computan-dum, ea licentia detur. Cette loi, comme on le voit, déterminait la durée de l'exception *non numeratæ pecuniæ*, après la mort du mari ou de la femme ; mais elle ne s'expliquait nullement sur ce qui aurait dû arriver pendant le mariage. Justinien voulut donc combler cette lacune, et c'est ce qu'il fit par la Novelle 100, laquelle, d'après l'authentique placée sous la loi 3 ci-dessus visée, régla de la manière suivante ce point de droit : *Quod locum habet, si intrà biennium solvatur matrimonium; si autem ultrà biennium usquè ad decimum annum extendatur; et ipsi marito et hæredi ejus intrà tres menses querela permittitur. Sed si decennium transcurrerit, omnino querela denegatur*, etc.

Il n'est pas difficile de se convaincre que toutes ces combinaisons sont étrangères à notre droit, d'après lequel la quittance du mari fait foi pleine et entière du paiement de la dot, et ne peut jamais être détruite par l'exception *non numeratæ pecuniæ*, qui nous est inconnue. Le Code Napoléon a voulu seulement établir une présomption en faveur de la femme qui demande la restitution de sa dot, pour le cas où le mari ne justifierait pas d'avoir réclamé la dot qui lui avait été promise et pour laquelle on ne produirait aucune reconnaissance, lorsque le mariage a duré dix ans depuis l'échéance des termes pris pour le paiement. Dans tous les autres cas le mari n'est tenu de restituer à son épouse ou à ses héritiers que d'après les justifications faites par sa partie adverse. On peut consulter entr'autres auteurs BOURJON, *Droit. Comm.*, tom. 1er, pag. 566, n° XI; — BRETONNIER, *Quest. de Droit*, V° *Dot*, tom. 1er, pag. 218 et suiv.; — DUNOD, pag. 146, 179, 180 et 181, parmi les anciens; — MERLIN, *Répert*, V° *Dot*, § 3, n° 8; — DURANTON, tom. 15, nos 566 et 567; — TROPLONG, *Contrat de Mariage*, tom. 4, nos 3655 et suiv., parmi les modernes; — ainsi que la note de DEVILLENEUVE sous l'arrêt ci-dessus (S. V. 54. 2. 481).

(2) Conf. Bastia, 26 mai 1834 (tom. 2 de notre recueil à cette date); — Rouen, 9 janvier 1838 (S. V. 38. 2. 110). — Il en serait de même pour le défaut d'autorisation de la femme mariée; — Cass., 10 mai 1853 (S. V. 53. 1. 572); — Rej. 17 août 1855 (S. V. 55. 1. 811), quoique le contraire ait été décidé par la Cour de Grenoble le 2 août 1827 et par la Cour de Paris le 10 janvier 1835 (S. V. 28. 2. 186 et 35. 2. 475). — Dans le sens de l'arrêt de la Cour de Bastia, et de ceux de la Cour de Cass. V. MERLIN, *Répert.* V° *Autor. Marit.*, § 9 *et quest.* V° *Hypoth.*, § 4, n° 4 et 5; — PROUDHON, *Usufruit*, tom. 4, n° 2347; — DURANTON, tom. 2, n° 510, tom. 10, n° 561, tom. 12, n° 569; — DALLOZ, 1re édit. V° *Obligat.*; — MARCADÉ, sur l'art. 225, n° 4, et sur l'art. 1166, n° 495; — ZACHARIÆ, tom. 2, pag. 339; — DELVINCOURT, tom. 2, pag. 523; — DEMOLOMBE, tom. 4, n° 342; — MAGNIN, *Minor et Tutel.*, tom. 2, nos 1152 et suiv. Il est à remarquer que TOULLIER, qui avait d'abord adopté l'opinion de la Cour de Grenoble et de la Cour de Paris, tom. 2, n° 661, et tom. 7, n° 567, a déclaré dans sa 5e édition que les raisons données par MERLIN lui imposaient l'obligation de changer de manière de voir.

Blasini C. Vincentelli.

ARRÊT.

Après délibération en la Chambre du Conseil,

La Cour; — sur les conclusions de M. Bertrand, Premier Avocat Général;

Considérant que, pour apprécier le mérite de l'appel relevé par la veuve Vatteone, épouse en secondes noces d'Antoine Blasini, il convient de rechercher si la dot qu'elle réclame à l'encontre de son fils, Joseph Vatteone, avait été reçue par le père de ce dernier, ou s'il en était légalement responsable; — Et, en supposant la solution affirmative de ces questions, ou de l'une d'elles, si l'action en répétition de la dot ne serait pas prescrite;

Considérant, en fait, qu'il ne résulte d'aucun document de la cause qu'Emmanuel Vatteone eût reçu le montant de la dot constituée à sa femme, consistant principalement en une créance, dont le recouvrement n'est nullement établi; — Que vainement, à défaut de preuves de paiement, la veuve Vatteone invoque la présomption légale résultant de l'article 1569 du Code Napoléon; — Qu'en effet, le contrat de mariage des époux Vatteone étant antérieur à la promulgation de ce Code, les droits respectifs des époux ne sauraient être soumis à ses dispositions; — Que, d'un autre côté, les principes du droit écrit qui régissait autrefois la Corse, différaient essentiellement de ceux qui sont consacrés, en cette matière, par le droit actuel; — Que la loi romaine se bornait à régler l'exception Non numeratæ pecuniæ accordée au mari, lorsque le contrat de mariage énonçait le paiement d'une dot qui n'avait pas été payée;

Considérant que le contrat de mariage des époux Vatteone ne constate pas la réception de la dot par le mari; — Que, dans une semblable hypothèse, le droit romain ne réputait pas le mari légalement responsable, après dix ans de mariage, de la dot qu'il n'avait pas reçue;

Considérant, d'ailleurs, que si Emmanuel Vatteone et son représentant pouvaient être réputés débiteurs de la dot, il y aurait lieu de décider que l'action de l'appelante est prescrite, puisqu'il est constant que le sieur Vatteone est décédé depuis plus de trente ans avant l'introduction de l'instance; — Qu'à la vérité la veuve Vatteone soutient que la prescription a été interrompue par les réserves contenues dans la transaction du 9 Septembre 1822;

Mais considérant que la transaction dont il s'agit est intervenue entre la veuve Vatteone et Joseph Vatteone, mineur émancipé assisté de son curateur;

Considérant qu'aux termes de l'article 3 de cet acte, la veuve Vatteone se réserve ses droits pour la répétition de la dot à elle constituée dans son contrat de mariage; — Que Joseph Vatteone ne déclare point adhérer à cette réserve; — Que si, d'après la clause cinquième du même acte, les parties se tiennent réciproquement quittes de tout ce qu'elles pouvaient se devoir, sauf ce qui est dit en l'article 3 ci-dessus, il ne résulte nullement de cette disposition que Joseph Vatteone se reconnait débiteur de la dot constituée à sa mère dans son premier contrat de mariage; — Qu'ainsi, la réserve exprimée dans la transaction de 1822 est inefficace et inopérante comme émanant de la veuve Vatteone seule, et, d'un autre côté, les dispositions invoquées ne renferment pas une reconnaissance suffisante de la dette de la part de Joseph Vatteone;

Considérant qu'alors même que cette reconnaissance serait constante, il y aurait lieu de la déclarer nulle et de nul effet;

Considérant que la reconnaissance d'une dette emporte nécessairement l'obligation de l'acquitter;

Considérant que le mineur émancipé ne peut, suivant les dispositions de l'article 408 du Code Napoléon, s'obliger qu'avec le consentement du conseil de famille et l'autorisation de la Justice; — Qu'en fait, Joseph Vatteone n'a stipulé, lors de la transaction consentie en 1822, que sous la seule assistance de son curateur; — Que, par conséquent, si l'on pouvait trouver dans ladite transaction une reconnaissance de la dette de la part de Joseph Vatteone, elle serait frappée de nullité;

Considérant que les intimés, créanciers de Joseph Vatteone, ont qualité pour invoquer cette nullité, aux termes de l'article 1166 du Code Napoléon ; — Que l'appelante objecte en vain, que s'agissant d'un droit exclusivement attaché à la personne du mineur, les créanciers ne peuvent s'en prévaloir;

Considérant que l'on ne doit entendre par droits exclusivement attachés à la personne, que ceux qui ne peuvent être exercés que par celui à qui ils appartiennent, qui vivent et meurent avec lui et sont intransmissibles à ses héritiers, QUÆ AD HÆREDES NON TRANSEUNT ; — Que telle n'est pas évidemment la nature de l'action en nullité d'une obligation pour cause de minorité ; — Qu'une telle action passe incontestablement aux héritiers du mineur ; — Que, par suite, elle n'est pas exclusivement attachée à sa personne, et peut être exercée par les créanciers, en vertu de la subrogation légale établie en leur faveur par l'article 1166 du Code Napoléon;

Considérant que de tout ce qui précède il résulte que la prescription n'a pas été interrompue, et que l'action en répétition de la dot est prescrite ;

. . . .

CONFIRME.

Chambre Civile. — M. CALMÈTES, *Premier Président.*

MM. MILANTA, MONTERA, } *Avocats.*

DU 20 DÉCEMBRE 1854.

POSSESSION ANNALE. — DEMANDE EN DÉLAISSEMENT. — DROITS DU POSSESSEUR. — OBLIGATION DU DEMANDEUR.

La possession d'un immeuble, lorsqu'elle a eu lieu NEC VI, NEC CLAM, NEC PRECARIO, *suppose le droit de propriété jusqu'à preuve contraire* (1).

Si le possesseur de l'immeuble devient l'objet d'une action en délaissement, il n'est tenu d'aucune justification, et il peut se borner à répondre : POSSIDEO QUIA POSSIDEO (2).

Le demandeur en délaissement doit succomber dans son action s'il ne prouve pas son droit de propriété (3).

Casanova C. Coralli.

ARRÊT.

Après délibération en la Chambre du Conseil,

LA COUR; — sur les conclusions conformes de M. CECCALDI, Substitut du Procureur Général;

SUR L'APPEL PRINCIPAL :

Considérant que la possession est l'élément primordial du droit de propriété; — Que toute propriété n'est, en général, si l'on remonte à son origine, qu'une possession consacrée par le temps et l'usage ANIMO DOMINI de la chose possédée;

(1, 2, 3) Ces trois solutions nous semblent des conséquences nécessaires et forcées de deux axiomes reçus depuis longtemps au palais et que nul ne songe à contester : *In pari causâ melior est conditio possidentis. Actore non probante reus absolvitur.* Voir conf. Rennes 22 avril 1817 (S. C. N. 5. 2. 266). Bordeaux 16 février, 1829 (S. 29. 2. 300). Anal. Pau, 4 juillet 1823 (S. 24. 2. 40). Rejet 21 novembre 1826 (S. 27. 1. 34). Dans le même sens : POTHIER, *De la Propriété*, 2e partie, chap. 1er, art. 2, n° 307. — PROUDHON, *Du Domaine privé*, T. 2, nos 484 et 485. — TROPLONG, *De la Prescription*, T. 1er, nos 225, 226 et 229.

Considérant que si la possession d'un immeuble, lorsqu'elle a eu lieu *nec vi, nec clam, nec precario*, ne s'est pas prolongée durant le temps nécessaire pour être convertie en droit de propriété, elle le suppose, cependant, jusqu'à preuve contraire; — Que, d'après ces principes, si le possesseur annal d'un immeuble devient l'objet d'une action en délaissement de la part de celui qui s'en prétend propriétaire, sa possession se suffisant à elle-même, il n'est tenu d'aucune justification envers le demandeur; — Qu'il peut se borner à répondre, si on lui demande quels sont ses titres à la possession : Je possède, parce que je possède, POSSIDEO QUIA POSSIDEO;

Considérant, en fait, qu'il est justifié par les documents de la cause que la veuve Casanova possède, depuis plusieurs années, la parcelle du terrain en litige; — Que si, dans les premiers jours du mois de Juillet 1852, le sieur Coralli intenta contre elle une action en complainte possessoire relativement à ce même terrain, il résulte du jugement émané du juge de paix du canton de Pietra, en date du 4 Octobre 1852, que le demandeur ne se présenta point pour soutenir son action, et qu'il fut donné défaut congé contre lui;

Considérant que ce jugement n'a été frappé ni d'opposition, ni d'appel, et qu'il a acquis l'autorité de la chose irrévocablement jugée;

Considérant que la veuve Casanova est demeurée en possession de l'objet en litige, soit pendant l'instance au possessoire, soit postérieurement à cette instance; — Que la demande en délaissement formée par le sieur Coralli le 17 Décembre 1852, implique la continuité de l'occupation du terrain en litige par la veuve Casanova, appelante;

Considérant que pour prouver son droit de propriété sur l'immeuble par lui revendiqué, le sieur Coralli invoque un acte privé à la date du 9 Pluviôse An XII; mais qu'il a si bien lui-même reconnu l'insuffisance de cet acte, qu'il a demandé à établir son droit de propriété, par la preuve testimoniale de la possession trentenaire;

Considérant que l'insuffisance de l'acte de l'An XII est manifeste, puisqu'il ne renferme aucune indication de contenance, qu'il ne se réfère pas d'une manière spéciale à la parcelle contestée, et que, quelle que soit la limite de la propriété de la dame veuve Casanova, elle confrontera toujours à l'horizon du nord avec le sieur Coralli, intimé ;

En ce qui concerne l'enquête :

Considérant que l'infertilité du sol en litige interdisant une culture permanente, le premier juge aurait dû comprendre que la possession de ce terrain ne pouvait présenter ni la fixité nécessaire, ni des caractères assez précis pour qu'elle pût servir de base à la prescription trentenaire ; — Qu'il était, par conséquent, superflu et frustratoire de recourir à une preuve par témoins, mode d'investigation qui présente, d'ailleurs, en matière civile, tant de périls, de doutes et d'incertitudes ;

Considérant que l'enquête et la contraire enquête produites devant la Cour ne renferment que des renseignements contradictoires et sans portée ; — Que, dans ces circonstances, c'est le cas de repousser la demande du sieur Coralli par application de la maxime : Actore non probante reus absolvitur, etiam si nihil ipse præstet.

. . . .

Déclare mal fondée la demande en délaissement formée par le sieur Coralli contre l'appelante ;

Dit, toutefois, que la propriété de la dame Casanova ne pourra, dans aucun cas, dépasser la limite déterminée par le fossé désigné au procès sous le nom de *Fosso mozzo*.

. . . .

Chambre Civile. — M. CALMÈTES, *Premier Président.*

MM. Poli, de Caraffa, } *Avocats.*

ANNÉE 1855.

DU 15 JANVIER 1855.

COMPÉTENCE. — LIEU DE LA LIVRAISON. — LIEU DU PAIEMENT. — COMMISSIONNAIRE DE TRANSPORT.

La disposition de l'article 420, Cod. Proc. Civ., qui, en matière commerciale, permet d'assigner le défendeur devant le Tribunal dans l'arrondissement duquel la promesse a été faite et la marchandise livrée, est exclusivement applicable au cas de vente ou d'achat de marchandises proprement dites, et non au cas où il s'agit de l'exécution de tout autre contrat, par exemple, du paiement du prix d'un transport de marchandises. — En un tel cas, l'action en paiement ne peut être introduite devant le Tribunal dans l'arrondissement duquel la promesse a été faite et les effets transportés; elle ne peut l'être que devant le Tribunal du domicile du défendeur, suivant la règle générale (1).

En pareil cas, la disposition du même article 420, Cod. Proc. Civ., qui permet d'assigner le défendeur devant le Tribunal du lieu où le paiement devait être effectué, serait-elle applicable (2)?

(1, 2) Le § 2 de l'art. 420 Cod. Proc. Civ., a donné lieu à des interprétations diverses. Conformément à la solution ci-dessus, de nombreux arrêts en restreignent l'application aux seuls contrats qui se résument en livraisons de marchandises, accompagnées ou suivies de paiement. Voir entre autres; Req. 4 oct. 1808 (D. A. 3. 381); Toulouse, 12 janvier 1833 et 9 fév. 1838 (D. P. 33. 2. 130 — 39. 2. 148); Lyon, 2 déc. 1829 (D. P. 30. 2. 71); Bordeaux, 16 mars 1831, 9 juillet 1838 et 17 juillet 1846 (D. P. 32. 2. 15—38. 2. 59—48. 2. 167); Req. 22 mai 1854 (D. P. 54. 1. 262). D'autres l'étendent indistinctement à toutes les contestations relatives ou non à des ventes ou livraisons de marchandises proprement dites. Voir notamment : Req. 8 juillet 1814 et 26 fév. 1839 (D. A. 3. 401, et D. P. 39. 1. 59); Besançon, 3 août, Orléans, 27 nov. 1844 (D. P. 45. 4. 98); Rouen, 15 mars 1847; Bordeaux, 4 mai 1848 (D. P. 48. 2. 166, 167); Orléans, 31 mai 1848 (D. P. 49. 5. 55); Paris, 3 juillet 1850; Rouen, 12 janv. 1853 (D. P. 53. 2. 47, 48).

Tesnière et Faure-Beaulieu C. Bertarelli.

ARRÊT.

Après délibération en la Chambre du Conseil,

La Cour ; — sur les conclusions conformes de M. Bertrand, Premier Avocat Général ;

Considérant que l'article 420 § 2 du Code de Procédure Civile, renferme une dérogation au principe général suivant lequel le défendeur doit être assigné devant le Tribunal du lieu de son domicile ;

Considérant que toute exception au droit commun doit être rigoureusement restreinte dans les limites tracées par la loi qui l'a créée ;

Considérant que le § 2 de l'article 420 dont il s'agit de déterminer le sens, se réfère manifestement aux transactions commerciales, qui, par leur nature, ou d'après les termes de la convention, donnent lieu à une livraison de marchandises ;

Considérant que si, sous l'ancienne législation, l'expression *faits de marchandises* embrassait l'ensemble des opérations de commerce, on ne saurait donner aujourd'hui au mot *marchandises*, qu'on lit dans l'article 420, une signification aussi étendue ; — Que la généralité de cette expression se trouve circonscrite et limitée par le mot qui la suit immédiatement ; — Que, par conséquent, l'article précité n'a point eu en vue toutes les conventions dont une marchandise peut être l'objet, mais uniquement les contrats qui se résument en une livraison de marchandises, précédée, accompagnée ou suivie du paiement du prix d'icelles ;

Considérant que si le mot *marchandises* comprenait tout ce qui peut être la matière d'un trafic, d'un négoce, tout ce qui tient au commerce ou à la spéculation, il faudrait en induire que le § 2 de l'article 420 est applicable même à la lettre de change ; — D'où il résulterait que le souscripteur d'un effet de commerce pourrait être valablement assigné devant le Tribunal du lieu où l'effet a été créé et remis par le tireur au bénéficiaire; et que les endosseurs eux-mêmes seraient justiciables des Tribunaux dans l'arrondissement desquels les endossements auraient été donnés;

Considérant qu'une semblable attribution de compétence est évidemment inadmissible, ce qui suffirait pour démontrer que l'article dont il s'agit ne renferme qu'une disposition exceptionnelle, et non une règle générale applicable à tous les cas, en matière de commerce;

Considérant, en fait, que Tesnière et Faure-Beaulieu, entrepreneurs de transports militaires dans le département de la Corse, chargèrent, dans le mois de Janvier 1853, le sieur Bertarelli, négociant à Bastia, d'exécuter à titre provisoire dans l'arrondissement du Tribunal de cette ville, les transports militaires dont ils étaient devenus adjudicataires;

Considérant que ces transports ayant été immédiatement effectués, le sieur Bertarelli en réclama le paiement par des mandats tirés sur Tesnière et Faure-Beaulieu, dont le domicile est à Paris;

Considérant que l'un de ces mandats, n'ayant pas été payé à présentation, il fut protesté, et à la suite du protêt, Bertarelli assigna Tesnière et Faure-Beaulieu devant le Tribunal de commerce de Bastia, en paiement de la somme de mille sept cent soixante-deux francs, vingt-sept centimes qu'il prétendait lui être encore due;

Considérant que les défendeurs ayant décliné la compétence du Tribunal, leur exception fut rejetée, sur le fondement que l'arrondissement de Bastia était le lieu de la promesse et celui de la livraison;

Mais considérant qu'il n'était intervenu entre Tesnière, Faure-Beaulieu et Bertarelli aucun traité rentrant dans les dispositions de l'article 420 § 2 du Code de Procédure Civile; — Que l'exécution des transports, momentanément confiée à Bertarelli, ne pouvait être assimilée à la livraison d'une marchandise, dans le sens de l'article 420 précité;

Considérant que la réunion des deux conditions relatives au lieu de la promesse et à celui de la livraison étant indispensable pour attribuer juridiction au Tribunal dans l'arrondissement duquel elles se sont accomplies, il en résulte que la circonstance de la livraison de la marchandise venant à défaillir, il devient inutile d'examiner quel est le lieu de la promesse dans le cas où les parties ont traité par correspondance;

Considérant que vainement l'intimé a allégué que le paiement des sommes qui lui étaient dues, devait être effectué à Bastia, ce qui justifierait suffisamment la compétence du Tribunal devant lequel la demande a été portée;

Considérant qu'une semblable prétention n'est nullement fondée; — Qu'aux termes de l'article 1247 du Code Napoléon, le paiement doit être exécuté au domicile du débiteur, si aucune convention n'a été faite, à cet égard, par les parties;

Considérant que, dans l'espèce, il n'apparaît d'aucune stipulation particulière quant au lieu du paiement;

Considérant que le sieur Bertarelli a si bien reconnu lui-même que le paiement ne devait point être effectué à Bastia, que lorsqu'il a voulu être remboursé de ses avances, et recevoir le salaire qui pouvait lui être dû, il s'est borné à tirer des traites sur Tesnière et Faure-Beaulieu, payables en leur domicile à Paris;

Que, de tout ce qui précède il résulte que les appelants auraient dû être assignés devant le Tribunal de commerce de leur domicile, et que le jugement attaqué leur a inféré grief en rejetant le déclinatoire par eux proposé;

. . . .

DÉCLARE que le Tribunal de commerce de Bastia était incompétent pour connaître de la demande dirigée par Bertarelli contre Tesnière et Faure-Beaulieu.

Chambre Civile. — M. CALMÈTES, *Premier Président.*

MM. DE CARAFFA, MILANTA, } *Avocats.*

DU 23 JANVIER 1855.

1° AVANCEMENT D'HOIRIE. — RENONCIATION. — RÉSERVE. — QUOTITÉ DISPONIBLE. — CUMUL. — ACCROISSEMENT ;
2° RAPPORT A SUCCESSION. — DONATION INDIRECTE. — MINEUR. — TUTEUR (FAIT DU).

1° Dans le système du Code Napoléon sur les successions, à la différence de ce qui avait lieu dans l'ancien droit, la réserve n'est pas attribuée aux enfants en qualité d'enfants, mais en qualité d'héritiers; — Cette réserve ne saurait être assimilée à la légitime ancienne, qui était considérée plutôt comme une créance sur la succession, que comme une part de l'hoirie (1).

En conséquence l'enfant donataire en avancement d'hoirie, qui renonce à la succession pour s'en tenir à la donation qui lui a été faite, perdant ainsi sa qualité d'héritier, ne peut prétendre à la réserve, et ne peut, par conséquent, conserver son don que jusqu'à concurrence de la quotité disponible ; — Il ne saurait cumuler sur ce don la quotité disponible et la réserve [*Code Nap., Art. 845*] (2).

Dans toute succession, la réserve et la quotité disponible sont réglées d'après le nombre des enfants existant au jour du décès du père de famille, sans que la renonciation ultérieure de l'un des enfants puisse y apporter aucun changement. — En conséquence, dans le cas de renonciation de l'un d'eux, la réserve de l'enfant renonçant accroît à ceux qui ont accepté [*Code Nap., Art. 785, 786, 913*] (3).

Par suite, on ne peut opposer à ces derniers, comme fin de non-recevoir contre l'action en réduction de la donation faite à l'enfant renonçant, qu'ils trouvent encore dans la succession, en dehors des biens donnés, de quoi les remplir de leur réserve.

2° Des petits enfants venant à la succession de leur aïeul, ne peuvent être tenus au rapport des biens aliénés par celui-ci et dont leur mère tutrice a touché le prix pendant leur minorité, alors qu'il n'est pas prouvé que ce prix ait tourné à leur profit : — A ce cas ne s'applique pas la règle : Factum tutoris, factum pupilli [*Code Nap., Art. 450, 843*].

(1-2-3) On connaît la vive controverse qui s'est élevée au sujet des questions que décide ainsi l'arrêt que nous recueillons; et qui marque la date du retour de la Cour de Bastia

Casale C. Casale.

ARRÊT.

Après délibération en la Chambre du Conseil,

La Cour; — sur les conclusions de M. Bertrand, Premier Avocat Général;

. . . .

Sur la question du cumul :

Considérant, en fait, que par acte du 2 Février 1836, feu Paul-Pierre Casale fit donation à Jean-Baptiste Casale, son fils, de divers immeubles, à titre de préciput et hors part, avec dispense de rapport et, subsidiairement, en avancement d'hoirie;

Considérant que Jean-Baptiste Casale étant décédé après son père, sans avoir fait acte d'héritier, ses enfants ont renoncé, de son chef, à la succession de leur aïeul, pour s'en tenir à la donation contenue dans l'acte précité du 2 Février 1836;

Considérant que la principale question du procès consiste à savoir si les enfants de Jean-Baptiste Casale peuvent retenir, sur les immeubles objets de la donation faite à leur père, et la quotité disponible et la réserve légale de ce dernier dans l'hoirie de Paul-Pierre Casale;

Considérant qu'en présence des dissidences de la jurisprudence et

---

à une jurisprudence qu'elle avait abandonnée depuis de longues années. — Mon ami et collaborateur, M. Gafforj, en a retracé les détails avec développement. T. 1er de ce Recueil, note sous l'arrêt du 16 janvier 1826.

de la doctrine sur cette grave question, la voie la plus sûre pour ne point s'égarer, c'est d'interroger la loi dans son texte, et de l'interpréter suivant son esprit, et non dans un esprit de système manifestement contraire à la pensée du législateur;

Considérant qu'on ne saurait méconnaître que le Code Napoléon, qui peut être à bon droit nommé la raison écrite des temps modernes, a voulu consacrer, en cette matière, et comme règle générale, l'égalité des partages entre cohéritiers;

Considérant qu'en adoptant ce principe nouveau, fondé sur l'équité naturelle, les rédacteurs du Code se préoccupèrent aussi, à juste titre, du pouvoir du père de famille; — Qu'il fut reconnu que son autorité morale sur ses enfants ne serait pas suffisamment protégée, s'il ne pouvait librement disposer, à titre gratuit, d'une portion déterminée de son héritage;

Considérant que l'article 913 de ce Code pourvoit à cette nécessité sociale, en réglant la quotité disponible eu égard au nombre des enfants existant au moment de l'ouverture de la succession; — Que suivant cet article, qui trouve son complément dans diverses dispositions du même Code, et notamment dans les articles 919, 920, 921, 924, 844, 845 et 859, le patrimoine du père de famille se trouve divisé en deux portions distinctes, formant l'une la quotité disponible, l'autre la réserve légale attribuée aux enfants;

Considérant que la première est la seule chose dont les père et mère peuvent disposer à titre gratuit, par actes entre-vifs ou testamentaires, soit envers un étranger, soit en faveur d'un ou plusieurs de leurs enfants, mais sous la condition, dans ce dernier cas, d'exprimer d'une manière expresse que la donation ou le legs sont faits par préciput et hors part;

Considérant que la seconde portion du patrimoine paternel constitue la part indisponible, laquelle est dévolue *in solidum* aux enfants à titre héréditaire;

Considérant que le Code Napoléon, à la différence de la législation qui régissait autrefois les pays de droit écrit, n'alloue pas la réserve à l'enfant en qualité d'enfant; — Qu'il a adopté, à cet égard, la doctrine qui se résume dans cet adage : *Non habet legitimam nisi qui hœres est;*

Considérant que si, en pays de coutume, l'héritier seul avait le droit de demander la légitime, ce principe ne pouvait entraîner les mêmes conséquences qu'aujourd'hui, par la raison décisive que la portion disponible ne reconnaissait alors aucune limite et que la légitime n'était qu'une assignation individuelle, une créance naturelle, qui ne recevait aucun accroissement de la part afférente au renonçant;

Considérant que la légitime des pays de droit écrit différait aussi essentiellement de la réserve actuelle; — Que sous l'empire du droit romain le père de famille disposait souverainement de son patrimoine; — Qu'il pouvait exclure ses enfants de sa succession en instituant un héritier; — Que la légitime accordée aux enfants sous une telle législation, était complétement indépendante de la qualité d'héritier; — Qu'elle constituait non un droit héréditaire, mais une délibation gracieuse d'une minime part de l'avoir paternel, un secours accordé à l'enfant en qualité d'enfant et à titre purement alimentaire;

Considérant que la réserve, sous le régime nouveau, confère à l'enfant un droit que la volonté de la loi protége contre la volonté, le caprice, ou l'injustice du père de famille; — Qu'attachée à la qualité d'héritier, elle doit donc échapper à l'enfant s'il abdique son titre d'héritier;

Considérant que la donation de la réserve légale faite par le père, en avancement d'hoirie, à l'un de ses enfants à qui il donne, en même temps, la portion disponible avec dispense de rapport, n'ajoute rien, en thèse générale, au droit de ce dernier sur la réserve, s'il est héritier, et ne peut suppléer à ce titre, s'il s'en est volontairement dépouillé; — Qu'il ne saurait retenir, en qualité de donataire, ce que la loi ne lui attribue que comme héritier;

Considérant que l'enfant perd son titre d'héritier par la renonciation à la succession, et dans ce cas, aux termes de l'article 786 du Code Napoléon, la part du renonçant accroît à ses cohéritiers;

Considérant que cette part leur est aussi attribuée à titre de réserve, la réserve se composant de la portion de chaque enfant-héritier dans la masse indisponible, qui forme essentiellement l'hérédité;

Considérant que la portion indisponible est dévolue aux enfants qui acceptent la succession d'une manière indivise, à compter du décès de l'auteur commun; — Que l'article 1004 du même Code leur donne collectivement la saisine de tous les biens de l'hoirie;

Considérant, enfin, que la saisine légale ne frappe pas moins les biens qui ne peuvent rentrer dans la succession que par l'effet d'une action en délaissement ou en réduction, que ceux qui s'y trouvent au moment de son ouverture;

Considérant qu'après avoir rappelé ces notions élémentaires en matière de succession, il sera permis d'affirmer que, si l'une des deux solutions proposées sur la question à juger bouleverse tous ces principes, tandis qu'au contraire l'autre les respecte et se concilie avec eux, il faudra repousser sans hésiter la première et adopter résolument la seconde;

Considérant que le système du cumul de la portion disponible et de la réserve au profit du donataire renonçant, confond la réserve du code qui nous régit, avec la légitime du droit romain; — Qu'il attribue la réserve à l'enfant en qualité d'enfant et non à titre d'héritier; — Qu'il annihile les effets de la renonciation au mépris de l'article 786 précité et au préjudice des enfants qui ont accepté; — Qu'il étend, au-delà des limites tracées par la loi, la faculté accordée au père de famille de disposer, à titre gratuit, d'une partie de ses biens; — Qu'il convertit un don en avancement d'hoirie en une donation avec dispense de rapport; — Qu'il donne un effet définitif et irrévocable à une donation qui, par sa nature même, ne peut produire qu'exceptionnellement un tel effet; — Qu'il place dans des conditions plus avantageuses, sous tous les rapports, l'enfant qui répudie l'hoirie, que celui qui honore la mémoire de son père ou de sa mère, en acceptant leur succession, avec les dettes et les charges qui peuvent la grever;

Considérant que le système des appelants, au contraire, est en parfaite harmonie avec les véritables principes qui régissent la matière, aussi bien qu'avec ceux de la loi morale, qui prescrit à l'enfant de ne point répudier l'héritage paternel, pour n'en recueillir que les bénéfices, à l'aide d'une renonciation qui trop souvent n'est que le résultat d'une combinaison artificieuse;

Considérant que vainement on voudrait repousser l'action en retranchement des réservataires par une fin de non-recevoir fondée sur le défaut d'intérêt;

Considérant qu'une semblable objection, qui paraît être le dernier mot, la raison suprême des partisans du cumul, n'offre en réalité aucune consistance, puisqu'elle repose sur une véritable pétition de principes; — Qu'en effet, répondre aux réservataires qui réclament, en vertu de l'article 786, leur part dans la réserve légale du donataire renonçant : *Votre action est dépourvue d'intérêt, la donation en avancement d'hoirie faite par l'auteur commun, n'ayant porté aucune atteinte à la réserve que la loi vous attribuait individuellement avant la renonciation*, c'est évidemment supposer résolue contre les réservataires la question qui consiste à savoir, si leur réserve originaire ne s'est pas accrue de la part du renonçant par l'effet même de la renonciation; — Que, dès lors, cette objection est sans portée et ne saurait arrêter plus longtemps l'attention de la Cour;

Considérant que vainement encore on soutient que l'article 786 ne peut recevoir d'application qu'à l'égard des biens qui existent en nature dans la succession, au moment de son ouverture;

Considérant qu'en donnant à cet article une telle signification, on y introduit arbitrairement une disposition qu'il ne renferme pas; — Que, d'autre part, la renonciation de l'un des enfants rétroagissant au jour de l'ouverture de la succession, dès ce moment le don en avancement d'hoirie, en tant qu'il excède la portion disponible, a cessé d'avoir tout effet, et les biens immeubles qui en étaient l'objet sont censés rentrés dans la succession, suivant la maxime : *Res illa est in bonis nostris, quæ vel per exceptionem potest retineri, vel per actionem recuperari;*

Considérant, enfin, que si l'intérêt social pouvait réclamer une plus grande extension du pouvoir rémunérateur du père de famille, ce que la Cour est, d'ailleurs, loin d'admettre, il faudrait laisser au législateur le soin de modifier la loi qui nous régit, et non s'efforcer d'y introduire, en torturant ses textes, des dispositions ouvertement contraires à sa lettre, à son principe et à son esprit; — Que de tout ce qui précède, il résulte que le jugement de première instance a inféré grief aux réservataires appelants, et qu'il y a lieu de réformer, quant à ce, la décision du premier juge (1);

. . . .

En ce qui concerne le rapport des immeubles aliénés par Paul-Pierre Casale dans les dernières années de sa vie;

Considérant que la maxime : *Factum tutoris, factum pupilli*, ne peut recevoir d'application que lorsque le tuteur a agi au nom de son pupille, dans les limites de ses attributions légales;

Considérant que la responsabilité du mineur ne saurait être engagée par les actes de son tuteur, qui constituent des délits ou des quasi-délits; — Que le mineur ne pouvait être tenu à des dommages, ou condamné à des restitutions, à raison des faits de son tuteur, présentant le caractère d'un quasi-délit, que par une conséquence du principe qui servait de base à l'action prétorienne *De in rem verso*, c'est-à-dire que dans le cas où il aurait profité du quasi-délit;

Considérant que s'il est certain, en fait, que Marie-Xavière Rosoli, mère des mineurs Casale, appelants principaux, en induisant Paul-Pierre Casale à vendre sans nécessité une partie de ses immeubles, et en percevant tout ou partie du prix de ces ventes, soit avant, soit après le décès du dit Paul-Pierre Casale, n'a eu d'autre mobile qu'un sentiment d'odieuse cupidité, il n'est nullement prouvé qu'elle ait agi dans l'intérêt de ses enfants mineurs, et moins encore que ces derniers en aient profité; — Que, par suite, le Tribunal de première instance a commis une erreur manifeste en déclarant qu'il y avait présomption suffisante que les appelants principaux avaient profité du prix des dites ventes, et en les condamnant à rapporter la valeur des immeubles aliénés sur le pied de l'estimation qui en serait faite par des experts;

(1) Cet arrêt a été cassé par arrêt de la Ch. Civ. de la Cour de Cassation en date du 23 juillet 1856. (D. P. 56. 1. 273 — S. V. 57. 1. 9.)

Disant droit à l'appel principal, et réformant quant à ce,

Déclare que la donation faite le 2 Février 1836 par Paul-Pierre Casale à Jean-Baptiste Casale, son fils aîné, ne sortira à effet que jusqu'à concurrence de la quotité disponible;

Dit que la réserve légale de Jean-Baptiste Casale accroîtra à ses héritiers et sera partagée entre eux par égales parts, à l'exclusion du donataire ou de ses représentants, qui ont perdu tout droit à la dite réserve par l'effet de leur renonciation;

Déclare que les appelants principaux ne sont nullement tenus de rapporter à la succession la valeur des immeubles aliénés par Paul-Pierre Casale dans les dernières années de sa vie.

Chambre Civile. — M. CALMÈTES, *Premier Président.*

MM. Savelli et Gavini, Graziani, } *Avocats.*

DU 7 FÉVRIER 1855.

1° PREUVE. — JUGE. — POINT DE FAIT. — CONNAISSANCE PERSONNELLE.
2° DESCENTE SUR LES LIEUX. — JUGE. — VÉRIFICATION.

1° *Les juges doivent, à peine de nullité, lorsqu'une affaire qui leur est soumise ne leur paraît pas suffisamment éclaircie, en fait, par les documents produits devant eux, recourir aux moyens d'instruction indiqués par la loi;— Ils ne peuvent former leur conviction à cet égard à l'aide de renseignements recueillis par eux personnellement* (1).

2° Spécialement, *est nul le jugement qui énonce que les magistrats se sont rendus sur les lieux où se trouvaient les objets en litige, et qu'ils y ont formé leur conviction sur la simple inspection de ces objets, mais sans que d'ailleurs il y ait eu ni enquête, ni descente de lieux régulièrement ordonnées et opérées* [*Cod. Proc. Civ. Art. 295.*] (2).

Santucci C. **Pallavicini.**

ARRÊT.

Après délibération en la Chambre du Conseil,

LA COUR; — sur les conclusions conformes de M. BERTRAND, Premier Avocat Général;

Considérant que les parties étaient en discord devant le premier juge sur la quantité de pierres extraites de la carrière du sieur Pallavicini par le sieur Santucci, appelant;

(1-2) Conf. Agen, 7 décembre 1809 (S. 10. 2. 328); Riom, 14 mars 1834 (D. P. 36. 2. 106. — S. V. 34. 2. 549); Cass. 16 janvier 1839 (D. P. 39. 1. 70. — S. V. 39. 1. 111); Cass. 17 mars 1847 (S. V. 47. 1. 346); Montpellier, 23 novembre 1852 (D. P. 53. 2. 232. — S. V. 53. 2. 239). TOULLIER, tom. 8, n° 30; DURANTON, tom. 13, n° 9; THOMINE DESMAZURES, n° 346; CARRÉ et CHAUVEAU, Quest. 1141; DALLOZ, *Jur. Gén*, 2e édit. V° *Preuve*, et les notes par lesquelles M. Devilleneuve combat les deux arrêts ci-après cités *contrà*.

Contrà. Rej. 21 juillet 1835 (D. P. 38. 1. 93. — S. V. 35. 1. 491); Rej. 22 février 1843 (D. P. 43. 1. 107. — S. V. 43. 1. 418); SOLON, nos 248 et suiv.; CARRÉ, *Taxe en matière civile*. n° 205.

Considérant que, si la cause ne présentait pas de documents suffisants pour mettre le Tribunal à même de statuer sur l'objet en litige, il était de son devoir de recourir à l'une des voies d'instruction indiquées par la loi;

Considérant que le jugement attaqué énonce que les magistrats se sont transportés sur les lieux et qu'ils ont acquis la conviction que le sieur Santucci avait extrait, de la carrière dont il s'agit, une quantité de pierres qu'il était impossible de déterminer; — Que, toutefois, d'après les renseignements recueillis, le Tribunal croit pouvoir fixer la valeur des pierres, tous à-compte déduits, à la somme de quatre cent cinquante francs, pour solde définitif;

Considérant que ce mode de procéder constitue une violation manifeste de la loi; — Qu'il ne présente ni les formes, ni les garanties d'une enquête, ou d'une descente sur les lieux régulièrement ordonnées et effectuées; — Qu'il n'a pas été au pouvoir des parties de discuter les éléments qui ont servi à former la conviction du juge;

Considérant qu'en apportant dans la cause leur propre témoignage et en l'opposant aux assertions contradictoires des parties, les magistrats de première instance ont méconnu la règle fondamentale de toute justice *ne inauditus condemnetur;*

Considérant que si dans les questions de droit, les Tribunaux sont tenus de suppléer aux omissions de la défense, il n'en est pas de même en ce qui concerne les points de fait; — Que la preuve ne peut en être recherchée que dans les actes du procès, les témoignages régulièrement recueillis, ou dans les présomptions légales de la cause; — Qu'il ne suffit pas que la vérité soit connue du juge, qu'il faut, en outre, qu'il ait acquis cette connaissance selon les prescriptions de la loi et les règles du droit : *Non sufficit ut judex sciat, sed necesse est ut ordine juris cognoscat;*

Considérant, d'ailleurs, que le Tribunal de première instance n'ayant pas dressé procès-verbal de son accès des lieux, ni des renseignements par lui recueillis, la Cour ne possède aucun moyen de contrôler l'exactitude des appréciations du jugement soumis à sa censure; —

Qu'il y a lieu, par suite, de dire droit à l'appel principal du sieur Santucci et d'annuler, pour violation de la loi, la décision attaquée ;

. . . .

ANNULLE..........

Chambre Civile. — M. CALMÈTES, *Premier Président.*

MM. TOMMASI, GRAZIANI, } *Avocats.*

DU 12 FÉVRIER 1855.

RÉCUSATION. — ABSTENTION DE JUGES. — PLURALITÉ DE JUGEMENTS.

Dans le cas où plusieurs juges d'un même Tribunal déclarent s'abstenir dans une affaire, pour cause de parenté ou alliance avec les parties, le Tribunal doit statuer sur l'admissibilité de ces diverses abstentions par autant de jugements distincts et séparés [Cod. Proc. Civ., Art. 380.] (1).

Benedetti C. **Le Maire de Corte.**

ARRÊT.

Après délibération en la Chambre du Conseil,

LA COUR ; — sur les conclusions conformes de M. le Conseiller LEVIE faisant fonction de Ministère public ;

. . . .

Considérant qu'il ne peut y avoir lieu à indication d'un Tribunal autre que celui qui a été primitivement saisi, que lorsque, par suite

---

(1) La nécessité de rendre jugement, sur la déclaration du juge qu'il existe en sa personne cause de récusation, semble en effet résulter des termes mêmes de l'art. 380 du Code de Proc. Civ., puisqu'on y lit, que la chambre *décidera si le juge doit s'abstenir*. Et si l'on combine cette disposition avec les prescriptions de l'art. 385 du même code, on sera naturellement amené à penser, qu'il est indispensable de dresser un procès-verbal, pour constater les motifs des abstentions et leur admission par le Tribunal ou par la Cour. C'est d'ailleurs ce que l'on peut induire d'un arrêt de rejet, à la date du 17 août 1839, et par lequel la Cour de cassation a décidé, qu'il n'y a pas lieu à demander un renvoi tant que les abstentions survenues dans un Tribunal n'ont pas été admises par ce Tribunal (D. P. 39. 1. 368.—. S.V. 39. 1. 977). Ces règles devront, à plus forte raison, être suivies lorsque les diverses abstentions auront pour résultat, comme dans l'espèce jugée par la Cour de Bastia, d'épuiser le Tribunal. Cependant, on pourrait objecter que l'abstention d'un juge ne doit pas être jugée, à peine de nullité, selon les formes rigoureuses de la récusation ; et l'on trouverait d'assez puissants moyens à l'appui de cette opinion, dans deux arrêts de rejet rendus par la Cour de cassation les 2 juin 1832 et 6 août 1844 (D. P. 32. 1. 224 — 44. 1. 140. — S. V. 32. 1. 433 — 44. 1. 577), ainsi que dans la doctrine de PIGEAU, Comm. tom. 1er, pag. 358, et de CARRÉ et CHAUVEAU, Quest. 1387 et 1392 Bis.

d'abstentions ou de récusations légitimes et régulièrement admises, les juges se trouvent réduits au-dessous du nombre requis pour la validité des jugements ;

Considérant qu'il résulte du procès-verbal dressé par le Président du Tribunal de Corte, le 19 Septembre 1854, qu'à l'audience de ce jour le Tribunal n'a pu se compléter, divers membres de ce siége, ainsi que les avocats et les avoués exerçant près de lui, ayant déclaré qu'ils se trouvaient dans l'un des cas de récusation prévus par la loi; — Que, suivant les déclarations contenues dans ce procès-verbal : 1° M. Arrighi, juge, serait parent des demandeurs au degré prohibé; 2° M. Mariani, autre juge, serait allié au degré de cousin-germain de l'un des demandeurs; 3° M. Adriani, juge suppléant, serait parent des demandeurs à un degré prohibé; 4° Me Gafforj, bâtonnier de l'ordre des avocats, serait le conseil de la ville de Corte; 5° Me Cane, avocat, aurait été consulté, sur cette affaire, par le Sous-Préfet et donné son avis; 6° Me Rossi, avoué, aurait été consulté, sur cette affaire, et donné son avis par écrit au Sous-Préfet;

Considérant que ce procès-verbal constate, en outre, que Me Corteggiani et Me Casanova, avoués, sont constitués dans la cause; que les autres avocats inscrits au tableau n'ont pas terminé leur stage; et enfin que M. Peretti, président, et M. Grimaldi, premier juge suppléant, ont seuls déclaré qu'ils n'avaient aucun motif pour s'abstenir de connaître du différend soumis au Tribunal;

Considérant que ce procès-verbal est évidemment insuffisant pour constater légalement les diverses causes d'abstention qui s'y trouvent énoncées ;

Considérant, en effet, qu'aux termes de l'article 380 du Code de Procédure Civile : Tout juge qui sait cause de récusation en sa personne est tenu de la déclarer au Tribunal qui décide s'il doit s'abstenir ; — Que, pour obéir aux prescriptions de cet article, le Tribunal de Corte aurait dû rendre des jugements successifs et distincts sur chacune des abstentions proposées ;

Considérant que le procès-verbal du 19 Septembre 1854 ne peut tenir lieu de ces jugements, et ne remplit point, dès lors, le vœu de la loi ;

Considérant, d'ailleurs, que plusieurs des causes d'abstention déclarées par les membres du Tribunal, ne sont indiquées dans le procès-verbal dont il s'agit, que d'une manière incomplète et insuffisante pour mettre la Cour à même d'apprécier si les abstentions proposées doivent être rejetées ou admises ; — Que, par suite, n'étant pas établi, en l'état, qu'il y ait insuffisance de juges au siége de Corte, pour connaître du litige qui existe entre le Maire de cette ville et les frères Benedetti, il n'y a pas lieu d'indiquer un autre Tribunal pour statuer sur cette instance ;

. . . .

Rejette la demande formée par les frères Benedetti comme n'étant pas suffisamment justifiée.

Chambre Civile. — M. CALMÈTES, *Premier Président.*

MM. Gavini, Graziani, } *Avocats.*

DU 26 FÉVRIER 1855.

1° COMPENSATION. — DOT. — INTÉRÊTS. — DETTE DU MARI.
2° TIMBRE. — ENREGISTREMENT. — FRAIS.
3° APPEL INCIDENT. — NON INTIMÉ.

1° Au cas où le mari se trouve tout à la fois créancier, comme maître de la dot de sa femme, des intérêts de cette dot dus par les constituants, et débiteur, en son nom personnel, envers ceux-ci de sommes qu'ils lui ont prêtées, il s'opère de plein droit une compensation des intérêts dotaux non-seulement avec les intérêts de la dette personnelle du mari, mais aussi, et jusqu'à due concurrence, avec le capital de cette dette :— Vainement, pour repousser la compensation, opposerait-on que les deux dettes n'ont rien de commun entre elles (Cod. Nap., Art. 1289 et 1290.).

2° Le créancier qui, sans nécessité, fait enregistrer le titre de sa créance écrit sur papier non timbré, doit supporter non-seulement les frais d'enregistrement auxquels il a donné lieu inutilement, mais en outre l'amende encourue pour contravention aux lois sur le timbre :—L'article 19 de la loi du 24 mai 1834, qui déclare le souscripteur responsable de l'amende, n'a pour but que de garantir et faciliter la perception des droits du fisc, et ne porte aucune atteinte au principe général qui rend chacun responsable de son propre fait (Cod. Nap., Art. 1382.).

3° L'appel incident n'est recevable que de la part des parties qui ont été intimées sur l'appel principal : — Il ne l'est pas de la part de celles qui se présentent devant la Cour sans avoir été intimées [Cod. Proc. Civ., Art. 443.] (1).

---

(1) Le contraire a été jugé par un arrêt de rejet du 26 octobre 1808 (S. 9. 1. 98), et CARRÉ, quest. 1578, s'est rangé à cette opinion, pour le cas où la partie qui intervient volontairement avait figuré dans le jugement. Mais il nous semble que l'on doit préférer la solution donnée par l'arrêt que nous recueillons, puisque l'appel incident ne nous paraît permis qu'à l'intimé, contre l'appelant principal, et relativement au jugement frappé par le premier appel. Voir dans ce sens : Rejet 26 mai 1814, 10 juillet 1827 (S. V. 14. 1. 25 — 27. 1. 407); Rej. 13 août 1827 (D. P. 27. 1. 460. — S. 28. 1. 74); Cass. 19 février 1838 (D. P. 38. 1. 241. — S. V. 38. 1. 264); Montpellier, 30 avril 1811 (S. 14. 2. 361); Bourges, 12 février 1823 (S. 23. 2. 328); Toulouse, 31 mars 1828 (S. 28. 2. 224); TALANDIER, n° 402; et CARRÉ et CHAUVEAU, quest. 1573.

Patrimonio C. Lota.

ARRÊT.

Après délibération en la Chambre du Conseil,

LA COUR; — sur les conclusions de M. BERTRAND, Premier Avocat Général;

Considérant, en droit, qu'aux termes des articles 1289 et 1290 du Code Napoléon, lorsque deux personnes se trouvent débitrices, l'une envers l'autre, de sommes également liquides et exigibles, il s'opère une compensation qui éteint les deux dettes, à l'insu même des débiteurs;

Considérant qu'il est constant, en fait, qu'à la date du 27 Décembre 1839, le sieur Patrimonio, appelant principal, était débiteur de son beau-père Jean-Baptiste Lota, de la somme de vingt mille francs, productive d'intérêts;

Considérant que par contrat de mariage, en date du 27 Décembre 1824, le sieur Jean-Baptiste Lota avait constitué en dot à sa fille Hilaire, épouse du sieur Patrimonio, une somme de trente mille francs, exigible seulement après le décès du constituant; — Qu'aux termes du contrat, les intérêts de cette somme étaient payables en deux égaux paiements de sept cent cinquante francs chacun, de six mois en six mois;

Considérant qu'à partir de l'arrêté de compte du 27 Décembre 1839, suivant lequel le sieur Jean-Baptiste Lota se trouvait créancier de son gendre de la somme de vingt mille francs, il n'apparait point que ce dernier ait reçu les intérêts de la dot constituée à son épouse; — Qu'il s'agit, au procès, de savoir si le montant de ces intérêts s'est compensé, de plein droit, aux échéances de chaque semestre, avec les intérêts des vingt mille francs dus par le sieur Patrimonio, et, pour le surplus, avec ce même capital jusqu'à due concurrence;

Considérant que le Tribunal de première instance n'a admis la compensation qu'en ce qui concerne les intérêts, sur le motif que la créance de vingt mille francs n'avait rien de commun avec la dot de la dame Patrimonio, et que l'on ne peut dire, dès lors, que le sieur Patrimonio et le sieur Jean-Baptiste Lota eussent, l'un envers l'autre, une même action qui pourrait être repoussée par une même exception;

Considérant que ces motifs n'offrent rien de sérieux et sont manifestement contraires aux principes qui régissent la compensation et à ceux qui règlent les droits du mari, sur la dot mobilière de la femme; — Que la loi n'exige point, en effet, pour que la compensation s'opère, que les deux dettes aient une origine commune et procèdent d'une même cause; — Qu'il suffit que deux personnes soient respectivement débitrices, l'une envers l'autre, de sommes également liquides et exigibles;

Considérant que la dette du sieur Patrimonio envers le sieur Jean-Baptiste Lota réunissait évidemment ces deux conditions;

Considérant que les intérêts de la dot de trente mille francs formaient, à l'expiration de chaque semestre, une dette également liquide et exigible;

Considérant que, sous l'empire de la législation actuelle, le mari est le maître de la dot mobilière constituée à sa femme; — Que les fruits ou intérêts de la dot lui appartiennent *jure domini*, et qu'il peut en exiger le paiement sans qu'il ait à en rendre compte, ou à sa femme ou, après elle, à ses héritiers; — Qu'il résulte de ces faits et de ces principes, d'une part, que le sieur Jean-Baptiste Lota avait une action contre le sieur Patrimonio, son gendre, en paiement de la somme de vingt mille francs et des intérêts d'icelle, et que, d'un autre côté, le sieur Patrimonio avait pareillement une action contre son beau-père en paiement des intérêts de la créance dotale de trente mille francs; — Que, par conséquent, ils se trouvaient placés l'un et l'autre dans les conditions prévues par les articles 1289 et 1290 précités, et que la compensation a dû s'opérer, non-seulement en ce qui concerne les intérêts, mais encore pour le capital de vingt mille francs, jusqu'à concurrence de l'excédant des intérêts de la dot, sur les intérêts dus par le sieur Patrimonio; — Qu'il y a lieu, par suite, de dire droit à l'appel principal et de réformer, quant à ce, le jugement attaqué;

. . . .

DÉCLARE que la compensation des intérêts de la dot de trente mille francs s'est opérée, de plein droit, avec les intérêts des vingt mille francs dus par le sieur Patrimonio, au sieur Jean-Baptiste Lota, son beau-père, et, pour le surplus, avec ce même capital, à l'échéance de chaque semestre des intérêts compensables.

. . . .

Chambre Civile. — M. CALMÈTES, *Premier Président.*

MM. GAVINI, GRAZIANI, *Avocats.*

DU 7 MARS 1855.

1° CESSION. — ACTE ÉCRIT. — PREUVE. — REMISE DE TITRES.
2° AVAL. — LETTRES DE CHANGE. — SITUATION.
3° PROTÊT. — INTÉRÊTS.

1° L'écriture est de l'essence même du contrat de cession de créances ou autres droits incorporels. — La preuve de l'existence d'une pareille cession ne peut donc résulter que d'un acte écrit : — Une simple remise du titre de créance prétendu cédé serait insuffisante à cet égard. (Cod. Nap., Art. 1689 et 1690.)

2° L'aval est valable alors même que les valeurs énoncées dans la traite comme ayant été fournies au moment même de sa création, ne l'auraient réellement pas été à cette époque, si d'ailleurs elle a été souscrite pour une dette sérieuse. (Cod. Comm., Art. 141.)

3° Les intérêts d'une lettre de change courent du jour du protêt, même fait tardivement. (Cod. Comm., Art. 184.)

Lazzarotti C. **Laurelli et Palazzi.**

ARRÊT.

Après délibération en la Chambre du Conseil,

La Cour ; — sur les conclusions conformes de M. Bertrand, Premier Avocat Général ;

Sur l'appel principal relevé par les frères Lazzarotti :

Considérant que les frères Lazzarotti soutiennent, à l'appui de leur appel, que le 8 Février 1847, ils ont cédé et transmis, au sieur Laurelli, leur créance sur le sieur Ottomani, résultant d'un jugement de condamnation rendu par le Tribunal de commerce de Bastia, dans le courant de l'année 1840 ;— Qu'ils induisent la preuve de l'existence de cette cession de la remise de leur titre au sieur Laurelli, et de la souscription par ce dernier d'une lettre de change de deux mille francs, en représentation du prix de la créance cédée; — Qu'il s'agit d'apprécier le mérite de cette prétention;

Considérant que la cession d'une créance, ou de tout autre droit incorporel, n'est en réalité qu'une vente; — Que la vente n'est parfaite que par le consentement du vendeur et de l'acheteur, sur la chose, sur le prix et sur la transmission du droit de propriété; — Que l'article 1689 du Code Napoléon, relatif à la remise du titre, n'a pour objet que de déterminer le mode de délivrance de la chose cédée, de la part du cédant ou cessionnaire, de même que l'article 1690 règle les conditions du transport et dessaisissement à l'égard des tiers;

Mais considérant que la remise du titre ne constitue pas une présomption *juris et de jure* de l'existence de la cession, puisqu'elle peut avoir été déterminée par un motif différent, et se rattacher à une autre cause; — Qu'il faut donc toujours chercher si la cession a une existence réelle;

Considérant que l'écriture est de l'essence même du contrat de cession de créances ou autres droits incorporels; — Que l'article 1690 précité suffit pour le démontrer, puisqu'il impose au cessionnaire l'obligation de signifier l'acte de transport au débiteur, et que jusqu'à ce que cette signification soit effectuée, il n'est point, relativement aux tiers, propriétaire de la créance cédée;

Considérant que, dans l'espèce, il n'existe aucun acte de cession ou de transport; — Que si le jugement de condamnation contre Ottomani a été remis au sieur Laurelli, il n'était, entre ses mains, qu'un titre sans valeur, dont il ne pouvait poursuivre l'exécution, et qui ne lui conférait pas même le pouvoir de donner au débiteur quittance du montant de la créance, s'il venait à en obtenir le paiement; — Que tout démontre, dans la cause, que les frères Lazzarotti n'avaient remis leur titre au sieur Laurelli que dans l'espoir que celui-ci, plus heureux qu'eux-mêmes, pourrait tirer quelque parti de cette créance réputée irrécouvrable;

Considérant que l'insolvabilité d'Ottomani est, d'ailleurs, incontestable; — Que le Tribunal de première instance a déclaré qu'elle était de notoriété publique; — Qu'un procès-verbal de carence a même été dressé au domicile d'Ottomani, à la requête des frères Lazzarotti, agissant pour ramener à exécution le jugement de condamnation dont il s'agit; — Qu'on ne comprendrait pas que, dans de telles circonstances, le sieur Laurelli, déjà débiteur des frères Lazzarotti et obligé de leur demander de nouveaux fonds, eût consenti à se substituer à Ottomani, en s'engageant à faire compte aux frères Lazzarotti du montant de leur créance sur ce dernier, en capital, intérêts et frais;

Considérant que la lettre de change de deux mille francs, souscrite par le sieur Laurelli en faveur des frères Lazzarotti, en représentation de la créance Ottomani, a pu être exigée par les appelants principaux comme une mesure de prudence exagérée, pour le cas d'un recouvrement improbable; mais que la signature de cet effet ne suppose pas nécessairement l'existence de la cession alléguée; — Que, de tout ce qui précède, il résulte que la créance Ottomani n'a pas cessé d'être la propriété des frères Lazzarotti, et que c'est, par conséquent, avec juste raison que le Tribunal de première instance a déclaré que cette créance serait déduite du montant des diverses lettres de change, souscrites par le sieur Laurelli en faveur des frères Lazzarotti, le 8 Février 1847;

. . . .

Sur le grief de l'appel incident du sieur Palazzi, relatif a la nullité de son aval, résultant de la fausseté de l'énonciation des lettres de change en ce qui touche la valeur fournie :

Considérant que les conventions légalement formées tiennent lieu de loi à ceux qui les ont faites; — Que les lettres de change souscrites par le sieur Laurelli (sauf la déduction de la créance Ottomani) sont parfaitement régulières et valables; — Que le sieur Palazzi les a librement et volontairement revêtues de son aval; — Qu'il importe peu que la totalité des fonds n'ait pas été comptée au moment même de la création des traites, conformément à l'énonciation qu'elles renferment à cet égard, puisque, en réalité, ces lettres de change ont été souscrites pour une dette sérieuse, dont la légitimité n'est pas contestée;

Considérant que l'ignorance de cette circonstance de la part du sieur Laurelli, en la supposant prouvée, ne saurait exercer aucune influence sur la validité de son engagement;

Considérant, en effet, que l'aval, l'une des formes du cautionnement commercial, n'est, le plus souvent, qu'un contrat de bienfaisance; — Que le donneur d'aval ne fait qu'un office d'ami envers l'obligé principal, sans que la loi lui assure aucun lucre ou aucune compensation en retour de l'obligation qu'il contracte; — Que tel a été le caractère de l'aval donné par le sieur Palazzi au sieur Laurelli; — Qu'ainsi, il n'y a pas lieu de s'arrêter au grief de son appel fondé sur la dissimulation des circonstances qui auraient accompagné la création des traites;

SUR LE DEUXIÈME GRIEF DU MÊME APPEL, RELATIF A LA TARDIVITÉ DU PROTÊT ET A SON INFLUENCE SUR LE COURS DES INTÉRÊTS :

Considérant que le législateur a déterminé les conséquences pénales de la tardivité du protêt; — Que, d'après les articles 168 et 170 du Code de Commerce, le défaut de protêt faute de paiement, le lendemain du jour de l'échéance, entraîne pour le porteur la perte de tout recours contre les endosseurs et contre le tireur lui-même, si celui-ci prouve qu'il y avait provision à l'échéance de la lettre de change;

Mais considérant que la tardivité du protêt ne le dépouille point de son caractère propre; — Que si, d'après l'article 184 du Code de Commerce, l'intérêt de la lettre de change est dû à compter du jour du protêt faute de paiement, c'est parce que cet acte est constitutif de la demande;

Considérant que l'article 184 précité est le corrélatif de l'article 1153 du Code Napoléon; — Que le protêt tardivement signifié n'en conserve pas moins le privilége de faire courir, de plein droit, les intérêts à compter de sa date, puisqu'il est toujours l'acte initial de la poursuite;

Considérant que le débiteur de la traite ne saurait se plaindre de ce retard, puisqu'il bénéficie seul des intérêts qui auraient couru dès le lendemain de l'échéance, si le protêt avait eu lieu conformément aux dispositions de l'article 162 du Code de Commerce; — Que, par suite, c'est le cas de décider que les intérêts de la traite échue le 30 Juin 1850 sont dus à compter du 27 Juillet suivant, jour du protêt, et non à partir de l'exploit introductif de l'instance;

A DÉMIS et DÉMET les appelants de leurs appels respectifs;

. . . .

Chambre Civile. — M. CALMÈTES, *Premier Président.*

MM. AJACCIO,
MILANTA,
CAMOIN-VENCE, } *Avocats.*

DU 2 AVRIL 1855.

1° ENQUÊTE. — SIGNIFICATION DE JUGEMENT. — ORDONNANCE DU JUGE-COMMISSAIRE. — NULLITÉ D'ENQUÊTE. — ENQUÊTE D'OFFICE.
2° JUGEMENT. — SIGNIFICATION. — EXTRAIT.

1° Le jugement qui ordonne une enquête ou une prorogation d'enquête doit, à peine de nullité, être signifié avant de commencer l'enquête [Cod. Proc. Civ., Art. 147 et 257.] (1).

Et l'enquête doit être réputée commencée par l'ordonnance obtenue du juge-commissaire pour assigner les témoins;—Par suite, l'enquête est nulle, si cette ordonnance est rendue avant la signification du jugement [Cod. Proc. Civ., Art. 259.] (2).

Peu importe qu'il soit dit dans le jugement, que le délai accordé pour l'enquête commencera à courir du jour de la prononciation de ce jugement: —Cette énonciation ne saurait relever la partie qui a obtenu le jugement de la nécessité de la signification préalable (3).

La règle que l'enquête déclarée nulle par la faute de l'avoué poursuivant ne peut être recommencée, est applicable aussi bien à la prorogation d'enquête qu'à l'enquête primitive. (Cod. Proc. Civ., Art. 293.)

La faculté accordée aux juges d'ordonner d'office la preuve des faits qui leur paraissent concluants, s'étend même au cas où l'une des parties ayant

---

(1) Le contraire a été jugé par arrêts des Cours de Besançon, 2 mars 1815; Bruxelles, 24 octobre 1840 (Dalloz, *Jur. gén.* 2e édit. V° *Enquête*, n° 128); — Req. 18 Juillet 1833 (D. P. 34. 1. 169); — Bordeaux, 13 Juin 1834 (D. P. 35. 2. 36). — Mais la doctrine de ces arrêts n'est pas approuvée par Chauveau, sur Carré, quest. 990 *bis*, Boncenne, page 237; et Dalloz, *Jur. gén.* 2e édit., *ubi suprà*; et plusieurs décisions abritent leur opinion, notamment les décisions des Cours de Bourges, 14 juillet 1828 et 30 mai 1831 (D. P. 29. 2. 84 — 31. 2. 224); — Toulouse, 8 août 1832 (S. V. 33. 2. 543); — Limoges, 14 décembre 1826 et 13 mars 1850 (Dalloz, *Jur. gén.*, *loc. cit.*, n° 127 et D. P. 54. 5. 334); — Req. 18 janvier 1837 (S. V. 37. 1. 794). — Il est de principe que les cas non exceptés par la loi sont régis par les règles générales. L'application de ce principe au cas particulier qui nous occupe, nous paraît souffrir d'autant moins de difficulté que nous ne voyons pas en quoi elle le contrarie.

(2-3) Ce sont des conséquences nécessaires de la solution portée au premier sommaire : elles sont également admises par les arrêts cités *suprà* de Limoges et Bourges. — *Contrà*, Bruxelles, V. à la note précédente.

été admise sur sa demande à faire la preuve de ces mêmes faits, a encouru la déchéance du droit de faire enquête [Cod. Proc. Civ., Art. 254.] (4).

2° La formalité de la signification des jugements exigée par la loi, comme préalable à leur exécution, n'est pas remplie par la signification d'un simple extrait du jugement. (Cod. Proc. Civ., Art. 147.)

Viale-Rigo et Consorts C. Mordiconi.

ARRÊT.

Après délibération en la Chambre du Conseil,

La Cour; — sur les conclusions conformes de M. Bertrand, Premier Avocat Général;

Sur la nullité des actes d'exécution du jugement de prorogation des délais de l'enquête et de l'arrêt confirmatif de ce jugement.

Considérant qu'aux termes de l'article 147 du Code de Procédure Civile, les jugements ne peuvent, en général, être exécutés avant d'avoir été signifiés à l'avoué de la partie contre laquelle ils ont été obtenus, et qui, par cela même, étant intéressée à s'opposer à leur exécution, doit en être, à l'avance, avertie; — Que cette disposition soumet indistinctement à la signification préalable tout jugement qui par sa nature est susceptible d'exécution;

Considérant que le jugement qui ordonne une enquête, ou proroga-

---

(4) La Cour de Bastia l'a décidé ainsi par arrêt du 17 février 1840, (Voy. notre Recueil, tom. 2, à cette date. — Voy. aussi, comme analogie, Bastia, 9 décembre 1840, *loc. cit.*); — Dijon, 29 mars 1845 (S. V. 46. 2. 173). — La question, toutefois, est controversée. Dans le sens de la décision ici recueillie, V. Civ. Rej. 12 décembre 1825 (D. P. 26. 1. 102); — Bourges, 10 avril 1826 (Journ. de cette Cour, 1826, pag. 274); — Lyon, 13 mai 1826 (D. P. 28. 2. 184); — Toulouse, 28 août 1834 et 13 mars 1835 (Journ. Av. tom. 50, pag. 336); — Caen, 24 avril 1839 (D. P. 39. 2. 188); — Dijon, 29 mai 1845 (D. P. 45. 2. 173); — Bordeaux, 23 août 1850 (D. P. 51. 2. 28); — Dalloz, *Jur. Gén.*, 2e édit. V° *Enquête*, nos 66, 67, 69; Chauveau, sur Carré, quest. 977 *bis*; Bioche, V° *Enquête*, n° 541.

Contrà. — Grenoble, 28 août 1828 (D. P. 29. 2. 169); — Nîmes, 3 août 1832 (D. P. 33. 2. 59); — Bourges, 30 mai 1831 et 20 novembre 1838 (D. P. 31. 2. 224 et 39. 2. 75).

tion d'enquête, n'est affranchi de la signification préalable à l'exécution, ni par sa nature propre, ni par une disposition spéciale de la loi; — Que l'exécution d'un tel jugement consiste dans la confection de l'enquête;

Considérant que l'ordonnance du juge-commissaire, à l'effet de citer les témoins devant lui, constitue le commencement de l'enquête ou de la prorogation d'enquête, suivant les termes de l'article 259 du Code précité; — Que, par suite, l'obtention de cette ordonnance ne peut être valablement poursuivie qu'après la signification du jugement;

Considérant que les père et fils Mordiconi, en faveur desquels a été rendu le jugement du 16 Mars 1839, qui proroge le délai pour commencer l'enquête ordonnée par un précédent jugement du 30 Juillet 1836, ont obtenu du juge-commissaire, le 22 Avril 1843, une ordonnance fixant le jour de l'audition des témoins, avant d'avoir signifié, à l'avoué de première instance des copropriétaires de l'étang de *Chiurlino*, ledit jugement du 16 Mars 1839; — Qu'ils ne leur ont pas fait signifier davantage l'arrêt du 31 Mai 1842, confirmatif de ce jugement;

Considérant que la disposition du jugement du 16 Mars 1839, portant que le délai accordé commencera à courir du jour de la prononciation du jugement, n'a pas relevé les père et fils Mordiconi de la nécessité de la signification préalable, l'article 147 précité n'admettant pas une semblable distinction; — Que, dès lors, c'est par une violation manifeste de la loi que les intimés Mordiconi ont provoqué et obtenu, du juge commissaire, l'ordonnance du 22 Avril 1843, fixant le jour de l'audition des témoins de l'enquête; — D'où résulte que ces actes d'exécution doivent être annulés;

Considérant que les significations tardives du jugement de prorogation et de l'arrêt confirmatif, faites à la requête des sieurs Mordiconi le 17 Mai 1843, n'ont pu valider les actes d'exécution nuls à leur origine, l'observation d'une formalité essentielle et préalable à un acte ne pouvant être suppléée par son accomplissement postérieur à l'acte lui-même;

Considérant, d'ailleurs, que le jugement du 16 Mars 1839 n'a pas été levé et signifié conformément à la loi; — Que l'extrait signifié ne renferme ni les conclusions des parties, ni l'exposé des points de fait et de droit, ni la formule exécutoire dont les actes de l'autorité judiciaire doivent être revêtus pour pouvoir être valablement ramenés à exécution;

Considérant que, d'après l'article 147 du Code de Procédure Civile, c'est le jugement même qui doit être signifié; — Que c'est là une formalité substantielle dont l'omission vicie tout acte d'exécution; — Qu'ainsi la signification, par extrait, du jugement qui proroge le délai de l'enquête est irrégulière et n'a pu produire aucun effet;

Considérant que les actes constitutifs du commencement de la prorogation d'enquête étant frappés de nullité, il reste à examiner si les père et fils Mordiconi peuvent aujourd'hui recommencer leur enquête;

Considérant que la nullité de l'enquête des intimés Mordiconi, procédant du défaut de signification préalable du jugement de prorogation et de l'arrêt confirmatif, est uniquement imputable à leur avoué;

Considérant qu'aux termes de l'article 293 du Code de Procédure Civile, lorsque l'enquête est déclarée nulle par la faute de l'avoué poursuivant, elle ne peut être recommencée; — Que cette disposition est aussi bien applicable à l'enquête commencée qu'à l'enquête parachevée, et à la prorogation d'enquête qu'à l'enquête primitive; — Que, par conséquent, les père et fils Mordiconi doivent être déclarés déchus du droit de recommencer l'enquête;

Considérant qu'en présence de cette solution, il devient inutile d'examiner si les sieurs Mordiconi seraient encore dans le délai de la prorogation d'enquête ou si ce délai est expiré; . . . . .

Considérant que l'arrêt de 1838, qui ordonne l'accès des lieux par un juge commis, à l'effet de vérifier si les forêts appartenant aux sieurs Mordiconi sont enclavées, a depuis longtemps acquis l'autorité de la chose jugée, et qu'aucune déchéance ne pouvant être opposée aux sieurs Mordiconi à cet égard, cet arrêt doit recevoir son exécution;

Considérant que la descente sur les lieux, alors même qu'elle constaterait l'état d'enclave, ne donnerait pas à la justice des éléments suffisants de décision, en ce qui concerne la servitude de passage sur l'étang de *Chiurlino;* — Qu'une enquête est, sous ce rapport, indispensable;

Considérant que les dispositions de l'article 254 du Code de Procédure Civile, permettent aux Tribunaux d'ordonner d'office la preuve des faits qui leur paraissent concluants, si la loi ne s'y oppose pas;

Considérant qu'il est de l'essence même de la justice que les magistrats soient investis du pouvoir de rechercher la vérité, par tous les modes d'investigation tracés par le législateur;

Considérant que la négligence ou l'ignorance de la partie qui se laisse forclore du droit de procéder à une enquête, précédemment reconnue nécessaire, ne sauraient priver les Tribunaux d'un pouvoir qui a sa base et sa justification dans des motifs d'ordre et d'intérêt public; — Que, sans doute, il ne doit être fait usage de cette faculté qu'avec une extrême réserve, s'agissant de recourir à une voie d'instruction aussi périlleuse que la preuve orale dans les contestations civiles;

Mais considérant que, lorsque la preuve testimoniale est le seul moyen d'apprécier les prétentions opposées des parties, c'est un devoir pour les magistrats de l'ordonner, même d'office, sauf à peser scrupuleusement la valeur des témoignages recueillis, pour ne leur accorder que le degré de confiance qu'ils méritent; . . . . .

Déclare nuls et non avenus les actes d'exécution du jugement de prorogation d'enquête et de l'arrêt confirmatif;

Dit, par suite, que les père et fils Mordiconi sont déchus du droit de recommencer leur enquête;

Et statuant d'office, en vertu des pouvoirs qui lui sont déférés par l'article 254 du Code de Procédure Civile,

Ordonne qu'il sera fait preuve tant par titres que par témoins, etc.

. . . .

Chambre Civile. — M. CALMÈTES, *Premier Président.*

MM. Graziani,
Camoin-Vence, } *Avocats.*
Tommasi,

DU 18 AVRIL 1855.

VENTE. — CHOSE COMMUNE. — NULLITÉ.

La vente partielle de la chose commune ou indivise est essentiellement nulle (1). — *Il en est ainsi surtout quand il s'agit d'un immeuble non susceptible de division, soit à raison de sa nature et de sa consistance, soit à raison du nombre des copartageants. (Cod, Nap., Art. 1599.)*

Et cette nullité a lieu quand même, ultérieurement, l'immeuble entier serait devenu la propriété du copropriétaire ou cohéritier vendeur (2).

(1-2) Sous l'empire du Code Napoléon, et en présence du texte formel et précis de l'art. 1599, on ne pourrait plus soutenir que la vente de la chose d'autrui est valable. On ne saurait plus dire avec Pothier, d'après les principes du droit romain, *que l'on peut vendre valablement non-seulement sa propre chose, mais même la chose d'autrui sans le consentement de celui qui en est le propriétaire* (*Traité de la vente*, n° 7). Mais la question de savoir si une vente semblable, quoique nulle dans son principe, peut être valablement ratifiée par le fait postérieur du véritable propriétaire; ou si cette nullité ne serait pas couverte par l'acquisition, à un titre quelconque, que le vendeur ferait ultérieurement de la chose vendue, est encore controversée dans la jurisprudence, ainsi que dans la doctrine. On peut voir, mais en sens divers : Cass. 16 janvier 1810 (D. A. 10. 714 — S. 10. 1. 204); Riom, 30 novembre 1813 et 12 janvier 1827 (S. 13. 2. 361 — 29. 2. 79 — D. P. 29. 2. 65); Cass. 23 janvier 1832 et Rejet 23 juillet 1835 (D. P. 32. 1. 377 — 35. 1. 442 — S. V. 32. 1. 666— 36. 1. 70); Agen, 17 décembre 1851 (S. V. 52. 2. 392). — Toullier, tom. 6, n° 132; Duranton, tom. 16, n° 179; Duvergier, *De la vente*, n° 219; Troplong, *eodem*, nos 231, 236, 237; Devilleneuve, note sous l'arrêt précité de la Cour d'Agen; Marcadé, sur l'art. 1599, n° 2. Ce dernier jurisconsulte analyse les différents systèmes produits et laisse percer ses doutes à cet égard lorsqu'il dit : « C'est là l'un des points les plus obscurs, les moins expliqués du code; mais » tous les auteurs sont du moins d'accord sur ce fait, qu'on est bien loin de justifier, » mais qu'on admet partout, que le vendeur, si tant est qu'il puisse quelquefois opposer la » nullité, ne le peut pas toujours. » Cependant, quelle que soit l'opinion que l'on préfère adopter sur cette première difficulté, nous ne croyons pas que la décision ci-dessus, de la Cour de Bastia, soit à l'abri de toute critique et qu'elle doive toujours subsister dans sa généralité.

Nous savons que la Cour de Cassation, par son arrêt sus-indiqué du 16 janvier 1810, et celle de Poitiers, à son audience du 16 avril 1822 (S. 25. 2. 321), se sont prononcées dans le même sens; mais nous n'ignorons pas que le contraire a été décidé par la Cour de Turin le 18 mars 1808, et par celle de Bordeaux le 11 juin 1857 (D. A. 12. 493 — S. V. 8. 2. 301 et 57. 2. 666); que Duvergier, *ubi suprà*, n° 224, et Troplong, *De la vente*, nos 11, 176 et 207, ont formellement embrassé ce dernier système; et que l'on peut, au besoin,

Filippi C. Reginensi.

ARRÊT.

Après délibération en la Chambre du Conseil,

La Cour; — sur les conclusions contraires de M. Bertrand, Premier Avocat Général;

Considérant que la maison dont il s'agit au procès, située à *Ortale*, désignée sous le nom de *Piazza al Collo*, est une dépendance de la succession de San Matteo Reginensi; — Que cette succession est encore à l'état d'indivision; — Qu'elle se compose principalement de deux maisons et de divers autres immeubles; — Que San Matteo Reginensi est décédé à la survivance de cinq enfants; — Que, par conséquent, Xavier et Marie-Dominique Reginensi, en vendant, par l'acte du 2 Septembre 1853, au sieur Filippi, ancien curé de Blaye, diverses

---

étayer leur opinion de deux arrêts rendus par la Cour de Cassation, en matière de vente de la chose sociale, les 10 mars 1818 et 3 août 1819 (D. A. 9. 180 — S. 19. 1. 204 et 359).

Quant à nous, nous comprenons difficilement que si, par l'effet du partage, la chose vendue vient à tomber dans le lot du vendeur, on puisse prétendre, avec quelque fondement, qu'il y a eu vente de la chose d'autrui, et que, par suite, cette vente est essentiellement nulle. Pour qu'il en fût ainsi, il faudrait admettre, contrairement aux principes édictés par le Code Napoléon et spécialement par les art. 883, 1476 et 1872, que le partage est réellement translatif et non pas simplement déclaratif de propriété; que chaque héritier n'est pas censé avoir succédé seul et immédiatement à tout ce qui est compris dans son lot; que jusqu'au partage chaque cohéritier n'a pas un droit éventuel dans tous et chacun des objets de la succession; et qu'une prohibition formelle de la loi a positivement interdit l'aliénation des droits indéterminés, conditionnels ou éventuels. On pourrait peut-être le décider ainsi si nous devions appliquer les lois romaines, d'après lesquelles le partage était assimilé à la vente et au contrat d'échange. Mais les principes de la législation actuelle, sur cette matière, sont entièrement opposés; et il est incontestable aujourd'hui que le partage n'a plus aucun rapport avec la vente ou avec l'échange; qu'il ne fait que déterminer la part indéterminée que chaque cohéritier avait, avant le partage, dans la masse à partager; et que les copartageants n'acquièrent plus rien les uns des autres. Voir Pothier, *De la vente*, n° 630, et Troplong, *ubi suprà*, n° 11. Nous inclinons donc à penser que la vente partielle de la chose indivise n'est pas essentiellement nulle, et que sa validité, ainsi que son invalidité, reste soumise aux chances et au résultat du partage. Voir Bastia, 30 mai 1831. (Notre Recueil, tom. 1er, à cette date.)

portions déterminées de la maison de *Piazza al Collo*, ont disposé non de leur chose propre, mais d'une chose successorale encore indivise; — Qu'ils ont donc aliéné une portion d'immeuble qui ne leur appartenait pas et qui pouvait même ne jamais leur appartenir; — Qu'une telle vente est nulle aux termes de l'article 1589 du Code Napoléon, comme constituant la vente de la chose d'autrui; — Qu'il en doit être d'autant plus ainsi, que, eu égard à la nature et à la consistance de l'immeuble et au nombre des copartageants, la délivrance de la portion vendue était matériellement impossible, la maison de *Piazza al Collo* devant être nécessairement licitée;

Considérant que les vices de l'opinion qui tend à valider la vente partielle de la chose indivise, se démontrent par les conséquences qu'elle entraîne; — Que dans ce système, et suivant les éventualités du partage, la vente peut se trouver maintenue ou annulée pour la totalité, ou seulement pour une partie;

Considérant que scinder ainsi les effets de l'acte de vente, c'est créer une convention nouvelle pour la substituer à la convention primitive des parties;

Considérant, sous un autre rapport, que la vente d'une portion déterminée d'un immeuble à l'état d'indivision, renferme évidemment l'aliénation d'une chose dont le vendeur n'a point la libre disposition; puisque le droit de tous les cohéritiers s'étend à la totalité et à chacune des parties de la chose indivise;

Considérant que la validité ou la nullité d'un acte s'apprécie d'après la capacité et les droits des parties contractantes au moment même de la convention; — Que, suivant ce principe, les événements postérieurs doivent rester sans influence sur le sort d'un contrat nul à son origine et ne sauraient lui donner rétroactivement une valeur qu'il n'avait pas à l'époque de sa création;

. . . .

CONFIRME.

Chambre civile. — M. CALMÈTES, *Premier Président.*

MM. MILANTA, OLLAGNIER, FABIANI, *Avocats.*

DU 18 AVRIL 1855.

FABRIQUES (CULTE). — BIENS RESTITUÉS. — ENVOI EN POSSESSION. — PRESCRIPTION.

Les fabriques d'églises ne sont réellement investies des biens à elles restitués par l'arrêté du 7 Thermidor An XI, qu'après s'être fait envoyer en possession, conformément à l'avis du conseil d'État du 30 avril 1807 (1).

Et cet envoi en possession doit, comme condition du droit de la fabrique, précéder l'introduction de toute instance relative aux biens dont il s'agit;— Un envoi en possession postérieur serait sans effet quant à la recevabilité de l'action (2).

La fin de non-recevoir est, du reste, opposable par le défendeur à l'action, comme elle pourrait l'être par le domaine de l'État lui-même (3).

L'autorisation de plaider accordée à la fabrique ne saurait suppléer à l'envoi en possession (4).

Si la fabrique prétend que l'envoi en possession ne lui est pas nécessaire, parce que son droit de propriété résulterait, non de l'arrêté du 7 Thermidor An XI, mais bien de la prescription par elle acquise contre l'État, elle doit mettre en cause l'État, seul contradicteur légitime à cet égard.

La perception d'une redevance par la fabrique, comme prix de la concession de la jouissance de l'immeuble qu'elle revendique, ne peut, quand

---

(1-2-3-4) V. Conf. Bastia, 2 décembre 1834 et 2 mai 1837 (Notre Rec. tom. 2, à ces dates et la note); Bourges, 7 mai 1838 (S. V. 38. 2. 459); Cass. 13 août 1839 (S. V. 39. 1. 744); Rejet, 23 janvier 1843 (S. V. 43. 1. 218) qui a confirmé l'arrêt de la Cour de Bastia du 2 mai 1837; Cass. 26 juin 1850 (S. V. 50. 1. 519); *idem* 3 avril 1854 (S. V. 54. 1. 633); — Sic CORMENIN, *Quest. de droit administratif*, tom. 2, pag. 405. Malgré cette jurisprudence constante, qui est conforme aux ordonnances rendues en conseil d'État les 8 septembre 1819 et 5 avril 1824, la Cour de Montpellier a décidé le 8 janvier 1834 (S. V. 34. 2. 528) que la formalité préalable de l'envoi en possession n'est relative qu'aux biens détenus par le domaine et ne doit pas s'appliquer à la revendication des biens possédés par des particuliers. CARRÉ, *Traité du gouvernement des paroisses*, n° 256, se prononce aussi dans ce sens; et son opinion pourrait même s'étayer d'un arrêt de la Cour de Bordeaux du 6 février 1838 (S. V. 38. 2. 337); mais nous croyons que ce dernier système ne doit pas être suivi.

cette redevance n'a été établie que par un acte sous-seing privé non enregistré, être considérée comme un fait de possession pouvant servir de base à la prescription. (Cod. Nap., Art. 2229.)

Romani C. Fabrique de Brando.

ARRÊT.

Après délibération en la Chambre du Conseil,

La Cour ; — sur les conclusions de M. Bertrand, Premier Avocat Général ;

Considérant que l'envoi d'une fabrique en possession de biens qui lui avaient autrefois appartenu et dont elle a été dépossédée par l'effet de la loi du 13 Brumaire An II, n'est point une simple formalité de procédure ; — Que l'arrêté d'envoi en possession constitue le titre de la fabrique et devient le fondement de son droit ;

Considérant que le droit qui sert de base à une action judiciaire doit avoir une existence antérieure à l'exercice de cette action ; — Que l'envoi en possession obtenu au cours de l'instance ne saurait couvrir le vice originel de la demande ; — Que, par suite, si une fabrique introduit une demande en justice en qualité de propriétaire d'un immeuble, dont elle n'a pas été mise régulièrement en possession, elle ne peut obtenir un sursis pour régulariser sa position, en sollicitant tardivement de l'autorité administrative son titre de propriété ;

Considérant, en fait, que la fabrique de l'église paroissiale de Brando poursuit le délaissement d'un immeuble dit de *San Silvestro*, dont le sieur Romani est détenteur, sans qu'elle ait, jusqu'à ce jour, demandé et obtenu son envoi en possession de cet immeuble ; — Que, par conséquent, c'est à bon droit que le sieur Romani, appelant, oppose à la fabrique de Brando une fin de non-valoir fondée sur le défaut de qualité, et qu'il repousse la demande en sursis formée par cette dernière dans le but d'obtenir l'envoi en possession, dont elle reconnaît, par là même implicitement la nécessité ;

Considérant que l'exception fondée sur le défaut d'envoi en possession peut être aussi bien invoquée par le tiers détenteur de l'immeuble revendiqué, que par le domaine lui-même, tout défendeur ayant incontestablement le droit d'exiger l'exhibition du titre qui sert de fondement à la demande; — Que d'autre part, l'autorisation de plaider accordée à la fabrique ne peut suppléer à l'envoi en possession, ces deux actes différant essentiellement, soit par leur nature et leur objet, soit par l'autorité dont ils émanent et les formalités qui les précèdent ou les accompagnent;

Considérant que la fabrique de Brando, après avoir vainement tenté de combattre la fin de non-recevoir qui lui est opposée, soutient que l'envoi en possession ne lui était point d'ailleurs nécessaire, son droit de propriété sur l'immeuble dont il s'agit résultant, non de l'arrêté du 7 Thermidor An XI, mais bien de la prescription par elle acquise contre l'État;

Mais considérant que le sieur Romani n'est point le contradicteur légitime d'une telle prétention; — Que l'État aurait seul qualité pour y répondre; — Que la fabrique, avant d'invoquer un tel moyen, qui se rattache au fond même du droit, aurait dû appeler l'État dans l'instance, après avoir rempli les formalités préalables exigées par la loi;

Considérant que l'immeuble de *San Silvestro* a toujours été détenu et exploité par le sieur Romani; — Que la fabrique allègue, à la vérité, que Romani lui a volontairement payé, en vertu d'un bail à complant, une redevance annuelle ou fermage; — Qu'ainsi elle avait eu réellement la possession civile de l'immeuble revendiqué, puisque le sieur Romani le détenait pour elle et reconnaissait son droit de propriété, en lui payant la redevance convenue;

Considérant que l'exception de la fabrique n'est nullement fondée; — Qu'en effet, l'établissement de la redevance ne résultant que d'un écrit non enregistré, la jouissance de la fabrique constitue un fait clandestin qui ne saurait servir de base à la prescription;

. . . .

RÉFORMANT le jugement attaqué,

DÉCLARE la fabrique de Brando non recevable dans son action en délaissement, faute par elle d'avoir obtenu l'envoi en possession de l'immeuble objet de sa réclamation; etc.

. . . .

Chambre Civile. — M. CALMÈTES, *Premier Président.*

MM. GAVINI, MILANTA, } *Avocats.*

DU 25 AVRIL 1855.

SOCIÉTÉ EN PARTICIPATION. — CORPS MORAL. — ACTION. — TIERS.

L'association en participation ne constitue pas une véritable société et ne forme pas un être moral, au nom duquel on puisse exercer des actions ou des poursuites contre les tiers. — Dès lors, l'un des participants n'est pas admissible à agir envers un tiers débiteur de son coparticipant, comme exerçant les droits et actions de la participation [*Cod. Com. Art. 47*] (1).

Petronelli C. **Limarola et Servetto.**

ARRÊT.

Après délibération en la Chambre du Conseil,

La Cour ; — sur les conclusions conformes de M. Bertrand, Premier Avocat Général ;

Considérant qu'il est constant, en fait, et souverainement jugé par l'arrêt de la Cour de céans du 16 Octobre 1853, qu'une association en participation a été formée en 1849 entre le sieur Limarola, demeurant à Bastia, et le sieur Servetto, résidant à Alger ;

---

(1) Sur la question de savoir si l'association en participation forme, comme toute autre société, un être moral, voy. pour la négative, Troplong, *Des Sociétés*, tom. 1er, nos 480 et suiv. ; Delangle, *Des Sociétés Commerciales*, tom. 2, nos 591 et suiv. ; Dupin jeune, Plaidoyer dans l'affaire Mouroult (D. P. 31. 2. 127) ; Dalloz, chargé, tout à la fois, de défendre au pourvoi contre l'arrêt ci-après visé du 9 avril 1831 et de soutenir celui dirigé contre l'arrêt du 9 août 1831, *infrà*. — Voy. aussi dans le sens de l'arrêt ici recueilli, Paris 9 avril 1831 (D. P. 31. 2. 127) ; Cass. 2 juin 1834 et 19 mars 1838 (D. P. 34. 1. 202 et 38. 1. 102) ; Rouen 19 janvier 1844, Rejet 15 juillet 1846, Paris 19 novembre 1848 (S. V. 44. 2. 393 — 49. 1. 289 et 2. 200). — Pour l'affirmative, Merlin et Pardessus dans deux consultations analysées par Delangle, *loc. cit.* ; Paris 9 août 1831 (D. P. 31. 2. 208) ; Bordeaux 2 avril 1832 (S. V. 33. 2. 327). Nous devons cependant faire remarquer que Pardessus, *Droit Commercial*, n° 1045 de la 3e édition, se prononce formellement pour l'opinion contraire.

Considérant qu'il résulte également des documents du procès que Servetto forma, dans le mois de Juillet 1851, une seconde association en participation avec Petronelli, demeurant en Corse, pour l'achat et la vente des huiles d'Afrique;

Considérant que l'acte destiné à constater cette association, portant la date du 6 Juillet 1851, n'a été enregistré que dans le courant de l'année 1853; — Qu'immédiatement après la formation de l'association dont il s'agit, Petronelli versa entre les mains de Servetto la somme de quarante mille francs, qui fut employée par lui à l'achat d'huiles indigènes;

Considérant que, vers la fin de la même année 1851, Limarola ayant fait connaître à Servetto qu'il éprouvait un urgent besoin de fonds en le conjurant de lui en procurer *coûte que coûte*, celui-ci vendit à perte les huiles achetées avec les fonds provenant de Petronelli et en fit parvenir le prix à Limarola, sans que rien constate qu'il lui en ait révélé l'origine; — Que, plus tard, Petronelli ayant eu connaissance de ces faits pratiqua une saisie-arrêt entre les mains du trésorier payeur de la division d'Alger, au préjudice des conjoints Limarola, mariés sous le régime de la communauté légale, pour toutes les sommes qui pouvaient leur être dues par le trésor public, à l'effet d'obtenir paiement de la somme de vingt-cinq mille francs à laquelle fut provisoirement évaluée, par le Président du Tribunal civil d'Alger, la créance de Petronelli contre Servetto et les conjoints Limarola;

Considérant que le Tribunal de première instance ayant prononcé la nullité de la saisie, Petronelli en demande le maintien devant la Cour;

Considérant que pour apprécier le mérite de la demande de Petronelli, appelant, il y a lieu de rechercher si, à un titre quelconque, il se trouve créancier des conjoints Limarola;

Considérant que l'association en participation entre Servetto et Limarola est complètement distincte de la participation postérieurement formée entre Petronelli et Servetto; — Que l'acte constitutif de cette dernière association n'indique en aucune façon que Petronelli, en s'associant avec Servetto, eût entendu contracter une association quelconque avec Limarola; — Que Servetto, dans ses rapports avec

Petronelli, agissait en son nom propre et non comme l'associé de Limarola ;

Considérant que lorsque Petronelli a remis à son coparticipant la somme de quarante mille francs, il n'a eu en vue que son association avec ce dernier et non la société Servetto et Limarola ; — Que, par suite, si Servetto, trompant la confiance de Petronelli, a vendu à perte les huiles achetées pour le compte de sa participation avec lui et en a remis les fonds à Limarola qui ignorait la provenance de ces derniers, il n'est résulté de ce quasi-délit aucune obligation civile de la part de Limarola envers Petronelli ;

Considérant, d'autre part, que Petronelli n'a pas davantage action envers Limarola en qualité d'associé de Servetto et comme exerçant les droits de cette association ; — Qu'en effet, l'association en participation ne constitue pas une société véritable ; — Qu'elle ne forme pas un être moral et ne confond pas la propriété des mises ou apports des participants ; — Qu'elle a seulement pour but le partage des bénéfices ou des pertes d'une ou plusieurs opérations prévues et déterminées ; — Que la loi reconnaît, mais ne règle pas l'association en participation ; — Qu'elle l'affranchit, au contraire, de toutes les formalités auxquelles les autres sociétés sont soumises ; — Que son existence, qui n'est révélée par l'accomplissement d'aucune prescription légale, ne peut pas plus être invoquée par les participants contre les tiers, qu'elle ne pourrait l'être par les tiers contre les participants eux-mêmes ; — Que, dès lors, Petronelli ne peut agir envers Limarola comme exerçant les droits et actions de la participation Servetto et Petronelli ; — Qu'il en doit être d'autant plus ainsi, que l'acte qui constate cette dernière association n'a été enregistré qu'en 1853, c'est-à-dire longtemps après la consommation des faits qui servent de base aux prétentions de Petronelli ;

Considérant qu'après avoir démontré que les poursuites de Petronelli contre Limarola ne peuvent se justifier par les principes du droit en matière de société, il convient d'examiner si elles ne pourraient l'être par les règles du mandat on de la gestion d'affaires ;

Considérant que si Servetto a été, à la fois, l'associé en participation et le mandataire de Limarola, il est certain aussi que lorsque Servetto a reçu de Petronelli les quarante mille francs fournis par ce dernier pour leur compte en participation, et lorsqu'il a fait emploi de cette somme en achat d'huiles indigènes, il n'a point agi en vertu du mandat qu'il tenait de Limarola; — Que, d'un autre côté, Petronelli n'a pas remis les quarante mille francs dont il s'agit à Servetto, en qualité de mandataire de Limarola, mais bien comme étant son propre associé;

Considérant, d'ailleurs, qu'alors même que Servetto eût agi en vertu du mandat de Limarola en recevant les quarante mille francs de Petronelli, il n'en résulterait point une action de ce dernier contre Limarola, à moins que Servetto ne lui eût fait connaître qu'il agissait pour le compte et dans l'intérêt de Limarola, son mandant;

Considérant, en fait, qu'il est constant que Servetto, en traitant avec Petronelli, n'a point stipulé au nom de Limarola et comme *nudus minister*, mais bien *nomine proprio* et dans son intérêt personnel; — Que, par conséquent, Petronelli ne saurait exercer contre Limarola aucune action et qu'il n'a contre lui aucune créance pouvant servir de base à une saisie;

Considérant que les faits articulés par Petronelli sont ou irrelevants ou en contradiction manifeste avec des faits constants au procès; — Que, par suite, sans s'arrêter à la demande en preuve, c'est le cas de démettre Petronelli de son appel principal;

. . . .

CONFIRME.

Chambre Civile. — M. CALMÈTES, *Premier Président.*

MM. MILANTA, BONELLI, *Avocats.*

DU 30 AVRIL 1855.

ENFANT ADULTÉRIN. — RECONNAISSANCE. — LIBÉRALITÉS. — PERSONNE INTERPOSÉE.

La reconnaissance d'un enfant adultérin est frappée d'une nullité radicale, et ne peut être invoquée, ni par lui, ni contre lui, alors même qu'il s'agirait d'obtenir l'annulation de libéralités faites au profit de l'enfant, à l'aide d'une interposition de personne [Cod. Nap. Art. 335 et 911] (1).

Massari C. Berlingeri.

ARRÊT.

Après délibération en la Chambre du Conseil.

La Cour; — sur les conclusions conformes de M. Bertrand, Premier Avocat Général;

En ce qui concerne l'acte de 1845 :

Considérant que l'un des éléments de preuve de la simulation de l'acte du 4 mai 1845, consiste dans l'adultérinité des enfants que l'on

---

(1) Conf. — Rej. 28 juin 1815 — 11 novembre 1819 (D. A. 8. 624 et 626 — S. 15. 1. 329 — 20. 1. 222); Cass. 9 mars 1824 (D. A. 8. 623 — S. 24. 1. 114); Rej. 1er août 1827 — 18 mars 1828 — 3 février 1836 (D. P. 27. 1. 437 — 28. 1. 179 — 36. 1. 81 — S. 28. 149. 313 — 36. 1. 241); Cass. 3 février 1841 (D. P. 41. 1. 104 — S. V. 41. 1. 117); Rej. 10 avril 1847 (S. V. 47. 1. 562). — Merlin, Répert. V° *Filiation*, n° 20; Grenier, *Donat.* tom. 1er, nos 130 et 130 bis; Loiseau, pag. 740; Duranton, tom. 3, nos 206 et suiv., et tom. 6, n° 331; Solon, *Théor. des nullités*, tom. 2, n° 88; Belost-Jolymont sur Chabot, *Success.* art. 762, *Observ.* 1; Richefort, tom. 2, nos 317 et suiv.; Marcadé, sur l'article 335, n° 2.

Contrà. — Outre les arrêts rendus par la Cour de Nancy le 15 mai 1821 et par celle de Lyon le 19 mai 1837, que la Cour de Cassation a cassés les 9 mars 1824 et 3 février 1841 par ses arrêts ci-dessus indiqués, Voy. Lyon 25 mars 1835 et Paris 14 décembre 1835 (D. P. 35. 2. 117 — 36. 2. 3 — S. V. 35. 2. 241 — 36. 2. 63). Chardon, *Dol et fraude*, tom. 3, nos 390 et 391; Vazeille, *Success.* art. 762, n° 2.

prétend être issus de Georgette Mari et de François-Marie Berlingeri, pendant le mariage de ce dernier avec la dame Laure Tomei ;

Considérant que la recherche de la paternité adultérine est interdite ; — Que la reconnaissance d'un enfant adultérin faite par son père, est frappée d'une nullité radicale et ne peut être invoquée ni par lui, ni contre lui, alors même qu'il s'agirait, comme dans l'espèce, d'obtenir l'annulation de libéralités faites à l'enfant prétendu adultérin, à l'aide d'une interposition de personne ; — Que, par conséquent, la reconnaissance contenue dans le testament de François-Marie Berlingeri, en date du 14 Novembre 1850, est inefficace et nulle ;

Considérant, enfin, qu'en mettant à l'écart les présomptions déduites de la filiation adultérine des enfants de Georgette Mari, il n'existe aucune preuve de la simulation de l'acte du 4 Mai 1845 ;

. . . .

CONFIRME.

Chambre Civile. — M. CALMÈTES, *Premier Président.*

MM. BONELLI, TOMMASI, } *Avocats.*

DU 21 MAI 1855.

VENTE. — PAIEMENT. — DÉLIVRANCE.

Si l'acheteur n'offre pas de payer comptant le prix intégral de la chose vendue au moment de la délivrance et au lieu où elle doit s'effectuer, le vendeur peut refuser la délivrance (1).

Dominici C. Marcantetti.

ARRÊT.

Après délibération en la Chambre du Conseil,

La Cour ; — sur les conclusions conformes de M. Bertrand, Premier Avocat Général ;

Sur l'appel principal :

Considérant qu'en matière de vente la loi soumet le paiement du prix aux mêmes conditions de temps et de lieu que la délivrance ;

Considérant que la vente dont il s'agit au procès n'ayant pas été faite à terme, le paiement du prix devait avoir lieu comptant et accompagner la délivrance dont il est le corrélatif ;

Considérant que l'obligation de payer le prix est, de sa nature, indivisible ; — Que si l'acheteur n'en offre pas le paiement immédiat et intégral, le vendeur est autorisé à ne point se dessaisir de la chose vendue ;

(1) Cela est incontestable, d'après les dispositions formelles et précises des art. 1612 et 1651 du Code Napoléon; mais sous la condition expresse, comme le fait très-bien remarquer la Cour de Bastia, que le vendeur n'ait accordé à l'acheteur aucun délai pour le paiement du prix. On peut voir d'ailleurs Pothier, *De la vente*, n° 63, et Troplong, *eodem*, n°s 310 et suiv. 594.

Considérant que, d'après les conventions des parties, la délivrance du vin vendu par Marcantetti à Dominici devait être effectuée au port de *Figajola*; — Que c'est là, par conséquent aussi, que devait avoir lieu le paiement du prix;

Considérant que Marcantetti s'étant transporté à *Figajola* offrit au capitaine du navire la *Conception*, mandataire de Dominici, de lui remettre le vin vendu, si le prix en était payé comptant;

Considérant que le capitaine dudit navire ayant déclaré que Dominici ne lui avait remis aucun fond pour cette destination, c'est à bon droit que Marcantetti s'est refusé à lui délivrer le vin, objet de la vente;

Considérant que la condamnation prononcée contre Marcantetti, à raison des marchandises à lui expédiées de Gênes par Dominici, a suffisamment indemnisé l'expéditeur et de la valeur d'icelles et des frais de transport;

Considérant que la preuve articulée par Dominici est en contradiction manifeste avec des faits constants au procès; — Que, par suite, elle doit être rejetée comme frustratoire;

. . . .

CONFIRME.

Chambre Civile. — M. CALMÈTES, *Premier Président.*

MM. TOMMASI, MILANTA, } *Avocats.*

DU 29 MAI 1855.

CRÉANCIER. — FRAUDE. — DATE DE CRÉANCE.

Le créancier porteur d'un jugement de condamnation peut attaquer, comme fait en fraude de ses droits, un acte consenti par son débiteur avant la date de ce jugement, si sa créance avait son principe dans un fait antérieur à l'acte frauduleux [Cod. Nap., Art. 1167] (1).

Castellani C. Marchetti.

21 Mai 1852, arrêt de la Cour d'assises de la Corse, qui condamne Riparato Marchetti à payer à Castellani la somme de 1,500 fr. de dommages-intérêts, à raison du meurtre commis par Marchetti sur la personne du frère de Castellani. — Pourvoi en cassation.

---

(1) C'est avec raison, selon nous, que la Cour impériale de Bastia a admis cette exception au principe général, d'après lequel la jurisprudence et la doctrine décident que les créanciers ne peuvent attaquer, comme faits en fraude de leurs droits, que les actes postérieurs à leurs titres de créance. Un arrêt de la Cour de Bordeaux avait déjà prononcé dans ce sens, le 15 février 1826 (D. P. 26. 2. 201 — S. 26. 2. 283); et il nous paraîtrait souverainement injuste de repousser l'action d'un créancier, dont le droit, ainsi que le fait remarquer l'arrêt recueilli, préexistait au jugement obtenu, et n'a été que constaté par ce même jugement. D'ailleurs la jurisprudence nous fournit un assez grand nombre d'arrêts, qui ont formellement reconnu, que les créanciers, même postérieurs en date, peuvent attaquer les actes faits par leurs débiteurs, lorsque ces actes sont argués tout à la fois de simulation et de fraude, ou qu'ils ont eu précisément pour but de tromper la bonne foi des créanciers futurs, et d'anéantir, dans leurs effets, les droits qui pourraient leur être conférés. Voir Colmar, 25 janvier 1823 (S. 24. 2. 156); Rej. 23 août 1826 (D. P. 27. 1. 8 — S. 27. 1. 108); Cass. 20 mars 1832 (D. P. 32. 1. 135 — S. V. 32. 1. 442); Bordeaux 20 juillet 1848 (D. P. 49. 2. 148 — S. V. 49. 2. 157); Cass. 2 février 1852 (D. P. 52. 1. 49 — S. V. 52. 1. 234). Or il suffit de lire les considérations sur lesquelles s'est basée la Cour de Bastia pour être convaincu que ces diverses circonstances se rencontraient toutes dans l'espèce par elle jugée.

L'arrêt est cassé et la cause renvoyée devant la Cour d'assises des Bouches-du-Rhône, qui, par arrêt du 6 Août 1852, élève les réparations civiles dues à Castellani à 2,500 fr.

Dans la prévision de cette condamnation, d'autant plus certaine que Riparato ne niait point le meurtre qui lui était imputé, tout son système de défense consistant à soutenir qu'il avait été provoqué, il intervint entre Riparato Marchetti et son frère Antoine-François, à la date du 24 Juillet 1852, un acte par lequel le premier consentait au second une cession pure et simple de tous les droits qui pouvaient lui revenir sur la succession de Marie-Segni, sa mère, et de feu l'abbé Jules Marchetti, son oncle, pour le prix de 4,000 fr.

Castellani, voulant obtenir le paiement de ses 2,500 fr., a formé une demande en partage des successions de Marie-Segni et de Jules Marchetti, et demandé l'annulation de l'acte du 24 Juillet 1852, comme simulé et fait en fraude de ses droits.

29 Janvier 1855, jugement du Tribunal de Calvi qui, tout en reconnaissant que l'acte de cession était le résultat de la fraude, le valide jusqu'à concurrence de 4,000 fr., et l'annulle pour le surplus. — Appel.

ARRÊT.

Après délibération en la Chambre du Conseil,

La Cour; — sur les conclusions de M. Bertrand, Premier Avocat Général;

Considérant que les plus graves présomptions de fraude s'élèvent contre l'acte de cession des droits successifs, consenti par Riparato Marchetti en faveur de son frère Antoine-François Marchetti, le 24 Juillet 1852, devant Me Alexis, notaire à Aix;

Considérant que ces présomptions s'évincent particulièrement de la position de Riparato Marchetti au moment de la vente, de son intérêt pressant à soustraire son patrimoine aux poursuites de Castellani, et enfin des doutes sérieux qui existent sur la réalité du prix de la cession;

Considérant que les premiers juges reconnaissent eux-mêmes que l'acte du 24 Juillet est le résultat d'un concert dolosif entre les deux frères Marchetti, et qu'il a été fait en fraude des droits de Castellani; — Qu'on objecterait vainement que l'arrêt de la Cour impériale d'Aix, qui constitue le titre de créance de Castellani, étant postérieur à l'acte attaqué, la cession consentie par Riparato Marchetti n'a pu avoir pour objet de porter atteinte à un droit qui n'existait pas encore ;

Considérant qu'il y a lieu de distinguer les droits de Castellani envers Riparato Marchetti, de l'arrêt qui les consacre et en détermine l'importance ; — Que si la date de cet arrêt est postérieure au 24 Juillet 1852, il est certain que le dommage dont Castellani poursuivait la réparation devant la juridiction criminelle avait son principe dans un fait antérieur à l'acte argué de simulation ; — Qu'ainsi le droit de Castellani préexistait à l'arrêt qui en a juridiquement constaté l'existence et la légitimité ;

Considérant que la fraude dont un acte est infecté le vicie dans son essence et entraîne radicalement et intégralement sa nullité ; — Qu'on ne conçoit pas, dès lors, en vertu de quelle théorie, ou par suite de quelles préoccupations, le Tribunal de première instance a pu valider l'acte du 24 Juillet pour une partie et l'annuler pour l'autre ; — Qu'une telle décision présente bien moins les caractères d'un jugement que d'une transaction ;

Considérant que les magistrats, dans l'exercice de leur pouvoir juridictionnel, statuent comme juges et selon les règles du droit, et non comme amiables compositeurs, suivant les appréciations d'une équité incertaine et arbitraire ;

Considérant, d'ailleurs, qu'en procédant ainsi qu'ils l'ont fait, les premiers juges ont créé une convention pour la substituer à celle des parties ; — Qu'ils ont converti une cession de droits successifs consentie sans restriction ni réserves, en un prélèvement d'immeubles héréditaires, à titre de bail en paiement d'une créance dont ils ont admis l'existence sans qu'elle fût établie, et déterminé arbitrairement la quotité ;

Considérant que, par là, ils ont fait une fausse application de l'article 1167, Code Napoléon, méconnu les véritables caractères de l'action paulienne et commis un excès de pouvoir ;

A MIS et MET au néant l'appellation et ce dont est appel,

Et PROCÉDANT par nouveau jugé,

Dit que l'acte du 24 Juillet est l'œuvre du dol et de la simulation, et le résultat d'un concert frauduleux entre les deux frères Marchetti, ayant pour but de soustraire le patrimoine de Riparato aux légitimes poursuites de Castellani,

Déclare, par suite, ledit acte, nul et de nul effet,

. . . .

Chambre Civile. — M. CALMÈTES, *Premier Président.*

MM. Milanta, Arrighi, } *Avocats.*

DU 6 JUIN 1855.

SERVITUDE. — PASSAGE. — POSSESSION IMMÉMORIALE.

En Corse, la servitude de passage pouvait, avant le Code Napoléon, s'acquérir par la possession immémoriale [Cod. Nap., Art. 691, Statut Corse, chap. 40] (1).

Sous le droit actuel, comme sous l'ancienne législation, si le propriétaire de deux fonds entre lesquels il existe un signe de servitude apparente même discontinue, dispose de l'un d'eux, la servitude continue d'exister en faveur ou au préjudice du fonds aliéné, si le contrat ne contient aucune disposition à cet égard [Cod. Nap., Art. 694] (2).

Pacchiarelli C. **Pianelli.**

ARRÊT.

Après délibération en la Chambre du Conseil,

LA COUR; — sur les conclusions conformes de M. BERTRAND, Premier Avocat Général;

Considérant que le jugement attaqué a méconnu les règles du droit applicables au litige et fait une fausse appréciation des titres produits par l'appelant;

(1-2) La première solution ne saurait être contestée. Quant à la question de savoir, si les dispositions de l'art. 694 du Code Napoléon s'appliquent aux servitudes discontinues, comme aux servitudes continues, elle nous semble assez délicate, et se trouve encore controversée dans la jurisprudence ainsi que parmi les auteurs. Cependant, comme dans le texte de l'article précité on ne saurait voir la distinction que l'on voudrait établir entre les différentes espèces de servitudes, nous croyons qu'il y a lieu d'appliquer la maxime, *ubi lex non distinguit nec nos distinguere debemus*, et que l'opinion proclamée par la Cour de Bastia est la seule juridique. Voir dans ce sens, Toulouse 21 juillet 1836, Caen 15 novembre 1836 (D. P. 36. 2. 178 — 37. 2. 140 — S. V. 37. 2. 155 et 187); Rejet, 26 avril 1837, 24 février 1840, 8 juin 1842 (D. P. 37. 1. 385 — 40. 1. 101 — 42. 1. 265 — S. V. 37. 1. 916 — 40. 1. 97 — 42. 1.

Considérant que ce dernier prétendait, devant les premiers juges, justifier par titres et subsidiairement par la preuve testimoniale, que depuis un temps immémorial, c'est-à-dire plus de trente ans avant la promulgation du Code Napoléon, il était, par lui ou par ses auteurs, en possession de passer, pour le service de sa maison dite la *Casa Calda*, sur un terrain appartenant, dans les temps anciens comme aujourd'hui, à Pianelli, intimé, ou à ses auteurs; — Que, dès lors, le Tribunal de première instance ne pouvait refuser la preuve testimoniale offerte, sous le prétexte que les servitudes discontinues ne peuvent être acquises par la prescription ;

Considérant, en effet, sous ce dernier rapport, que, d'après le Statut Civil qui régissait la Corse antérieurement à la législation actuelle, le droit de passage s'acquérait par la possession ; — Que le chapitre 40 de ce Statut fait expresses inhibitions au propriétaire du fond servant de troubler, dans l'exercice du passage, celui qui était dans l'habitude de l'exercer, et, si cette habitude n'était pas constante, le propriétaire à qui le passage était utile pouvait toujours l'obtenir à moins de dommages à *manco danno* et moyennant indemnité ; — Qu'il résulte de ces principes certains que la preuve articulée par Pacchiarelli, appelant, était parfaitement admissible;

Mais considérant que la cause présentait devant les premiers juges des éléments suffisants de décision au fond, sans qu'il fût nécessaire de recourir à la voie d'instruction, si incertaine et si onéreuse, de la preuve orale ;

Considérant que l'adaptation des titres produits par Pacchiarelli au plan des lieux soumis à la Cour et dont l'exactitude est reconnue par

---

609;) MERLIN, Rép. V° *Servit.* 519, n° 2; PARDESSUS, *Des Servit.* n°s 289, 300; SOLON, *eodem*, n° 389; DURANTON, tom. 5, n°s 570 et suiv. — En sens contraire : Lyon 11 juin 1831 et Paris 21 avril 1837 (D. P. 33. 2. 64 — S. V. 32. 2. 123 — 37. 1. 917 à la note); TOULLIER, tom. 3, n° 613; DELVINCOURT, tom. 1er, pag. 533; FAVARD DE LANGLADE, V° *Servitudes*, sect. 3, § 4, n° 3. On pourrait consulter avec fruit, sur cette question, les observations de M. AMILHAU placées en note de l'arrêt de la Cour de Cassation du 26 avril 1837, *ubi suprà*, et le rapport de M. TROPLONG lors de l'arrêt du 24 février 1840, déjà cité.

toutes les parties, démontre qu'en 1634 la *Casa Calda*, divisée en deux parties du nord au sud et appartenant à deux propriétaires différents, avait deux issues, l'une à l'est, l'autre à l'ouest; — Que cette dernière donnait directement accès au passage contesté, lequel était nécessaire à ladite maison, pour parvenir à la voie publique, située à l'ouest du plan;

Considérant qu'en 1771, Jean-Dominique et Antoine-Guillaume Pajanaccia, auteurs de Pianelli, intimé, vendirent à Pacchiarelli, dont l'appelant porte droit, une partie de la *Casa Calda*, avec ses entrées et sorties et tous les droits qui en dépendaient; — Que, dans cet acte, Pacchiarelli, acheteur et déjà co-propriétaire de ladite maison, consentit à ce que les vendeurs fissent construire un escalier extérieur destiné à monter à l'étage supérieur, dont ces derniers demeuraient propriétaires; — Que cet escalier, qui existe encore, fut construit à double pente ou inclinaison, l'une du côté de l'est, l'autre du côté de l'ouest; — Que celle-ci avait pour affectation spéciale de conduire au passage dont il s'agit, appartenant alors à la famille Pajanaccia, aujourd'hui représentée par Pianelli;

Considérant, enfin, qu'en 1784, les Pajanaccia vendirent à Pacchiarelli, auteur de l'appelant, l'étage supérieur de la maison, ainsi que l'escalier extérieur qui seul pouvait y donner accès, avec toutes ses *commodités*, *entrées* et *sorties* et *appartenances* DA QUALUNQUE BANDA, de tous côtés;

Considérant que cette vente, conçue dans les termes les plus larges, a transmis à l'acquéreur la propriété de l'objet vendu, avec la servitude de passage établie par le vendeur lui-même et dont l'escalier était le signe ostensible et permanent;

Considérant qu'abstraction faite des termes des actes qui viennent d'être analysés, il est de principe, sous le droit actuel comme sous la législation ancienne, que lorsque le propriétaire de deux héritages, entre lesquels il existe un signe apparent de servitude, même discontinue, dispose de l'un d'eux, sans que le contrat contienne aucune stipulation relative à la servitude, elle continue d'exister en faveur ou au préjudice du fond aliéné; — Que, par conséquent, sans qu'il soit nécessaire d'ordonner une descente sur les lieux ou une enquête, c'est le cas de décider qu'il existe une servitude de passage, en faveur de la maison de Pacchiarelli, sur le terrain appartenant à Pianelli, situé à l'ouest de ladite maison;

. . . .

A MIS et MET l'appellation et ce dont est appel au néant;

PROCÉDANT par nouveau jugé et FAISANT ce que le tribunal de première instance aurait dû faire;

DÉCLARE que Pacchiarelli a droit à une servitude de passage pour le service de sa maison, sur le terrain situé à l'ouest d'icelle, et appartenant à Pianelli;

FAIT défenses à ce dernier de le troubler dans l'exercice de ce droit;

. . . .

Chambre Civile. — M. CALMÈTES, *Premier Président.*

MM. MILANTA, GAVINI, } *Avocats.*

DU 12 JUIN 1855.

1° SAISIE-FORAINE. — COLPORTEUR. — LIEU DE LA RÉSIDENCE.
2° MINEUR. — OBLIGATION. — NULLITÉ. — RESCISION.

1° Le créancier d'un marchand colporteur ne peut pratiquer une saisie-foraine sur les marchandises et meubles appartenant à son débiteur, dans une commune où ils ont l'un et l'autre leur domicile.

2° Les engagements contractés par le mineur sans l'assistance de son tuteur sont nuls de plein droit, et non pas rescindables pour cause de lésion [Cod. Nap. Art. 1124 et 1305] (1).

---

(1) Cette question est l'objet d'une sérieuse controverse. On cite parmi les partisans de la doctrine que consacre ici l'arrêt de la Cour de Bastia, TOULLIER, tom. 6, n°s 103 et suiv., et tom. 7, n°s 575 et suiv.; TROPLONG, *Vente*, tom. 1er, n° 166, et *Hypoth.* tom. 2, n°s 488 et suiv.; DEMANTE, 3° édit. pag. 559, note; MAGNIN, *Minorités*, tom. 2, n° 1137.

Mais DURANTON, tom. 10, n°s 273 et suiv.; MERLIN, *Quest.* V° *Hypoth.*, § 4, n° 3; PROUDHON, *Des Personnes*, chap. 16, sect. 4 et 5; VALETTE sur PROUDHON, *loc. cit.*; DELVINCOURT, édit. de 1819, tom. 2, pag. 175; SOLON, *Des Nullités*, tom. 1er, n°s 69 et 301; MARBEAU, *Transact.* n° 42; COULON, *Quest. de Droit*, tom. 1er, dialog. 1er; ZACHARIÆ, tom. 2, § 335, note 7; DALLOZ, *Jur. Gén.*, 1re édit., tom. 10, pag. 459, n° 4, établissent une distinction. Ainsi, ils déclarent le mineur absolument incapable de faire des actes que le tuteur n'aurait pu faire lui-même sans certaines formalités, ou qu'il aurait pu faire comme représentant le pupille, et ils regardent comme nuls de *plein droit* les actes de cette classe consentis par le mineur: au contraire, ils le reconnaissent apte à faire seul tous les actes d'administration qui ne sont assujettis par la loi à aucune formalité, seulement ils lui accordent la faculté d'en demander la nullité s'ils sont entachés de lésion.

Cette opinion, que divers arrêts sanctionnent, Bastia, 26 mai 1834 (V. notre Recueil, tom. 2, à cette date); Toulouse, 13 février 1830 (D. P. 31. 2. 146 — S. V. 31. 2. 314); Rej. 18 juin 1844 (D. P. 44. 1. 225 — S. V. 44. 1. 497), est embrassée par PONT, *Dissert.*, publiée par la *Rev. de Législ.* tom. 21, pag. 217; Fréd. DURANTON, *Rev. Étrang.* 1843, pag. 345 et 680; DE FRÉMINVILLE, *Trait. de la Minor.*, tom. 2, n° 827. — Elle trouve un puissant appui dans l'exposé des motifs du titre de la Rescision présenté au Corps Législatif par JAUBERT et BIGOT DE PRÉAMENEU (FENET, tom. 13, pag. 226, 288 et 371, et LOCRÉ, *Législ. Civ.*, tom. 12, pag. 391, 494), et nous croyons devoir nous y ranger nous-mêmes, non-seulement par des raisons de droit puisées dans l'art. 1125 Cod. Nap., aux termes duquel le mineur ne peut attaquer, pour cause d'incapacité, ses engagements que dans les cas prévus par la loi, et dans l'art. 1305 même Code, qui déclare que la simple lésion donne lieu à la rescision en faveur du mineur non émancipé, dispositions qui ne se

Sister C. Damei Frères.

ARRÊT.

Après délibération en la Chambre du Conseil,

La Cour ; — sur les conclusions de M. Ceccaldi, Substitut du Procureur Général ;

Sur la nullité de la saisie-arrêt et de la saisie-foraine :

Considérant que le sort des saisies pratiquées au préjudice de Désiré Sister par les frères Damei, est subordonné à la validité de la créance qui leur sert de fondement ; — Qu'il importe donc, avant tout, d'examiner si les intimés sont porteurs d'un titre de créance, qui leur donne le droit d'agir en justice contre Sister, par une voie d'exécution quelconque ;

Considérant qu'il est constant, en fait, que la créance dont les frères Damei poursuivent le recouvrement, a pour origine diverses ventes de marchandises par eux consenties à Désiré Sister ; — Qu'il est également établi que Sister était mineur à l'époque de ces ventes et qu'il a traité seul, sans l'assistance de son tuteur ;

Considérant que d'après les articles 450 et 1124 du Code Napoléon, le mineur est incapable de contracter ; — Que cette incapacité entraîne la nullité radicale de ses engagements ; — Que la nullité résultant de

---

comprendraient pas si, comme on le prétend, le législateur n'avait pas entendu excepter les cas auxquels elles s'appliquent du principe d'incapacité posé dans l'art. 450 Cod. préc. ; mais encore par des motifs d'une rigoureuse équité, aux inspirations de laquelle on ne saurait toujours se soustraire sans danger. Nous pensons donc que lorsque la convention se présente empreinte d'un caractère franchement loyal, lorsque, loin de préjudicier aux intérêts du mineur, elle offre pour lui des avantages réels, lorsqu'enfin la bonne foi de celui qui a traité avec le mineur ne peut être révoquée en doute, la justice, disons-nous, devra la sanctionner.

l'incapacité, lorsque le mineur n'a point été habilité par l'assistance de son tuteur opère par sa seule puissance et sans le secours de la lésion; — Qu'on ne doit point confondre les deux voies de recours ouvertes aux mineurs pour les relever de leurs engagements; — Qu'il existe, en effet, une différence essentielle entre l'action en nullité et l'action en rescision; — Qu'aujourd'hui, comme sous l'ancienne législation, tout acte passé par un mineur sans les formalités protectrices de ses droits, est nul *ipso jure*, sans qu'il soit nécessaire de prouver que le mineur a été lésé dans ses intérêts;

Considérant que si, au contraire, l'acte a été consenti par le tuteur ou avec son assistance, le mineur pourra encore obtenir sa restitution par l'action en rescision, en prouvant que la convention, régulière en la forme, lui a été au fond préjudiciable;

Considérant que c'est par application de ce même principe que le mineur est autorisé à se pourvoir par la voie de la requête civile contre le jugement lors duquel son tuteur, agissant pour lui, ne l'a pas suffisamment défendu;

Considérant que les frères Damei reconnaissent eux-mêmes que l'engagement du mineur Sister est nul, puisqu'ils se sont bornés à soutenir, soit devant le Tribunal de première instance, soit devant la Cour, que, devenu majeur, Désiré Sister aurait couvert la nullité et ratifié l'obligation; — Que, dans leur système, la ratification résulterait de la déclaration faite par Me Tommasi, avocat de Sister, devant le Tribunal de commerce de Bastia, que son client entendait satisfaire les frères Damei et payer sa dette;

Considérant que Me Tommasi n'avait ni pouvoir ni qualité pour renoncer au nom de son client à l'action en nullité qui était incontestablement ouverte à celui-ci;

Considérant, d'ailleurs, que les paroles prononcées par Me Tommasi ne présenteraient aucun des caractères voulus par la loi, pour la validité des actes de confirmation ou de ratification des engagements soumis à l'action en nullité ou en rescision;

Considérant, sous un autre rapport, que nul n'étant censé ignorer la condition de celui avec qui il stipule, les frères Damei ne peuvent être admis à prétendre qu'ils n'ont pas connu, en traitant avec Sister, qu'il fût encore en état de minorité;

Considérant que si l'appelant est lié dans le for intérieur envers les frères Damei, il est également certain que ces derniers sont, au regard de la loi civile, destitués de toute action pour contraindre leur débiteur à remplir son engagement, alors surtout qu'ils n'allèguent même pas que les ventes par eux consenties à Sister aient été pour lui une occasion de lucre ou une source de bénéfices;

Considérant, en ce qui concerne spécialement la saisie-foraine, que si Désiré Sister est originaire du département de la Drôme, il a fixé, depuis plusieurs années, sa résidence à Bastia où il habite avec sa mère; — Que s'il exerce le colportage dans l'intérieur de l'île, c'est à Bastia que se trouve le siége principal des opérations auxquelles il se livre; — Qu'il ne quittait Bastia que pour y revenir et que l'esprit de retour présidait à toutes ses absences momentanées; — Qu'ainsi Désiré Sister ne pouvait être considéré, à Bastia, comme un débiteur forain, et que, par suite, les frères Damei, domiciliés aussi dans cette ville, n'ont pu pratiquer, à son préjudice, la saisie autorisée par l'article 822 du Code de Procédure Civile; — Que, de tout ce qui précède, il résulte que les saisies dont il s'agit au procès sont nulles et que les diverses marchandises et deniers saisis, aussi bien que les objets que les frères Damei avaient retirés du domicile de Sister, doivent être restitués à ce dernier;

Sur la demande en dommages-intérêts formée par Désiré Sister contre les frères Damei :

Considérant qu'on ne saurait méconnaître que les frères Damei ont agi envers Sister avec une précipitation et une persistance, qui présentent les caractères déterminés par l'article 1382 du Code Napoléon;

Mais considérant que, eu égard aux torts imputables à l'appelant et à son refus de remplir ses engagements envers les intimés, la Cour lui accordera une réparation suffisante, en condamnant ces derniers aux dépens pour tous dommages;

SUR LA FIN DE NON-RECEVOIR OPPOSÉE PAR LES FRÈRES DAMEI A L'APPEL RELEVÉ PAR Me TOMMASI, PARTIE INTERVENANTE :

Considérant que si, d'après les plus pures traditions du barreau français, il est interdit aux avocats de réclamer en justice le paiement de leurs honoraires, le mérite de l'intervention de Me Tommasi ne saurait être apprécié par la Cour à ce point de vue, puisque son appel est évidemment irrecevable ;

Considérant, en effet, que Me Tommasi se présentait devant les premiers juges comme cessionnaire d'une somme de cent cinquante francs, saisie par les frères Damei, au préjudice de Sister, entre les mains du sieur Leuti, de Saint-Florent ;

Considérant que cette somme, selon les affirmations de Me Tommasi, lui aurait été cédée verbalement par Désiré Sister en paiement de ses honoraires ; — Que devant le Tribunal de première instance, Me Tommasi demandait que ladite somme de cent cinquante francs lui fût attribuée en vertu de la cession consentie en sa faveur et du privilége accordé aux frais de justice par l'article 2101 du Code Napoléon ;

Considérant que le Tribunal de première instance de Bastia ayant rejeté cette demande, Me Tommasi a relevé appel de cette décision ;

Considérant que l'intérêt du litige étant circonscrit, quant à l'appelant, dans les limites de la somme par lui réclamée, il est manifeste que le jugement attaqué a statué en dernier ressort, le caractère de la contestation principale ne pouvant exercer, dans ce cas, aucune influence sur le sort de la demande en intervention ;

. . . .

DISANT DROIT à l'appel de Désiré Sister et RÉFORMANT quant à ce seulement,

1° DÉCLARE nulles et de nul effet la saisie-arrêt et la saisie-foraine pratiquées par les frères Damei, au préjudice de l'appelant ;

2° ORDONNE que le gardien judiciaire et le tiers-saisi remettront à Sister les marchandises, objets mobiliers et valeurs confiés à leur garde, ou arrêtés entre leurs mains et qui sont la propriété de ce dernier ;

3° ORDONNE aussi que les frères Damei remettront à Sister le cheval et les autres objets par eux retirés du domicile de l'appelant pendant son absence ;

4° DÉCLARE Me Tommasi non recevable dans son appel ;

5° Pour le surplus, CONFIRME.

. . . .

Chambre Civile. — M. CALMÈTES, *Premier Président.*

MM. TOMMASI, BONELLI, } *Avocats.*

DU 6 AOUT 1855.

1° APPEL. — SUSPENSION. — EXÉCUTION. — ENQUÊTE.
2° ENQUÊTE. — CONTRE ENQUÊTE. — DÉLAI. — PROROGATION.
3° APPEL INCIDENT. — ACQUIESCEMENT. — RÉSERVES.

1° La faculté d'interjeter appel d'un jugement existe du moment même où l'exécution de ce jugement peut être poursuivie.— Ainsi, lorsqu'un Tribunal, en accordant une prorogation de délai pour faire une enquête, et sans ordonner l'exécution provisoire de son jugement, dispose cependant qu'il pourra être exécuté dès le lendemain de sa date, le droit d'interjeter appel dès le même jour appartient à la partie qui peut avoir intérêt à empêcher cette exécution [Cod. Proc. Civ., Art. 449, 450] (1).

2° Lorsqu'un jugement accorde une prorogation des délais pour faire l'enquête et la contre-enquête, la déchéance encourue par la partie autorisée à faire l'enquête ne fait pas perdre à l'autre partie le bénéfice de la prorogation, en ce qui touche la contre-enquête [Cod. Proc. Civ. Art. 279] (2).

Mais, dans ce cas, la partie qui a laissé écouler, sans en profiter, la pro-

---

(1) La justice de cette solution, conforme d'ailleurs à un arrêt de la Cour de Bourges du 5 mars 1831 (Dalloz, *Jur. Gén.*, 2e édit., V° *Appel*, n° 845 — S. 31. 2. 294) et à l'opinion de Rivoire, n° 177, De Freminville, n° 690, est saisissante. Elle garantit, en effet, la partie qui a succombé dans l'instance contre les actes d'exécution irréparables auxquels son adversaire, profitant de l'impossibilité où elle serait d'appeler avant l'expiration de la huitaine, pourrait se livrer. Mais la Cour de Cassation est allée plus loin : elle a décidé, par arrêt du 8 mars 1816 (S. 16. 1. 367 — D. A. 6. 848), d'une manière générale et absolue, que la disposition de l'art. 449 Cod. Proc. Civ. est étrangère aux jugements interlocutoires. Cette doctrine qu'approuvent Favard de Langlade, V° *Appel*, sect. 1re, § 2, n° 20; Thomine-Desmazures, tom. 1er, n° 302, est combattue par Chauveau, quest. 1614. Ce dernier auteur pense que le droit d'appeler des jugements interlocutoires dans la huitaine n'existe *qu'autant qu'une exécution survient pour le provoquer*. C'est également ce qui nous paraît résulter, implicitement du moins, des termes de l'arrêt ici recueilli, et nous embrassons volontiers cette opinion. On peut à cet égard consulter, Rejet 19 avril 1826 et 31 mai 1847 (S. V. 27. 1. 198 et 47. 1. 846), ainsi qu'un arrêt rendu par la Cour de Bastia le 3 décembre 1856, *infrà*, à cette date.

(2) Le système contraire tendrait, ce nous semble, à éluder d'une manière indirecte les dispositions de la loi en matière d'enquête, et enlèverait aux parties les garanties qu'elle a voulu leur assurer.

rogation de délai qui lui avait été accordée pour faire l'enquête, n'est pas recevable à profiter de la prorogation de délai accordée à son adversaire, à l'effet de procéder à la contre-enquête de la contre-enquête : ce serait intervertir les rôles des parties et accorder au demandeur, devenu défendeur, une seconde prorogation des délais de l'enquête [*Cod. Proc. Civ., Art. 280*] (3).

3° L'intimé qui, au premier jour des plaidoiries, a conclu à la confirmation du jugement, tout en faisant des réserves générales et de style, n'est plus recevable, malgré ces réserves, à interjeter appel incident [*Cod. Proc. Civ., Art. 443*] (4).

Veuve Franceschi C. Casabianca.

ARRÊT.

Après délibération en la Chambre du Conseil,

LA COUR; — sur les conclusions de M. BERTRAND, Premier Avocat Général;

SUR LA FIN DE NON-RECEVOIR :

Considérant que les dispositions des articles 449 et 450 du Code de Procédure Civile sont connexes et corrélatives; — Que le législateur,

---

(3) C'est la consécration du principe posé dans l'art. 280 du Cod. de Proc. Civ. *in fine*, qui défend, à peine de nullité, d'accorder plus d'une prorogation, et qui serait évidemment violé dans l'hypothèse contraire.

(4) On invoque contre la solution portée au 4e sommaire ci-dessus, le droit que l'art. 443 Cod. Proc. Civ. accorde à l'intimé de relever appel *en tout état de cause;* on dit encore que l'on ne peut pas considérer comme un acquiescement les conclusions tendantes à la confirmation *sous toutes réserves;* car ces réserves, quelques généraux qu'en soient les termes, excluent toute idée d'acquiescement; enfin on ajoute que la renonciation à un droit ne se présume jamais. Peut-être pourrait-on concilier cette diversité de décisions, à l'aide d'une distinction entre les conclusions tendantes à la confirmation du jugement attaqué *sous toutes réserves* et déposées sur le bureau au moment où l'affaire est appelée pour poser qualités, et celles prises dans les mêmes termes au moment des plaidoiries. Dans le premier cas, en effet, les parties s'étant préoccupées moins du fond du litige que du rang

dans le but de prévenir les appels téméraires et irréfléchis, a sagement interdit la faculté d'appeler dans la huitaine qui suit le jugement ;

Considérant que cette interdiction devait entraîner comme conséquence nécessaire la prohibition d'exécuter le jugement dans le même délai ;

Considérant que si, sans ordonner l'exécution provisoire, le Tribunal de première instance dispose que son jugement pourra ou devra être exécuté dès le lendemain de sa date, le droit d'interjeter appel, dès le jour même, doit être accordé à la partie qui peut avoir intérêt à empêcher ou à suspendre l'exécution de la sentence, afin d'en obtenir plus tard la réformation ; — Que différemment, s'il était ordonné que le jugement sera exécuté dans la huitaine, l'appel destiné à prévenir l'exécution ne pourrait être relevé que lorsque l'exécution serait consommée ;

Considérant, que dans l'espèce, le jugement du 20 Juillet dernier déféré à la censure de la Cour, en accordant aux dames Franceschi, Mattei et Tommasi, parties de Campana, la prorogation du délai de la contraire enquête, ordonne que le juge-commissaire serait saisi dans les dix jours du jugement ;

Considérant que cette décision pouvant être exécutée le lendemain même de sa date, cette dérogation à l'article 450 précité impliquait, pour l'une et l'autre des parties, le droit d'émettre appel dès le même jour ; — Qu'il y a lieu, par conséquent, de décider que les dames appe-

---

qu'il doit occuper sur le rôle d'audience, tous les droits résultant pour l'intimé de l'appel émis devant la Cour, demeurent intacts et réservés ; tandis que dans le second, il existe une présomption bien grave qu'il a accepté après examen les dispositions du jugement attaqué par son adversaire, nonobstant la clause finale relative aux réserves, lesquelles, dans ce cas, sont évidemment inefficientes. Si un doute existait encore dans l'esprit de l'intimé, au moment des plaidoiries, sur la reconnaissance de son droit de la part des premiers juges, la prudence et la raison veulent que ce doute soit exprimé d'une manière claire et précise, et le mode juridique pour l'exprimer se trouve dans la réserve *d'appel incident*. Quoiqu'il en soit, nous croyons que la solution de cette question dépendra toujours de l'appréciation des réserves insérées dans les conclusions ; et l'on peut dire, par conséquent, qu'il s'agit d'un fait à interpréter plutôt que d'un principe à appliquer. Voir Bastia 25 août 1831 et les autorités citées en note (Not. Rec. tom. 1er, à cette date).

lantes ont pu valablement interjeter appel le 26 Juillet, et que la fin de non-recevoir n'est pas fondée ;

II. Sur la déchéance résultant de la renonciation du sieur Casabianca a l'utilité du jugement du 6 Juillet dernier :

Considérant que le jugement dont il s'agit avait accordé, au sieur Casabianca et aux parties de Campana, une prorogation des délais de l'enquête et de la contre-enquête, sous la condition, pour chacune des parties, de présenter requête au juge-commissaire dans les dix jours du jugement ;

Considérant que le sieur Casabianca ne s'étant point conformé à cette prescription, les parties de Me Campana adressèrent leur requête au juge-commissaire à la date du 14 Juillet, avant l'expiration du délai de huitaine, qui leur était accordé, par la loi, pour procéder à leur contre-enquête ;

Considérant que le juge-commissaire n'ayant pas répondu à cette requête, le Tribunal de première instance, saisi de l'incident, décida, par le jugement attaqué, que la renonciation du sieur Casabianca à la prorogation qu'il avait obtenue, emportait déchéance, pour les dames appelantes, de la faculté d'utiliser, dans leur intérêt, la prorogation accordée en commun aux deux parties ;

Considérant qu'une telle décision constitue une erreur manifeste ; — Que le droit du demandeur et celui du défendeur de justifier leurs demandes ou leurs exceptions, sont complétement indépendants l'un de l'autre ;

Considérant que lorsqu'une enquête et une contre-enquête sont ordonnées, chacune des parties peut, à son gré, exécuter l'interlocutoire ou s'en abstenir ; — Que la négligence du demandeur ou son impuissance à faire procéder à une enquête utile, ne sauraient priver le défendeur du droit d'ouvrir sa contre-enquête et de la parachever ; — Que ces principes s'appliquent aussi bien à la prorogation d'enquête qu'à l'enquête originaire ; — Qu'ainsi le Tribunal de première instance a inféré un grief évident aux dames appelantes, en décidant que la renonciation du sieur Casabianca leur avait fait perdre tout le bénéfice des dispositions communes du jugement du 6 Juillet dernier;

III. Sur le chef de l'appel relatif a la faculté accordée au sieur Casabianca de procéder a la contre-enquête de la contre-enquête :

Considérant que les parties de Campana, indépendamment de leur requête du 14 Juillet ayant pour objet d'utiliser la prorogation accordée par le jugement du 6 Juillet, présentèrent le 17 du même mois une seconde requête à M. le Président du Tribunal, à l'effet d'obtenir une prorogation de délai pour continuer leur contraire enquête, conformément à l'article 279 du Code de Procédure Civile; — Que, sur le référé du Président, le Tribunal déclara cette demande valablement formée et accorda la prorogation sollicitée;

Mais considérant qu'en admettant les dames appelantes à continuer leur contre-enquête, le Tribunal autorisa le sieur Casabianca à faire procéder lui-même à la contre-enquête de la contre-enquête;

Considérant que, par cette décision, le Tribunal a interverti les rôles assignés aux parties dès l'origine du procès; — Qu'en effet, si le jugement était maintenu à cet égard, le sieur Casabianca, demandeur poursuivant l'enquête, se trouverait défendeur à la contre-enquête de ses adversaires, ce qu'on ne saurait admettre;

Considérant, d'ailleurs, que le jugement soumis à la Cour renferme une violation évidente de la disposition finale de l'article 280 du Code de Procédure Civile, prohibitive d'une seconde prorogation;

Considérant que le jugement du 6 Juillet avait déjà accordé au sieur Casabianca une prorogation de délai, dont il avait cru ne devoir pas profiter, et que, par là, il était déchu du droit de continuer son enquête;

Considérant que le jugement dont est appel, en le faisant participer à la prorogation de la contre-enquête, le relève de la déchéance qu'il avait encourue et lui accorde, en réalité, une seconde prorogation;

Considérant que si, d'après l'art. 256 du Code de Procédure Civile, la preuve contraire est de droit, il ne résulte nullement de cette disposition, uniquement relative au défendeur à l'enquête, que le demandeur puisse, après la clôture de son enquête, ou après avoir encouru la déchéance, procéder à la contre-enquête ; — Qu'une semblable pratique, si elle pouvait être consacrée par la jurisprudence, aurait pour résultat de rendre les enquêtes interminables et nous ramènerait aux anciens abus que la loi actuelle a eu pour but de proscrire ; — Que, par conséquent, c'est le cas d'annuler, quant à ce, la disposition du jugement attaqué ;

. . . .

SANS S'ARRÊTER à la fin de non-recevoir opposée à l'appel principal, et icelle REJETANT comme mal fondée ;

DISANT DROIT audit appel et RÉFORMANT le jugement attaqué,

DÉCLARE que les parties de Campana sont autorisées à procéder à la continuation de leur contraire enquête, en vertu du jugement du 6 Juillet dernier ;

DIT que M. le juge-commissaire sera tenu de répondre à leur requête du 14 Juillet, ou à telle autre qui lui serait adressée aux mêmes fins, et de fixer le jour de l'audition des témoins de la même contraire enquête ;

DÉCLARE, moyennant ce, que la prorogation accordée aux dames appelantes, par le jugement du 20 Juillet, sera réputée non avenue, ainsi que cela résulte implicitement des conclusions par elles prises devant la Cour ;

MET au néant la disposition du jugement du 20 Juillet dernier, qui admettait le sieur Casabianca à procéder à la contre-enquête de la contre-enquête des dames appelantes ;

. . . .

Chambre Civile. — M. CALMÈTES, *Premier Président.*

MM. TOMMASI, GAVINI, } *Avocats.*

DU 13 AOUT 1855.

1° APPEL. — SIGNIFICATION. — DÉLAI.
2° ACQUIESCEMENT. — SIGNIFICATION. — RÉSERVES. — COMMANDEMENT.
3° DERNIER RESSORT. — COMMANDEMENT. — DOMMAGES-INTÉRÊTS. — OPPOSITION.

1° La signification d'un jugement ne fait courir le délai de l'appel que contre la partie à qui elle est faite, et non contre celle par qui elle est faite : on ne se forclot pas soi-même [*Cod. Proc. Civ., Art. 443*] (1).

2° La signification d'un jugement, même accompagnée de réserves, emporte acquiescement à ce jugement, si ces réserves sont vagues et de pur style [*Cod. Proc., ibid.*] (2).

La signification d'un jugement faite avec commandement de l'exécuter emporte acquiescement, alors même qu'elle contient réserve expresse de la faculté d'appeler [*Cod. Proc., ibid.*] (3).

---

(1) Cette solution est conforme à la doctrine des auteurs. Voir, MERLIN, Quest. V° *Délai*, § 1 et V° *Appel*, § 1, n° 12; PIGEAU, *Comment.*, tom. 2, pag. 12; CARRÉ et CHAUVEAU, Quest. 1553; DALLOZ, *Jur. Gén.* 2ᵉ édit. V° *Appel civil*, nᵒˢ 920 et 921; RIVOIRE, *De l'appel*, n° 182; PONCET, tom. 1ᵉʳ, pag. 325; BERRIAT, pag. 116. — Cependant BOITARD, tom. 3, pag. 41, lui refuse son assentiment; à son sens, c'est établir une distinction que l'art. 443 n'autorise point. Mais il nous semble que le doute à cet égard n'est pas possible. L'art. 257 Cod. Proc. Civ. dispose, en effet, qu'en matière d'enquête, *les délais courent également contre la partie qui a fait la signification*. Évidemment le législateur n'eut point introduit une semblable exception, si elle ne lui eût pas paru nécessaire. Sic, DALLOZ et CHAUVEAU, *loc. cit.* Voir dans ce sens, Cass. 4 prairial an XI (S. 3. 1. 313), et Paris 18 février 1811 (S. 11. 2. 244). La jurisprudence admet cependant une exception à ce principe, et décide que la maxime : *On ne se forclot pas soi-même*, n'est pas applicable en matière d'ordre : Cass. 28 décembre 1808 (S. 9. 1. 131); Rej. 13 novembre 1821 (S. 22. 1. 19); Montpellier, 4 juin 1830 (S. V. 31. 2. 65); Grenoble, 4 février 1832 (S. V. 33. 2. 89).

(2) Ce point est constant en jurisprudence et en doctrine. Toutefois rappelons que les réserves ne perdent leur efficacité qu'autant qu'elles sont d'une généralité absolument insignifiante. Voir dans ce sens, Metz, 24 août 1813; Cass. 26 décembre 1815, 17 avril 1823, 20 août 1823, 30 décembre 1824, 15 juillet 1828, 15 décembre 1830 (J. Av. tom. 3, pag. 402 et 434; tom. 25, pag. 325; tom. 27, pag. 314; tom. 40, pag. 376; tom. 44, pag. 310). CHAUVEAU, Quest. 1576. — *Contrà*. Angers, 15 février 1829 (J. Av. tom. 36, pag. 332).

(3) Conf. Paris, 11 mars 1813 (D. A. 1. 119 — S. 14. 2. 378).

Contrà. Rennes, 20 mai 1820, 30 janvier 1834 (DALLOZ, *Jur. Gén.*, 2ᵉ édit., V° *Acquiesc.*, nᵒˢ 428 et 414); Req. 9 août 1826 (DALLOZ, *eod.* n° 415). Nous inclinons pour la solution de

3° Le débiteur qui forme opposition à un commandement de payer et en demande la nullité, doit être considéré comme demandeur dans l'instance, et les dommages-intérêts que réclame le créancier pour le préjudice à lui causé par cette opposition, doivent être considérés comme fondés exclusivement sur la demande principale de son adversaire.—Dès lors, ces dommages-intérêts ne doivent pas être pris en considération pour la détermination du premier ou du dernier ressort. [L. 11 Avril 1838, Art. 2; Cod. Proc. Civ., Art. 453] (4).

---

ces derniers arrêts. Par ces mots : *sous réserve d'appeler,* la partie exprime bien plutôt, selon nous, l'intention où elle est de dénoncer elle-même le jugement, que d'en suivre l'exécution. Et d'ailleurs, le commandement est un avertissement, une mise en demeure, au débiteur pour qu'il ait à déclarer son intention, et jamais une exécution.

(4) Cette question est encore vivement controversée en jurisprudence et parmi les auteurs. Quant à nous, nous pensons que la solution donnée par l'arrêt ci-dessus est la plus naturelle et la plus conforme au véritable esprit de la loi. Nous ne concevons pas, en effet, que le commandement, qui doit toujours précéder une saisie mobilière, puisse être considéré comme une demande en justice; puisqu'il est évident que le Tribunal n'est jamais saisi que par l'opposition de celui contre lequel les poursuites sont dirigées. Il suit donc forcément de cette vérité, que l'opposant au commandement doit être considéré comme demandeur principal; d'où il faut conclure, que les dommages-intérêts réclamés par l'opposant font partie de la demande et doivent être pris en considération pour déterminer le premier ou le dernier ressort; tandis que les dommages-intérêts que le créancier prétend devoir lui être alloués, à cause de l'opposition faite par le saisi, sont exclusivement fondés sur la demande principale, et ne peuvent avoir aucune influence sur la juridiction en premier ou en dernier ressort. Quoi qu'il en soit, voici l'indication des principaux arrêts qui se sont prononcés pour ou contre : Conf. Cass. 8 décembre 1841 (Dalloz, *Jur. Gén.* 2e édit. V° *Degrés de Juridiction*, n° 210 — S. V. 42. 1. 137); Limoges, 28 novembre 1846 et 30 janvier 1847 (S. V. 47. 2. 223 et 577); Nimes, 10 mars 1847 et 23 mai 1848 (D. P. 48. 2. 173 et 174 — S. V. 48. 2. 558); Bordeaux, 20 mars et 24 août 1849 (S. V. 49. 2. 167 et 485); Pascalis et Charlemagne, dans leurs observations sur l'art. 2 de la loi du 11 avril 1838; Duvergier, dans ses notes sur ce même article; Dalloz, *ubi suprà*, n° 202.

Contrà. Rej. 5 avril 1836; Bourges, 29 mai, et Angers, 14 août 1840; Bordeaux, 23 décembre 1843; Besançon, 26 janvier 1846; Bordeaux, 9 décembre 1852 (S. V. 36. 1. 392 — 40. 2. 366 et 498 — 44. 2. 371 — 47. 2. 577 — 53. 2. 204). Benech, *Des Tribunaux civils*, pag. 401 et suiv.

Nous croyons devoir faire remarquer que Bioche, qui avait adopté ce dernier système, semble se prononcer pour l'opinion contraire, dans la 3e édition de son ouvrage, V° *Appel*, n°s 126 et suiv.; et que Devilleneuve, dans ses notes sur les arrêts rendus par la Cour de Besançon le 26 janvier 1846 et par celle de Limoges le 28 novembre de la même année, *sup. cit.*, se prononce dans le sens de l'arrêt que nous rapportons, et abandonne l'avis qu'il avait manifesté dans son Recueil. tom. 44. 2. 571.

Mariani C. Alerini.

ARRÊT.

Après délibération en la Chambre du Conseil,

LA COUR; — sur les conclusions conformes de M. BERTRAND, Premier Avocat Général;

. . . .

EN CE QUI CONCERNE LE JUGEMENT DU 24 MARS 1854 :

Considérant qu'Alerini invoque deux fins de non-recevoir contre l'appel émis envers ce jugement, la première fondée sur sa tardivité, la deuxième sur l'acquiescement;

SUR LA TARDIVITÉ :

Considérant qu'Alerini soutient que son adversaire lui ayant fait signifier le jugement de condamnation le 3 Juin 1854, l'appel serait tardif, puisqu'il n'aurait été relevé que le 13 Janvier 1855, c'est-à-dire plus de trois mois après la signification du jugement;

Considérant que cette exception repose sur une interprétation erronée de l'article 443 du Code de Procédure Civile, et se trouve en opposition manifeste avec la doctrine et la jurisprudence; — Qu'il est généralement admis, en effet, que la signification n'entraine la déchéance du droit d'appel, après l'expiration des trois mois qui la suivent, qu'à l'égard de la partie à qui elle est faite, et non envers celle de qui elle émane;

Considérant que la signification d'un jugement, alors surtout qu'elle est accompagnée d'un commandement à fins d'exécution, présente tous les caractères d'une mise en demeure; — Qu'on ne saurait admettre que celui qui signifie le jugement puisse avoir la pensée ou la volonté de se constituer lui-même en demeure et de faire courir, à son propre préjudice, le délai de l'appel; — Que la maxime : *Nul ne se forclot soi-même* reçoit, dans cette hypothèse, sa plus exacte application ; —

Qu'on ne peut, avec fondement, invoquer à l'appui du système développé au nom d'Alerini la dernière disposition de l'article 443 du Code de Procédure Civile, laquelle a pour unique objet de relever de la présomption d'acquiescement l'intimé qui a fait la signification du jugement sans protestations ni réserves; — Qu'ainsi la première fin de non-recevoir doit être écartée;

Sur l'acquiescement :

Considérant qu'il est constant, en droit, que la signification pure et simple d'un jugement faite sans protestations ni réserves à la partie condamnée, emporte acquiescement et rend l'appel irrecevable;

Considérant que, si la signification est accompagnée de réserves, il y a lieu de distinguer les réserves vagues et de style, de celles qui manifestent l'intention de conserver la faculté d'appeler;

Considérant que les premières sont inefficaces et sans valeur; — Qu'à l'égard des réserves précises, il convient de distinguer encore si la signification est pure et simple, ou si elle a été faite avec commandement ou sommation d'exécuter le jugement signifié;

Considérant que, si les réserves expresses conservent le droit d'appeler, lorsque la signification est pure et simple, on ne saurait leur attribuer un tel effet, lorsqu'elle est accompagnée d'un commandement à fins d'exécution, suivant la maxime : *Protestatio actui contraria inutilis est, et nihil operatur;*

Considérant, en fait, que la signification du jugement du 24 Mars 1854 n'a été accompagnée que de réserves vagues, qui paraissent se référer bien moins au droit d'appeler qu'à celui de contraindre Alerini, par toutes les voies de droit, à l'exécution du jugement; — Que, d'autre part, la signification est accompagnée d'un commandement de satisfaire à la condamnation prononcée; — Qu'ainsi, à ce double point de vue, il y a lieu de reconnaître que l'exception de l'intimé est fondée, et que l'acquiescement de Mariani rend son appel irrecevable; — Que vainement on a soutenu que cet acquiescement était vicié par une erreur de droit, ayant pour base une fausse entente du jugement signifié;

Considérant que rien ne démontre ni que l'acquiescement fût le résultat d'une erreur, ni qu'il eût un caractère conditionnel ; — Que l'on doit naturellement présumer que Mariani a interprété le jugement du mois de Mars selon sa signification véritable, telle qu'elle a été déterminée par le Tribunal lui-même, dans son jugement interprétatif du 28 Octobre 1854 ;

Considérant que cette objection écartée, il demeure démontré que l'appel doit être rejeté comme irrecevable ;

En ce qui touche la fin de non-recevoir opposée a l'appel relevé envers le jugement du 28 Octobre 1854 :

Considérant que l'instance a été engagée par l'opposition d'Alerini au commandement de payer la somme de mille quatre cent trente-quatre francs, montant des condamnations prononcées en faveur de Mariani ; — Que le jugement intervenu sur un tel litige était évidemment dans les limites du dernier ressort ; — Qu'on soutient, en vain, que Mariani avait formé, devant le premier juge et sur l'opposition d'Alerini, une demande nouvelle ayant pour objet la condamnation de ce dernier au paiement de la somme de quatre cents francs à titre de dommages-intérêts, et que cette demande aurait élevé la valeur de l'instance au-dessus de quinze cents francs ;

Mais considérant qu'il résulte des conclusions de l'appelant devant le Tribunal de première instance, que la somme de quatre cents francs était réclamée à raison du préjudice qui lui aurait été inféré par l'opposition d'Alerini ;

Considérant qu'aux termes du § 3 de l'article 2 de la loi du 11 Avril 1838, il est statué en dernier ressort sur les demandes en dommages-intérêts, lorsqu'elles sont exclusivement fondées sur la demande principale ; — Qu'ainsi la demande de Mariani doit rester sans influence sur le caractère du jugement attaqué ;

. . . .

Déclare l'appel non recevable.

Chambre Civile. — M. CALMÈTES, *Premier Président.*

MM. Savelli, Milanta, } *Avocats.*

DU 13 NOVEMBRE 1855.

1° PÉREMPTION D'INSTANCE. — REPRISE D'INSTANCE. — INCONCILIABILITÉ.
2° REPRISE D'INSTANCE. — CHANGEMENT D'ÉTAT.

1° La demande en péremption et la demande en reprise d'une même instance sont inconciliables (1).

La demande en reprise couvre, par suite, la péremption, alors surtout que les deux demandes étant formées par le même exploit, il n'a pas été énoncé par le demandeur que la reprise d'instance n'avait d'autre but que d'arriver à la péremption (2).

2° Le simple changement d'état de l'une des parties ne donne pas lieu à la reprise d'instance [*Cod. Proc. Civ., Art. 344, 345*] (3).

Bartoli C. **la veuve Carabelli.**

ARRÊT.

Après délibération en la Chambre du Conseil,

LA COUR; — sur les conclusions contraires de M. BERTRAND, Premier Avocat Général;

Considérant que la dame Colomba Carabelli n'a point constitué avoué et qu'il y a lieu, par suite, de donner défaut contre elle, sauf à examiner si les demandes en reprise et en péremption d'instance formées par le sieur Ignace Bartoli doivent être accueillies;

(1-2) Conf. — Paris, 6 mai 1813 (J. Av. tom. 18, pag. 459); Cass. 22 janvier 1816 (J. Av. tom. 18, pag. 447); Cass. 12 novembre 1832 (S. V. 33. 1. 144); Rejet, 3 février 1835 et 19 janvier 1837 (S. V. 35. 1. 624 — 37. 1. 120); CHAUVEAU sur CARRÉ, Quest. 1424 *bis*; BIOCHE, V° *Péremption*, n° 146. Voir cependant en sens contraire Bordeaux 12 mai 1824 (S. 24. 2. 176).

(3) ..... Alors même que l'affaire ne serait pas en état, l'art. 345 ne faisant à cet égard aucune distinction : Rejet, 10 décembre 1812 (S. 14. 1. 196); Orléans, 9 janvier 1849 (S. V. 49. 2. 628); PIGEAU, tom. 1er, pag. 490; CARRÉ et CHAUVEAU, Quest. 1283; THOMINE-DESMAZURES, tom. 1er, 552; *Contrà*, DEMIAU-CROUZILHAC, pag. 256 et suiv.

Considérant que, par exploit du 21 Novembre 1839, la dame Colomba Carabelli releva appel d'un jugement rendu par le Tribunal civil de Sartene, dans le mois précédent, en faveur de la veuve Simon Bartoli;

Considérant que Me Progher, avoué constitué dans l'acte d'appel, est décédé sans que la dame Colomba Carabelli ait constitué un nouvel avoué; — Que plus de trois ans et six mois s'étant écoulés depuis la date de l'exploit qui a saisi la Cour, la péremption serait acquise si, d'ailleurs, aucun acte n'était venu conserver la vie à l'instance et couvrir la péremption;

Considérant que le sieur Ignace Bartoli, fils de l'intimé, étant devenu majeur, a déclaré, par exploit du 30 Juillet 1855, reprendre l'instance dans laquelle il avait été jusqu'à ce moment représenté par sa mère, et il a sommé, en même temps, la dame Colomba Carabelli de constituer un nouvel avoué en remplacement de Me Progher décédé; — Que, devant la Cour, il conclut pareillement à ce que ladite instance soit déclarée reprise;

Considérant qu'à la vérité le sieur Ignace Bartoli, soit dans l'exploit du 30 Juillet 1855, soit devant la Cour, a conclu à ce que l'instance dont il s'agit soit déclarée éteinte par la péremption;

Considérant que la demande en reprise et la demande en péremption d'une même instance sont contradictoires et inconciliables, puisque la reprise d'une instance implique la volonté de la poursuivre suivant les derniers errements de la procédure, et fait par cela même obstacle à la péremption;

Considérant que vainement on objecterait que la reprise de l'instance de la part du mineur Ignace Bartoli, devenu majeur, n'avait d'autre but que de faire constater sa qualité pour demander la péremption;

Considérant que ni l'exploit du 30 Juillet dernier, ni les conclusions développées devant la Cour ne renferment une semblable énonciation;

Considérant, d'ailleurs, que de la combinaison des articles 344 et 345 du Code de Procédure, il résulte qu'il n'y a lieu à reprise d'instance que dans le cas de mort naturelle ou civile de l'une des parties; — Que, par suite, un simple changement d'état, tel que le passage de la minorité à la majorité, ne rend point ce préalable nécessaire, et le mineur devenu majeur peut ou continuer la procédure en son nom, ou demander la péremption, sans être tenu de reprendre l'instance;

Considérant que, de ce qui précède, il résulte que l'instance d'appel introduite par l'exploit du 21 Novembre 1839, à la requête de la dame Colomba Carabelli, doit être déclarée valablement reprise et la demande en péremption, au contraire, mal fondée;

. . . .

Donne défaut contre la dame Colomba Carabelli;

Pour le profit,

Déclare valablement reprise l'instance d'appel portée devant la Cour par l'exploit du 21 Novembre 1839;

Dit que la demande en péremption n'est pas fondée;

Ordonne que ladite instance sera continuée suivant les derniers errements de la procédure;

. . . .

Chambre Civile. — M. CALMÈTES, *Premier Président.*

M. Gafforj, *Avocat.*

DU 17 NOVEMBRE 1855.

AVOCATS. — CONSEIL DE DISCIPLINE. — RECOURS. — DÉLAI. — STAGE. — INSCRIPTION AU TABLEAU. — ÉLECTIONS.

Le recours du Procureur Général pour faire réprimer les excès de pouvoir commis par les Conseils de l'Ordre des Avocats n'est soumis à aucun délai fatal [*Décret, 30 Mars 1808, Art. 79*] (1).

Le stage des Avocats, dont la durée est fixée à trois années par l'article 30 de l'Ordonnance du 20 Novembre 1822, ne peut être ni suppléé ni abrégé par les Conseils de Discipline.

Sont nulles les Élections du Conseil de Discipline auxquelles ont concouru des Avocats inscrits au tableau avant qu'ils eussent complété leurs trois années de stage..... alors que leur concours a influé sur ces élections (2).

Et le Procureur Général est recevable à critiquer une telle inscription. Vainement on invoquerait la maxime que LES AVOCATS SONT MAÎTRES DE LEUR TABLEAU. *Cette maxime est inapplicable au cas où l'admission ou le rejet d'une demande en inscription ont été prononcés contrairement aux Lois et Règlements sur la profession d'Avocat.*

Cuneo et consorts.

ARRÊT.

Après délibération en la Chambre du Conseil,

LA COUR ; — sur les réquisitions de M. SIGAUDY, Procureur Général ;

I. SUR LA FIN DE NON-RECEVOIR OPPOSÉE A L'ACTION DU MINISTÈRE PUBLIC :

Considérant que le recours du Procureur Général, agissant en vertu des pouvoirs qui lui sont conférés par l'article 79 du décret du 30

---

(1) Conf. Orléans, 4 mars 1837 (Sirey. 37. 2. 234) ; Cass. 7 juin 1847 (Sirey. 47. 1. 606) ; Cass. 8 février 1854 (Sirey. 54. 1. 261).

(2) Conf. Bourges, 12 mars 1834 (Sirey. 34. 2. 669) ; Grenoble, 20 décembre 1835 (Sirey. 36. 2. 12) ; Agen, 17 mai 1837 (Sirey. 37. 2. 314).

Mars 1808, pour faire réprimer les excès de pouvoir commis par les Conseils de Discipline de l'Ordre des Avocats, n'est soumis à aucun délai fatal ; — qu'ainsi la fin de non-recevoir doit être rejetée ;

II. En ce qui touche l'inscription au tableau des Avocats du barreau d'Ajaccio de MM. Cuneo d'Ornano et Nyer, avocats stagiaires :

Considérant qu'il est constant, en fait, que Me Cuneo d'Ornano a commencé son stage devant le Tribunal d'Ajaccio, le 14 Avril 1853, et Me Nyer le 1er Septembre de la même année ;

Considérant que, par délibération du 16 Décembre 1854, le Tribunal d'Ajaccio, remplissant les fonctions de Conseil de Discipline, a affranchi MMes Cuneo d'Ornano et Nyer du reste de leur stage et ordonné leur inscription au tableau de l'Ordre ; — Que, quelques heures après cette décision, les membres du barreau présents à Ajaccio se sont réunis, sans lettres de convocation, pour procéder à l'élection du Bâtonnier et à celle du Conseil de Discipline ; — Que MMes Cuneo d'Ornano et Nyer ont pris part à cette double opération, et qu'ils ont été élus eux-mêmes membres du Conseil de Discipline ;

Considérant, en droit, qu'aux termes de l'article 30 de l'Ordonnance du 20 Novembre 1822, la durée du stage est de trois années ; — Que, suivant l'article 32, les Conseils de Discipline peuvent prolonger la durée du stage, mais qu'aucune loi ne les autorise à le supprimer ou à l'abréger ;

Considérant que, d'après l'article 13 de cette même Ordonnance, les Conseils de Discipline statuent sur l'inscription au tableau des Avocats stagiaires, après l'expiration de leur stage ; — Que de ces diverses opérations combinées, il résulte manifestement que la décision du Tribunal d'Ajaccio, du 16 Décembre dernier, a ordonné illégalement l'inscription au tableau des Avocats de MM. Cuneo d'Ornano et Nyer, et qu'elle doit être annulée ;

Considérant que la violation de la loi commise par le Tribunal d'Ajaccio en a amené de non moins graves dans la convocation de l'Ordre, dans l'élection du Bâtonnier et celle du Conseil de Discipline ; — Qu'on a vu, en effet, dans cette circonstance, deux Avocats stagiaires concourir à leur propre nomination comme membres du Conseil de Discipline, dans une assemblée composée de six Avocats, dont ils faisaient eux-mêmes parties;

Considérant que vainement pour justifier ces pratiques insolites MM^{es} Cuneo d'Ornano et Nyer se sont efforcés, dans les observations qu'ils ont adressées à la Cour, de placer leur inscription au tableau sous la protection de la maxime : *Les Avocats sont maîtres de leur tableau*, et soutiennent que les décisions des Conseils de Discipline, à cet égard, sont à l'abri de toute action de la part du Ministère public;

Considérant qu'une semblable exception est dénuée de tout fondement; — Qu'en effet, la régularité de l'assemblée de l'Ordre des Avocats et de ses délibérations, l'élection du Bâtonnier et celle du Conseil de Discipline, sont essentiellement d'ordre et d'intérêt public; — Qu'à ce titre, les Cours Impériales sont investies d'un droit de haute surveillance sur tout ce qui se rattache aux assemblées des Avocats, à la constitution régulière du Conseil de Discipline et à la nomination du Bâtonnier;— Que la maxime : *Les Avocats sont maîtres de leur tableau*, a pour unique effet de protéger les décisions du Conseil de Discipline, qui, par des considérations fondées sur la probité, la moralité ou la capacité, admettent ou repoussent des demandes en inscription, ou prononcent la radiation d'Avocats déjà inscrits; — Que ces décisions devaient être revêtues d'un caractère de souveraineté, parce que les Avocats sont les gardiens de l'honneur de leur ordre; — Mais qu'il n'en saurait être ainsi, et que la maxime cesse d'être applicable, lorsque l'admission ou le rejet d'une demande en inscription a été prononcée contrairement aux lois et règlements sur la profession d'Avocat;

III. EN CE QUI CONCERNE LA DÉCISION DU TRIBUNAL DE CORTE QUI ORDONNE L'INSCRIPTION AU TABLEAU DES AVOCATS DE MM^{es} BENEDETTI ET ROSSI, AVOCATS STAGIAIRES :

Considérant que Me Benedetti a été admis au stage le 1er Janvier 1853 et Me Rossi le 12 du même mois;

Considérant que le Tribunal de Corte, remplissant les fonctions de Conseil de Discipline, a ordonné, par décision du 23 Novembre 1854, leur inscription au tableau de l'Ordre ; — Que cette décision est irrégulière, contraire à la loi et doit être annulée ;

STATUANT contradictoirement à l'égard de Me Benedetti, et en l'absence de MM[es] Cuneo d'Ornano, Nyer et Rossi qui n'ont point comparu à cette audience ;

ANNULLE : 1° La décision du Tribunal d'Ajaccio en date du 16 Décembre 1854, qui a illégalement ordonné l'inscription au tableau de l'Ordre des Avocats de MM[es] Cuneo d'Ornano et Nyer dont le stage n'était pas terminé ;

2° La décision du Tribunal de Corte en date du 25 Novembre dernier, qui ordonne l'inscription au tableau de l'Ordre de MM[es] Rossi et Benedetti avant l'expiration de leur stage ;

DIT que le présent arrêt sera transcrit, à la diligence de M. le Procureur Général, en marge des décisions annulées, sur les registres des Tribunaux d'Ajaccio et de Corte ;

. . . .

Audience solennelle. — M. CALMÈTES, *Premier Président.*

M. MILANTA, *Avocat.*

DU 21 NOVEMBRE 1855.

RACHAT. — RÉMÉRÉ. — CESSION. — ANNULATION. — RACHAT EXERCÉ. — EFFETS.

Si l'acte de cession d'un droit de rachat est annulé, comme étant le résultat d'une contrainte morale exercée envers le cédant, le rachat exercé par le cessionnaire, avant l'annulation de la cession, doit profiter au vendeur à pacte de rachat, et le cessionnaire est tenu de délaisser en sa faveur les immeubles que le réméré avait mis en son pouvoir (1).

Fabiani C. Liccia.

ARRÊT.

Après délibération en la Chambre du Conseil,

La Cour ; — sur les conclusions conformes de M. Bertrand, Premier Avocat Général ;

Sur l'appel principal :

Considérant qu'il résulte des faits et circonstances de la cause et particulièrement des enquêtes mises sous les yeux de la Cour, que l'acte de vente du 30 Juillet 1850 n'est pas sincère, et qu'il est le résultat d'une contrainte morale exercée par Fabiani envers Liccia ;

Considérant qu'il est pleinement justifié que Fabiani n'a pas compté à l'intimé le prix de la vente dont il réclame cependant l'exécution ; — Que, par conséquent, c'est à bon droit que le Tribunal de première instance a prononcé l'annulation de cet acte, et ordonné en faveur de Liccia le délaissement des immeubles détenus par Fabiani ;

---

(1) Il semble en effet évident que, dans l'espèce, le cessionnaire doit être considéré comme le *negotiorum gestor*, ou tout au moins comme le prête-nom du cédant ; et que, par suite, celui-ci doit profiter de tout ce qui a été fait dans son intérêt. Voir anal. Rejet 7 avril 1813 ; Cass. 15 juin de la même année (S. 13. 1. 374 et 376) ; Toulouse, 22 février 1828 (S. 28. 2. 263) ; Bordeaux, 21 novembre 1828 (S. 29. 2. 253) ; Rejet, 27 avril 1831 (S. V. 31. 1. 104).

Sur l'appel incident :

Considérant qu'indépendamment de la vente des immeubles qui y sont dénommés, l'acte du 30 Juillet 1850 portait cession, en faveur de Fabiani, du droit d'exercer le rachat de deux immeubles antérieurement vendus par Liccia au sieur Suzzoni, avec faculté de réméré pendant deux ans;

Considérant que le sieur Fabiani, en vertu de la cession prémentionnée, a exercé le droit de rachat sur ces deux immeubles, et en a pris possession;

Considérant que l'acte du 30 Juillet 1850 étant annulé, il est manifeste que le réméré exercé envers le sieur Suzzoni ne doit profiter qu'au sieur Liccia, et qu'il y a lieu d'ordonner, en sa faveur, le délaissement des deux immeubles rachetés, puisque le sieur Fabiani ne saurait désormais les détenir à aucun titre légitime;

Considérant que les réserves contenues dans le jugement attaqué ne donnaient pas une suffisante satisfaction au sieur Liccia et se trouvaient, d'ailleurs, en contradiction avec la disposition qui prononce l'annulation de l'acte de vente;

. . . .

Démet Fabiani de son appel principal;

Et disant droit à l'appel incident du sieur Liccia,

Met au néant la disposition du jugement qui lui réservait le droit de répéter de Fabiani les sommes dont celui-ci aurait pu profiter par la revente des immeubles rachetés du sieur Suzzoni;

Quoi faisant, condamne Fabiani à délaisser et abandonner au sieur Liccia les immeubles par lui rachetés du sieur Suzzoni, sous l'obligation expressément imposée au sieur Liccia de rembourser à Fabiani, préalablement au délaissement de ces deux immeubles, toutes les sommes que ce dernier aurait déboursées pour l'exercice du réméré;

. . . .

Chambre Civile. — M. CALMÈTES, *Premier Président.*

MM. Gavini, Savelli, } *Avocats.*

DU 11 DÉCEMBRE 1855.

VENTE. — TROUBLE PARTIEL. — CAUTION INTÉGRALE. — PRIX. — PAIEMENT PARTIEL. — CAUTION A FOURNIR PAR LE VENDEUR. — CAUTION. — CAPITAL. — INTÉRÊTS.

Au cas de trouble partiel, les Tribunaux peuvent cependant condamner le vendeur à fournir caution intégrale pour le prix, ou la partie du prix qui lui est payé par l'acheteur (1).

S'il n'est payé qu'une partie du prix, les Tribunaux peuvent décider que la portion du prix qui reste entre les mains de l'acheteur, n'affranchit pas le vendeur de fournir caution pour les sommes qu'il reçoit (2).

Il n'est pas dû caution pour les intérêts du prix de vente, mais seulement pour le capital (3).

Bartoli C. Cardi.

ARRÊT.

Après délibération en la Chambre du Conseil,

La Cour ; — sur les conclusions conformes de M. Bertrand, Premier Avocat Général ;

. . . .

Sur l'appel incident :

1er Grief. — Considérant que le sieur Cardi soutient, que le sieur Bartoli ayant acheté, par l'acte du 25 Octobre 1853, treize lots de terrain, au prix de quatre mille francs payables en deux termes égaux,

---

(1-2-3) Voir sur ces questions et dans le même sens : Turin 5 juillet 1808 et 18 juin 1811; Bordeaux 17 février 1812 (S. 12. 2. 281, 377, 391); Cass. 22 novembre 1826 (S. 27. 1. 230); Riom 2 janvier 1830 (S. V. 31. 2. 41); Bordeaux 28 juin 1831 (S. V. 31. 2. 334); Duranton, tom. 16, n° 353; Troplong, *De la Vente*, tom. 2, nos 611, 612, 618; Duvergier, tom. 1er, nos 422 et 427.

dont le premier seulement est exigible, et l'acheteur n'étant menacé d'éviction qu'à l'égard de l'un de ces lots portant le n° 694, c'est mal-à-propos que le Tribunal de première instance a ordonné qu'il serait fourni caution pour la somme intégrale de deux mille francs; — Que dans le système qui sert de base à l'appel incident si, en principe, l'acheteur troublé par une action hypothécaire, ou une action en revendication, peut suspendre le paiement du prix jusqu'à ce que le vendeur lui ait fourni une caution suffisante, dans l'espèce, la caution devrait être proportionnelle à la valeur du lot sujet à éviction, et non égale au montant de la somme à payer;

Mais considérant qu'il n'existe dans la cause aucun document qui puisse mettre à même la Cour d'apprécier cette valeur; — Que, dans la pensée du sieur Bartoli, les treize lots par lui achetés formaient un tout indivisible dont le n° 694 constituait la partie la plus importante; — Que, par conséquent, c'est avec juste raison que le sieur Bartoli s'oppose au cautionnement proportionnel auquel le sieur Cardi voudrait restreindre son obligation;

2e Grief. — Considérant, d'autre part, que le sieur Cardi soutient encore que le jugement attaqué lui a inféré grief en ordonnant que la caution comprendrait les intérêts payés, ainsi que le capital de la somme de deux mille francs;

Considérant, en droit, que l'article 1653 du Code Napoléon n'autorise nullement l'acquéreur, au cas de trouble, à suspendre le paiement des intérêts; — Que les fruits de l'immeuble dont il jouit sont la juste représentation des intérêts qu'il paye et constituent entre ses mains une suffisante garantie pour le cas où il viendrait à être évincé de l'immeuble acheté; — Qu'il y a lieu, par suite, de dire droit à l'appel incident quant à ce;

3e Grief. — Considérant que d'après l'article 1653 précité, la caution, au cas de trouble, doit être fournie par le vendeur lui-même, eu égard au montant des sommes dont il reçoit le paiement; — Que le Tribunal de première instance a fait une exacte application de ce principe en condamnant le sieur Cardi à fournir caution pour la somme de deux mille francs, moitié du prix des immeubles par lui aliénés;

Considérant que vainement le sieur Cardi prétend qu'il devrait être affranchi de tout bail de caution, puisque le sieur Bartoli, après avoir payé les deux mille francs ci-dessus, resterait encore détenteur de la deuxième partie du prix, qui ne sera exigible qu'en Septembre 1856 ;

Considérant, en effet, que la valeur proportionnelle du lot n° 694, objet de la demande en délaissement du sieur Castelli, étant indéterminée, le sieur Bartoli pourrait ne pas trouver, dans la somme de deux mille francs, non encore exigible, une garantie suffisante pour la restitution du prix et le paiement des dommages-intérêts qui lui seront dus au cas d'éviction ; — Que, par conséquent, le troisième grief de l'appel incident n'est nullement fondé ;

. . . .

Met au néant la disposition du jugement qui condamnait le sieur Cardi à fournir bonne et valable caution pour les intérêts du prix de la vente dont il recevait le paiement ;

Pour le surplus, CONFIRME.

. . . .

Chambre Civile. — M. CALMÈTES, *Premier Président.*

MM. OLLAGNIER, GAFFORJ, } *Avocats.*

DU 12 DÉCEMBRE 1855.

INSTANCE EN PARTAGE. — DEMANDES NOUVELLES. — CARACTÈRE PROVISOIRE.

Il est de principe que tout est provisoire dans les instances en partage, tant qu'il n'est pas intervenu sur les prétentions respectives des parties une solution définitive (1).

Avant le partage, l'un des cohéritiers ne peut exiger la délivrance de l'un des immeubles à partager.

Filippini C. **Pieraggi.**

ARRÊT.

Après délibération en la Chambre du Conseil,

La Cour; — sur les conclusions conformes de M. Bertrand, Premier Avocat Général;

Sur la question relative a la nullité de la demande d'Endymion Pieraggi :

Considérant qu'il est de principe que tout est provisoire dans les instances en partage, tant qu'il n'est pas intervenu, sur les prétentions respectives des parties, une solution définitive;

Considérant que le jugement soumis à l'appréciation de la Cour a été rendu dans une instance en partage pendante devant le Tribunal de première instance de Bastia; — Que l'arrêt du 22 Février 1840 ne constitue nullement la chose jugée relativement à la demande en délivrance de la *Feniera;* — Qu'une telle demande pouvait être incontes-

---

(1) Conf. Bourges, 3 mai 1824 (S. 25. 2. 210); Bastia, 14 avril 1824 (V. Not. Rec. tom. 2); Cass. 3 mai 1848 (S. V. 48. 1. 634); Rejet, 21 décembre 1841 (S. V. 42. 1. 158); *Idem*, 12 août 1844 (S. V. 45. 1. 42).

tablement formée par des conclusions incidentes prises à l'audience ; — Qu'ainsi le moyen de nullité opposé à la demande d'Endymion Pieraggi doit être écarté ;

Au fond :

Considérant que les droits d'Endymion Pieraggi à la propriété de l'immeuble la *Feniera* est incertain et problématique ; — Que, dès lors, ledit Pieraggi ne pouvait exiger et obtenir la délivrance provisoire d'un immeuble qui, suivant les résultats du partage, pourra ne jamais lui appartenir ; — Qu'il est de l'intérêt de toutes les parties que les administrateurs, nommés par l'ordonnance de référé du 4 Octobre 1844, continuent à gérer les biens meubles et immeubles qui sont l'objet de ladite instance en partage ;

. . . .

Sans s'arrêter au moyen de nullité opposé à la demande en délivrance à titre provisoire de la *Feniera* ;

Réformant quant à ce seulement,

Déclare ladite demande mal fondée ;

Pour le surplus, confirme.

Chambre Civile. — M. CALMÈTES, *Premier Président.*

MM. Milanta, Gavini, } *Avocats.*

DU 12 DÉCEMBRE 1855.

INTÉRÊTS. — PAIEMENT. — IMPUTATION. — PRESCRIPTION QUINQUENNALE.

Les intérêts dont le paiement a eu lieu par imputation des à-comptes reçus avant les cinq années qui ont précédé la demande, sont irrévocablement acquis au créancier et aucune prescription ultérieure ne saurait invalider l'effet de ces paiements (1).

Benedetti C. **Pieraggi.**

ARRÊT.

La Cour ; — sur les conclusions conformes de M. Bertrand, Premier Avocat Général ;

. . . .

Sur l'appel incident :

Considérant qu'il est de principe, en droit, que les à-comptes payés sur une dette productive d'intérêts, lorsque ni le débiteur ni le créancier ne se sont expliqués sur la question relative à l'imputation, doivent être affectés d'abord au paiement des intérêts échus et, s'il y a lieu, au paiement du capital ;

Considérant que les intérêts ainsi payés sont irrévocablement acquis au créancier, et que l'efficacité de ce paiement ne peut être invalidée par aucune prescription ultérieure ; — Que la prescription ne constitue, en effet, qu'une exception que le débiteur peut invoquer pour s'affranchir du paiement qui lui est demandé et non un moyen pour faire prononcer l'annulation des paiements antérieurs par lui volontairement effectués ;

---

(1) Voir Conf., mais dans des espèces seulement analogues, Rejet 3 février 1819 (S. 19. 1. 279) ; *idem* 11 février 1829 (S. 29. 1. 151) ; Toullier, tom. 7, n° 389.

Considérant, en fait, qu'il est constant que divers à-comptes ont été payés par le sieur Pieraggi entre les mains des frères Benedetti, antérieurement aux cinq années qui ont précédé l'introduction de l'instance; — Que, suivant les règles en matière d'imputation des paiements, ces à-comptes ont dû s'imputer d'abord sur les intérêts du billet de dix mille francs et pour le surplus, s'il en existait, sur le capital;

Considérant que le Tribunal de première instance a inféré un grief manifeste aux frères Benedetti, et méconnu les droits irrévocables résultant pour eux des à-comptes payés, en ne leur accordant que les intérêts des cinq années antérieures à la demande, et en les privant ainsi du bénéfice du paiement par imputation en ce qui concerne les intérêts échus avant ces cinq années;

Considérant, au surplus, que la prescription quinquennale s'applique à tous les intérêts venus à échéance et non payés avant les cinq années qui ont précédé l'introduction de l'instance et que, sous ce rapport, la décision du premier juge est irréprochable;

. . . .

Disant droit à l'appel incident quant à ce seulement,

Déclare que l'imputation des à-comptes payés par le sieur Pieraggi entre les mains des frères Benedetti antérieurement aux cinq années qui ont précédé l'introduction de l'instance, sera effectuée, à leurs dates respectives, sur les intérêts échus du billet de dix mille francs et, pour le surplus, sur le capital;

Valide, par suite, la saisie-arrêt jusqu'à concurrence de la somme de neuf mille neuf cent quatre-vingts francs, quatre-vingt-dix centimes et des intérêts d'icelle à compter de la demande;

Pour le surplus, confirme.

Chambre Civile. — M. CALMÈTES, *Premier Président.*

MM. Milanta, Camoin-Vence, } *Avocats.*

DU 26 DÉCEMBRE 1855.

1° DOT. — INTÉRÊTS. — ALIMENTS. — COMPENSATION.
2° DON MANUEL. — PRÉCIPUT. — PREUVE TESTIMONIALE.
3° DONATION DÉGUISÉE. — PRÉCIPUT. — DOL ET FRAUDE.

1° La femme dotale qui, après le décès de son mari, s'est fait fournir des aliments sur la succession de ce dernier, même après l'an de deuil, perd le droit d'exiger les intérêts de sa dot. La règle établie à ce sujet par l'article 1570 du Code Napoléon, pour l'an de deuil, est applicable également, et à plus forte raison, au temps qui suit cette première année de veuvage (1).

2° Les dons manuels ne sont pas, de plein droit, réputés faits par préciput et avec dispense de rapport.... Et la preuve de l'intention du donateur à cet égard ne peut, en l'absence de tout écrit de sa part, être établie au

---

(1) Cette décision, neuve en jurisprudence, nous semble fondée sur une saine interprétation des termes mêmes de l'art. 1570 Cod. Nap. Les anciens auteurs enseignaient que les intérêts de la dot promise se compensaient avec les aliments fournis par le constituant, pendant tout le temps que, sans y être obligé par une stipulation expresse du contrat de mariage, il avait entretenu les époux dans sa maison. Cette décision a été admise, sans la moindre difficulté, par les jurisconsultes modernes. Voir RODIÈRE et PONT, *Cont. de mariage*, tom. 1er, n° 117, ainsi que TROPLONG, *eodem*, tom. 4, n° 3096, et les autorités qu'ils citent. Cependant le système de la compensation ne découle pas aussi naturellement des art. 1440 et 1548 que de l'art. 1570 précité, puisque les deux premiers se bornent à dire que les intérêts de la dot courent de plein droit, et n'ajoutent pas, comme le troisième, que la femme aura le choix d'exiger les intérêts de sa dot, ou de se faire fournir des aliments, pendant l'an de deuil. Il nous paraît donc évident que la compensation, qui s'opère dans le cas prévu par les art. 1440 et 1548, doit à plus forte raison avoir lieu dans l'hypothèse de l'art 1570. D'ailleurs, il serait, selon nous, bien difficile, pour ne pas dire impossible, de trouver des raisons plausibles pour rejeter, pendant le temps qui suit l'an de deuil, le droit d'option conféré à la femme, durant cette même année et dans son intérêt. Or la reconnaissance de ce droit nous semble entraîner la conséquence nécessaire que les aliments fournis, dans l'un comme dans l'autre cas, représentent les intérêts de la dot et en forment l'équivalent.

moyen de la preuve testimoniale ou des circonstances de la cause [*Cod. Nap. Art. 843 et 919*] (2).

3° Quid, au cas de donation déguisée sous la forme d'un contrat à titre onéreux? — La dispense de rapport peut-elle alors être déduite des termes de l'acte interprété par les circonstances? [*Arg. Aff.*] (3).

(2-3) Chacun connaît les longues controverses qui se sont élevées, d'abord sur la validité des donations déguisées sous la forme de contrats à titre onéreux, et ensuite sur les conséquences que cette validité, une fois admise, doit entraîner en faveur des donataires. On ne conteste plus guère, devant les tribunaux, l'efficacité de ces même donations, quoique le principe de leur validité soit encore critiqué par quelques auteurs; mais on est bien loin de s'accorder sur le point de savoir, si les avantages qu'elles confèrent doivent être, de plein droit, considérés comme faits par préciput et hors part, ou tout au contraire, s'ils sont soumis à la loi générale du rapport. Ces deux systèmes ont été soutenus, dans tous leurs développements, par MM. Massé et Pont qui citent, chacun à l'appui de sa thèse, l'autorité de plusieurs arrêts et de différents jurisconsultes, et nous croyons pouvoir nous en rapporter à leurs dissertations, qui sont insérées dans le recueil général de Sirey et Devilleneuve, Collect. Nouv. 4. 2. 365 et 5. 1. 362.— Au milieu de ce conflit d'opinions, la Cour de Cassation, par de nombreux arrêts, a décidé que les juges ont une espèce de pouvoir discrétionnaire pour déclarer si, d'après les circonstances, le donateur a eu l'intention de dispenser ou de ne pas dispenser du rapport; et qu'il n'est pas nécessaire, pour que cette dispense ait lieu, qu'elle soit exprimée en termes formels et précis. C'est dans ce sens que paraît se prononcer l'arrêt que nous recueillons; et nous indiquerons, comme ayant embrassé le même terme moyen : Rej. 3 août 1841 (D. P. 41. 1. 334 — S. V. 41. 1. 621); Rej. 20 mars 1843 (D. P. 43. 1. 145 — S. V. 43. 1. 451); Cass. 20 décembre 1843 (D. P. 44. 1. 117 — S. V. 44. 1. 13); Rej. 16 juillet et 6 novembre 1855 (D. P. 55. 1. 419 et 433 — S. V. 56. 1. 246 et 248).

Cela posé, nous avons à nous demander quels sont les principes que l'on doit appliquer aux dons manuels et occultes, c'est-à-dire non constatés par un acte écrit; et il nous semble que le système exclusif adopté par la Cour de Bastia ne devrait pas être préféré. Nous inclinerions, en effet, à penser que tous les arguments invoqués pour établir que les donations déguisées, sous la forme de contrats à titre onéreux, doivent être considérées comme dispensées, de plein droit, du rapport, sont, à plus forte raison, applicables aux dons manuels qui ne résultent d'aucun écrit : car on ne saurait douter que le donateur ait eu l'intention de cacher aux autres héritiers le don qu'il vient de faire, et surtout de les mettre dans l'impossibilité de produire un titre pour justifier la demande en rapport qu'ils voudraient faire. — En tout cas, et lors même que l'on ne voudrait pas aller aussi loin, nous ne voyons pas comment il est possible de repousser, en matière de dons manuels, la jurisprudence de la Cour de Cassation relative aux donations déguisées, et de ne pas reconnaître aux tribunaux le pouvoir de se décider d'après les circonstances, qui démontrent presque toujours, comme le dit Troplong, *Des Donat. et Test.*, tom. 2, n° 865, que le disposant a eu l'intention de ne pas imposer le rapport. — Pour soutenir que les dons manuels sont dispensés de tout rapport, on peut voir : Rej. 13 janvier 1807 (S. 7. 1. 121); Bordeaux, 2 mai

Les donations déguisées ne sont valables qu'autant que le déguisement ne sert pas de voile au dol et à la fraude (Cod. Nap., Art. 893).

Morati C. **Morati.**

ARRÊT.

Après délibération en la Chambre du Conseil,

LA COUR; — sur les conclusions de M. BERTRAND, Premier Avocat Général;

SUR LE PREMIER GRIEF DE L'APPEL PRINCIPAL ET DE L'APPEL INCIDENT, RELATIFS AUX INTÉRÊTS DE LA DOT DE LA DAME MARIE-THÉRÈSE ITALIANI, VEUVE DE JEAN-BAPTISTE MORATI :

Considérant que les premiers juges, en condamnant les héritiers de François-Marie Morati à restituer, à la dame Marie-Thérèse Italiani, le montant de sa dot consistant en une somme de 6,000 francs *avec les intérêts légaux*, n'ont pas suffisamment exprimé quel était le point de départ de ces intérêts; — Qu'ainsi, en réformant, quant à ce, le jugement attaqué, c'est le cas de rechercher à compter de quelle époque le paiement de ces intérêts doit avoir lieu;

Considérant qu'il n'est pas contesté que Marie-Thérèse Italiani n'ait continué à résider auprès de son beau-père François-Marie Morati, depuis le 29 Septembre 1849, jour du décès de son mari, jusqu'au mois d'Avril 1852; — Qu'elle y a trouvé l'habitation et reçu les aliments pour elle et pour ses deux enfants;

1831 (S. V. 31. 2. 344). CHABOT, Quest. *Transit.*, V° *Dons manuels*, n° 2; TOULLIER, tom. 5, n° 178; MERLIN, Répert. V° *Rapp. à success.*, § 4, art. 2, n° 11; POUJOL, *Des Success.*, art. 843, n° 13. — Et en sens contraire, DURANTON, tom. 7, n°s 305 et 306; BELOST-JOLYMONT sur CHABOT, *Observ.* 4. — Si l'on veut seulement se décider selon les circonstances pour ou contre le rapport, on pourra consulter : Rej. 12 août 1844 (S. V. 45. 1. 42); Rouen, 12 mars 1845 (S. V. 45. 2. 464); TROPLONG, *ub. sup.*, et les arrêts qu'il cite en note.

Considérant que, d'après l'article 1570 du Code Napoléon, pendant l'année du deuil, la femme a le choix d'exiger les intérêts de sa dot, ou de se faire fournir des aliments aux dépens de la succession de son mari; — D'où résulte que les aliments représentent les intérêts de la dot et en forment l'équivalent; — Que s'il en est ainsi dans l'année du deuil, durant laquelle la femme a été l'objet de la sollicitude particulière du législateur, à plus forte raison faudra-t-il se conformer à cette règle pendant le temps qui suivra la première année du veuvage; — Que, par conséquent, il y a lieu de décider qu'il s'est opéré une juste compensation entre les intérêts de la dot de la dame Marie-Thérèse Italiani et les aliments qu'elle a reçus chez son beau-père, jusqu'au mois d'Avril 1852;

. . . .

Sur le troisième grief de l'appel principal relatif aux diverses acquisitions d'immeubles faites par le sieur Jean-Baptiste Morati :

Considérant que les immeubles dont il s'agit n'ont jamais appartenu à François-Marie Morati; — Qu'il n'a pu, dès lors, en disposer à un titre quelconque en faveur de Jean-Baptiste Morati, son fils; — Que, par conséquent, c'est mal-à-propos que le Tribunal de première instance a ordonné le rapport de ces immeubles à l'hoirie de François-Marie Morati et que sa décision, à cet égard, doit être réformée;

Considérant qu'il est, au contraire, constant au procès que François-Marie Morati avait fait don à Jean-Baptiste, son fils aîné, d'une somme de 3,240 francs, que ce dernier employa en acquisition d'immeubles, mais à laquelle il aurait pu donner une autre affectation, ou dissiper si telle eût été sa volonté;

Considérant que les immeubles ainsi achetés sont devenus incontestablement la propriété de Jean-Baptiste Morati, qui doit uniquement compte à la succession de François-Marie, son père, de la somme qu'il avait reçue de celui-ci; — Que la principale difficulté du litige consiste à déterminer le caractère de cette libéralité et notamment si elle constitue un don en avancement d'hoirie, ou bien une donation par préciput imputable sur la portion disponible;

Considérant, d'abord, qu'il est inutile de rechercher quels sont les effets de la donation déguisée sous la forme d'un contrat à titre onéreux ; — Que dans la cause il n'existe aucune libéralité de ce genre, le sieur François-Marie Morati s'étant borné à remettre manuellement à son fils Jean-Baptiste la somme prémentionnée de 3,240 francs ; — Qu'il s'agit donc de décider si le don manuel de cette somme, soit par la nature même du don, soit par la volonté du donateur clairement manifestée, doit être affranchi du rapport et imputé sur la portion disponible ;

Considérant que, d'après le Code Napoléon, le principe de l'égalité des partages domine la matière des successions ; — Que la faculté accordée au père de famille de disposer à titre gratuit d'une portion déterminée de son héritage, en faveur d'un ou de plusieurs de ses enfants, n'est qu'une exception à cette règle générale ; — Que si cette exception se justifie par de hautes considérations d'intérêt social, elle n'en doit pas moins, comme toutes les exceptions, être strictement renfermée dans les limites tracées par la loi ; — Que si des doutes s'élèvent sur la volonté du père de famille, ils doivent être résolus plutôt dans le sens du principe général, que dans celui de l'exception à ce principe ;

Considérant que, suivant les articles 843 et 919 du Code Napoléon, la volonté d'affranchir du rapport la donation faite à un successible doit être expressément manifestée par le donateur ;

Considérant que lorsque la donation, directe ou indirecte, apparente ou déguisée, a été faite par un acte public, la volonté de dispenser du rapport l'objet donné et de l'imputer sur la portion disponible, si elle n'est pas littéralement exprimée, peut être déduite des termes de l'acte interprété par les circonstances de la cause ;

Considérant que si la libéralité consiste en un don manuel, le juge se trouve placé, non en présence d'un contrat à interpréter, mais d'un fait pur et simple, dont il doit déterminer le caractère et la portée ; — Que, par suite, c'est en dehors de ce fait qu'il faudrait rechercher la preuve de l'intention du donateur, étant aujourd'hui généralement admis que le déguisement de la donation, ou sa clandestinité, s'il s'agit d'un don manuel, n'impliquent pas nécessairement la dispense du rapport;

Considérant que quel que soit le relâchement de la jurisprudence en cette matière, il n'a pas été jusqu'ici décidé qu'en l'absence de tout acte, de tout écrit constatant la volonté du donateur, le donataire peut être admis à établir, par la voie de la preuve testimoniale, la dispense du rapport, qui forme l'un des éléments constitutifs de la donation; — Que malgré les tendances de certaines doctrines, manifestement contraires à l'esprit du Code Napoléon, il est permis d'espérer qu'on ne portera jamais à ce point l'oubli des plus saines règles du droit et des prescriptions impératives des articles 843 et 919 précités; — Qu'on ne saurait, par conséquent, légitimement demander aux documents résultant de l'enquête, ou aux circonstances de la cause, si François-Marie Morati avait eu la volonté que le don manuel de 3,240 francs fût imputé sur la portion disponible;

Considérant, d'ailleurs, que, suivant les mœurs et les habitudes de la Corse, longtemps soumise à une législation qui frappait les filles d'exhérédation, François-Marie Morati, après la mort de Jean-Baptiste, son fils aîné, décédé à la survivance de deux filles, reporta son affection et ses préférences sur Xavier et Jean ses seuls enfants mâles et leur légua la portion disponible par testament du 10 Février 1851; — Qu'il n'est point à supposer que si, à cette époque, le testateur avait pu croire que la somme de 3,240 francs était irrévocablement acquise par préciput et hors part aux deux filles de Jean-Baptiste, il eût eu la pensée d'adresser aux légataires de la portion disponible la prière qu'on lit dans son testament, d'admettre ses petites filles au partage de sa succession par tête, comme si elles étaient ses propres enfants et non par représentation de Jean-Baptiste, leur père; — Que tout indique que François-Marie Morati, en remettant de *manu in manum* à son fils Jean-Baptiste, alors dénué de toutes ressources, la somme de 3,240 francs, n'avait voulu que lui procurer la jouissance anticipée d'une portion de son patrimoine et non lui faire un don par préciput et hors part; — Que si quelques doutes pouvaient exister, à cet égard, sur la volonté de François-Marie Morati, ils devraient être résolus dans le sens du principe général relatif à l'égalité des partages entre cohéritiers;

Considérant, sous un autre rapport, que si la jurisprudence, après avoir consacré l'opinion, plus morale et plus juste peut-être, que les donations déguisées sont frappées de nullité, reconnaît aujourd'hui qu'elles sont valables, c'est à la condition que le déguisement ne servira point de voile au dol, à la fraude et à la spoliation;

Considérant que la donation frauduleuse est infectée d'un vice essentiel et irrémédiable; — Qu'elle ne doit pas être maintenue ou réduite dans les limites de la portion disponible, mais bien intégralement annulée et l'objet donné déclaré rapportable;

Considérant qu'en admettant *hypothétiquement* que François-Marie Morati eût donné les 3,240 francs dont il s'agit, avec la volonté de les exclure de tout partage, cette donation serait essentiellement frauduleuse; — Qu'en effet, par un premier testament en date du 18 Février 1848, François-Marie légua la totalité de la portion disponible à Jean-Baptiste, son fils aîné, sans qu'il fût fait mention, dans cet acte, du don antérieur de 3,240 francs; — Que par là, cette somme demeurait acquise au donataire en dehors et en sus de la portion disponible; — Qu'une telle libéralité ainsi faite clandestinement, en fraude et au préjudice des réservataires, devrait être considérée comme nulle et de nul effet; — Qu'il serait contraire aux notions les plus certaines de la morale, du droit et de l'équité de faire prévaloir une semblable donation sur le testament irréprochable de 1851 qui lègue la quotité disponible à Xavier et à Jean Morati, seuls enfants mâles du testateur; — Qu'à ces divers points de vue, il y a lieu de déclarer que les 3,240 francs, objet du don manuel, seront réunis à la masse successorale et soumis au partage;

. . . .

Déclare que la dame Marie-Thérèse Italiani n'a droit aux intérêts de sa dot consistant en une somme de six mille francs, qu'à compter du mois d'Avril 1852;

Met au néant la disposition du jugement attaqué qui ordonne le rapport à la succession de François-Marie Morati des immeubles acquis par Jean-Baptiste Morati, son fils;

CONDAMNE la dame Italiani, veuve de Jean-Baptiste Morati, à rapporter à ladite hoirie la somme de trois mille deux cent quarante francs, objet du don manuel fait à son mari par François-Marie Morati, et ce avec les intérêts de droit;

. . . .

Chambre Civile. — M. CALMÈTES, *Premier Président.*

MM. BONELLI, SAVELLI, } *Avocats.*

ANNÉE 1856.

DU 14 JANVIER 1856.

COMPENSATION. — EXCEPTION. — FORME. — CRÉANCES COMPENSÉES. — INTÉRÊTS. — EXTINCTION. — PRESCRIPTION. — INTÉRÊTS. — ÉCHELETTES. — EXPÉDIENT.

1° La compensation peut être opposée en tout état de cause; la loi ne l'a assujettie à aucune formalité particulière (1).

2° Lorsque le chiffre d'une créance a été fixé dans un arrêté de comptes, les prétentions ultérieures de l'une des parties, ayant pour objet de modifier l'un des éléments du compte, ne sauraient faire obstacle à la liquidité de la créance à la date de l'arrêté et à la compensation légale qui a dû s'opérer de plein droit à cette époque.

3° Dès que par l'effet de la compensation une créance est éteinte, même à l'insu des parties, les intérêts qu'elle produisait cessent de courir de plein droit.

4° Le créancier ne peut invoquer la prescription des intérêts à l'égard d'une créance qui lui est opposée en compensation, par voie d'exception, par son propre débiteur; à ce cas s'applique la maxime : QUÆ TEMPORALIA.

5° Pour éviter les difficultés d'un calcul d'intérêts par échelettes, résultant de l'incertitude qui existe sur la date des paiements partiels faits par le demandeur durant la période du compte, l'on peut légitimement décider que les intérêts seront accordés à ce dernier, pour la moitié du capital à compter du premier paiement jusqu'à la demande, et depuis la demande pour l'intégralité du capital.

---

(1) Dans l'espèce, la compensation avait été opposée par de simples conclusions à l'audience.

Pietri C. Leoni.

ARRÊT.

Après délibération en la Chambre du Conseil,

La Cour; — sur les conclusions conformes de M. Bertrand, Premier Avocat Général;

. . . .

Sur le grief de l'appel principal et sur le grief de l'appel incident relatifs au montant des dépenses :

Considérant qu'il résulte, des documents mis sous les yeux de la Cour, que les dépenses faites par le sieur Pietri dans un intérêt commun, à compter du règlement du 21 Mars 1823, s'élèvent à douze mille cinq cents francs;

. . . .

Sur le grief de l'appel principal relatif aux intérêts de ces avances :

Considérant que, dans le but d'éviter les difficultés spéciales à la cause d'un calcul d'intérêts par échelettes, il y a lieu de décider que le sieur Pietri aura droit aux intérêts de la moitié du capital de ses avances depuis le 21 Mars 1823 jusqu'à la demande et à compter de la demande pour l'intégralité du capital;

Sur la compensation opposée par Pierre Leoni au sieur Pietri :

Considérant que la compensation forme une exception péremptoire à la demande et qu'elle peut être proposée en tout état de cause, sans être astreinte à aucune forme spéciale; — Qu'ainsi la fin de non-recevoir opposée par le sieur Pietri n'est pas fondée;

En ce qui concerne l'exception de compensation au fond :

Considérant qu'il importe de distinguer, sous le rapport du mérite de la compensation au fond, le sieur Pietri de la dame son épouse;

Considérant que tous les deux figurent dans l'instance et que leur position et leurs droits respectifs doivent être clairement déterminés ;

Considérant que le sieur Pietri a pourvu aux dépenses faites pour parvenir à la liquidation, partie avec ses fonds particuliers, partie avec les sommes par lui retirées de la caisse des dépôts et consignations ; — Qu'il a d'abord reçu une somme de *cinq mille* francs, le 30 Juin 1825, comme fondé de pouvoirs de sa femme, de la dame Santini et de la dame Fondacci ; — Qu'il a retiré, en outre, sur sa quittance particulière et personnelle, une somme de *mille* francs, le 15 Décembre 1825 ; — Que la première somme de *cinq mille* francs a seule été employée dans l'intérêt commun de la liquidation ; — Que le sixième revenant à Pierre Leoni sur cette somme a reçu cette destination et que, dès lors, ce dernier n'avait aucun droit pour se faire allouer dans le partage le sixième dont il s'agit ;

Considérant, toutefois, que le règlement du 21 Avril 1832 a attribué à Pierre Leoni le sixième des *cinq mille* francs ; — Que cette attribution a été faite aux dépens de la dame Pietri et par un précompte sur sa part héréditaire s'élevant à *vingt-un mille cinq cent cinquante-un francs, soixante-dix centimes ;* — Qu'il est donc de toute justice de condamner le sieur Pierre Leoni à faire compte à la dame Pietri du sixième de ladite somme, c'est-à-dire de *huit cent trente-trois francs, trente-trois centimes*, et non du cinquième, ainsi qu'elle le demande dans les conclusions par elle prises devant la Cour ;

Considérant qu'en ce qui concerne cette somme le sieur Pierre Leoni ne saurait se prévaloir d'aucune exception de compensation, puisque la dame Pietri n'est à aucun titre sa débitrice ;

Mais considérant, au contraire, que le sieur Pietri avait souscrit, le 10 Juin 1820, un billet de *quatre mille cinq cents* francs au profit du sieur Pierre Leoni, productif d'intérêts et exigible le 10 Juin 1823 ;

Considérant que le 21 Mars 1823, à son retour de Londres et de Paris, le sieur Pietri procéda, avec le sieur Leoni, au règlement des dépenses faites dans un intérêt commun pendant ce voyage ; — Que la part de Leoni dans ces dépenses s'éleva à *deux mille quatre cents* francs, desquels Pietri fut remboursé par compensation, jusqu'à due concurrence, avec son billet de *quatre mille cinq cents* francs, qui se trouva ainsi réduit à *deux mille cent* francs;

Considérant que, plus tard, le sieur Pietri ayant fait de nouvelles dépenses se portant à *douze mille cinq cents* francs, dont deux cinquièmes doivent être supportés par Leoni, la compensation de la dette de Leoni, avec sa créance de *deux mille cent* francs, doit s'effectuer en vertu des dispositions de la loi, comme elle s'opéra, en 1823, par l'effet des conventions des parties; — Qu'il s'agit uniquement de déterminer à quelle époque la compensation s'est opérée;

Considérant qu'aux termes de l'article 1291 du Code Napoléon, la compensation s'opère *ipso jure* au moment même où deux dettes liquides et exigibles se trouvent exister à la fois;

Considérant que la créance du sieur Pietri n'a présenté le caractère de liquidité nécessaire qu'en 1832, à la date du règlement du 21 Avril de cette année; — Que ses prétentions ayant pour but de faire porter le montant des dépenses à un chiffre supérieur à *douze mille cinq cents* francs, ne sauraient faire obstacle à la liquidité de la créance à une date antérieure;

Considérant que le sieur Pietri et le sieur Leoni s'étant trouvés respectivement créanciers l'un de l'autre, dans les conditions déterminées par la loi, le 21 Avril 1832, il s'est opéré de plein droit une compensation entre la créance de Pietri sur Leoni et le billet de *deux mille cent* francs dû par Pietri à ce dernier, augmenté des intérêts échus à cette date;

Considérant que, dès ce moment et à l'insu des parties, la créance de Leoni se trouvant éteinte, le billet de *deux mille cent* francs n'a plus eu d'existence et par cela même a cessé de produire des intérêts;

Considérant que vainement le sieur Pietri invoque la prescription en ce qui concerne les intérêts antérieurs aux cinq années qui ont précédé la demande;

Considérant, en effet, que Pierre Leoni opposant au sieur Pietri sa créance résultant du billet, en capital et intérêts, non par la voie d'une action principale, mais par voie d'exception, la prescription invoquée par Pietri est repoussée par la maxime : *Quæ temporalia sunt ad agendum perpetua ad excipiendum;*

Considérant que, si les intérêts ont cessé de courir au profit de Leoni à compter du 21 Avril 1832, il y a lieu de reconnaître qu'ils ont continué leur cours en faveur du sieur Pietri, pour la partie de sa créance non éteinte par la compensation, les intimés n'ayant pas, d'ailleurs, excipé de la prescription à cet égard;

Considérant que Leoni oppose encore la compensation soit de son chef, soit du chef de la dame Élisabeth Fondacci qu'il représente : 1° Pour son sixième dans les *cinq mille* francs reçus par le sieur Pietri le 30 Juin 1825; — 2° Pour son sixième dans les *mille* francs retirés par le sieur Pietri le 15 Décembre 1825; — 3° Pour le sixième revenant à la dame Fondacci sur ces deux mêmes sommes;

Considérant qu'il résulte du règlement du 21 Avril 1832, que la somme de *mille* francs, augmentée des intérêts échus, avait été rapportée à la masse à partager par un précompte sur la part de la dame Pietri, et que la somme de *dix mille sept cent soixante-quinze* francs, *quatre-vingt-huit* centimes, formant le sixième revenant à chaque cohéritier, les a remplis de leur part proportionnelle dans ladite somme de *mille* francs et intérêts d'icelle; — Que, par suite, Leoni ne peut opposer à aucun titre la compensation en ce qui concerne cette somme; — Qu'il en est de même relativement au sixième qui lui revenait personnellement sur les *cinq mille* francs; — Que ce sixième s'élevant à *huit cent trente-trois* francs, *trente-trois* centimes, lui a été alloué dans le règlement dont il s'agit, aux dépens de la dame Pietri et par un précompte ou retenue sur sa part héréditaire;

Considérant que la dame Élisabeth Fondacci n'a été lotie, dans le règlement de 1832, que pour la somme de *dix mille sept cent soixante-et quinze* francs, *quatre-vingt-huit* centimes;

Considérant que si, par là, elle a reçu sa part dans les *mille* francs, celle qui lui revenait dans les *cinq mille* ne lui a pas été attribuée; — D'où s'induit nécessairement que Leoni, représentant la dame Fondacci, peut opposer au sieur Pietri, en compensation avec sa part dans les dépenses du chef de la dame Fondacci, le sixième revenant à ce dernier dans les *cinq mille* francs dont il s'agit, augmenté des intérêts échus depuis le 30 Juin 1825;

Considérant que cette compensation s'est aussi accomplie, de plein droit, à l'époque où la créance du sieur Pietri est devenue liquide, c'est-à-dire au 21 Avril 1832, ainsi que cela a été expliqué en ce qui concerne la compensation résultant du billet de deux mille cent francs, et qu'aucune prescription n'est applicable quant aux intérêts;

Considérant que les saisies-arrêts opérées par les sieur et dame Pietri ne pourront avoir d'effet que pour le solde de leur créance qui, d'après le compte dressé conformément aux bases posées dans le présent arrêt, s'élève à la somme de trois *mille neuf cent soixante-deux* francs, *trente-sept* centimes, les intérêts de droit et les frais;

. . . .

Disant droit aux appels respectifs et réformant,

Fixe les dépenses faites par le sieur Pietri, dans un intérêt commun, à compter du 21 Mars 1823, à *douze mille cinq cents* francs;

Dit que les intérêts de cette somme lui sont dus pour la moitié du capital, à partir du 21 Mars 1823 jusqu'à la demande, et pour la totalité du capital, à partir de cette époque;

Rejette la fin de non-recevoir opposée par le sieur Pietri à l'exception de compensation invoquée par les représentants de Pierre Leoni;

Admet, en conséquence, la compensation en ce qui concerne :

1° Le billet de *deux mille cent* francs et les intérêts échus au jour où la compensation s'est opérée;

2° Le sixième revenant à Élisabeth Fondacci sur les *cinq mille* francs, et les intérêts de cette somme à compter du 30 Juin 1825 jusqu'au jour de la compensation;

Déclare que les compensations se sont effectuées de plein droit le 21 Avril 1832;

Rejette l'exception de prescription proposée par le sieur Pietri pour les intérêts des sommes opposées en compensation et échus avant les cinq années qui ont précédé la demande;

DÉCLARE que les saisies-arrêts pratiquées par les appelants principaux, au préjudice des intimés, sortiront à effet pour la somme de trois mille neuf cent soixante-deux francs, trente-sept centimes, les intérêts d'icelle à compter de la demande et des frais alloués ;

LES VALIDE, par suite, jusqu'à concurrence desdites sommes ;

. . . .

Chambre Civile. — M. CALMÈTES, *Premier Président.*

MM. MILANTA, TOMMASI, } *Avocats.*

DU 16 JANVIER 1856.

1° REPRISE D'INSTANCE. — JUGEMENT AU FOND.
2° MINISTÈRE PUBLIC. — REMPLACEMENT.
3° CONTRAT DE MARIAGE. — IMMUTABILITÉ. — CONTRE-LETTRE. — RATIFICATION.

L'article 349 du Code de Procédure Civile, portant que lorsque la partie assignée en reprise d'instance ne comparaît pas, il sera rendu jugement qui tiendra la cause pour reprise, et ordonnera qu'il sera procédé suivant les derniers errements, n'est applicable que lorsqu'il s'agit d'une reprise d'instance proprement dite, c'est-à-dire de celle qui intervient au cours d'un litige contradictoirement engagé.

Dans le cas, au contraire, où le défendeur n'ayant pas encore constitué d'avoué, la cause n'est pas contradictoirement liée, le Tribunal peut statuer immédiatement sur le fond, par le jugement qui, sur assignation nouvelle donnée au défendeur en conformité de l'article 345, donne défaut contre lui (1).

Du reste, la circonstance que les juges auraient, dans ce cas, surabondamment déclaré l'instance reprise, en statuant au fond, ne saurait vicier leur jugement.

2° Les avocats peuvent, au cas de nécessité, être appelés à remplir à l'audience les fonctions de Ministère Public. [Loi 22 Vent. An XII, Art. 30; — Décret, 30 Mars 1808, Art. 49; — Décret, 14 Décembre 1810, Art. 35; — Cod. Proc. Civ., Art. 84.] (2).

Mais il y a nécessité dans ce cas, comme lorsque l'avocat remplace un Juge, qu'il soit constaté dans le jugement que cet avocat était le plus ancien de ceux présents à l'audience (3).

---

(1) La distinction faite par l'arrêt est conforme à l'opinion de PIGEAU, Proc. Civ., tom. 1er, pag. 424; de FAVARD DE LANGLADE, tom. 4, pag. 882, n° 2; ainsi que de CARRÉ et CHAUVEAU, Quest. 1284.

(2-3) Ces deux solutions ne sont plus contestées en jurisprudence, quoique la première ait été combattue par quelques arrêts. Voir Conf. Nîmes, 16 juin 1830 (S. V. 31. 2. 102. — D. P. 31. 2. 35); Montpellier, 14 janvier 1833 (S. V. 33. 2. 441. — D. P. 34. 2. 86); Toulouse, 24 mai 1836 (S. V. 36. 2. 363. — D. P. 37. 2. 61). — Cass. 17 juin 1839, 14 janvier 1845 et 4 mai 1846 (S. V. 39. 1. 649. — 45. 1. 89 et 46. 1. 3947. — D. P. 39. 1. 249. — 45. 1. 311. — *Sic* PIGEAU, pag. 239; CARRÉ et CHAUVEAU, Quest. 415.

3° Le principe de l'immutabilité des conventions matrimoniales s'applique non-seulement aux stipulations réglant le régime conjugal des époux, mais aussi aux donations qui leur sont faites et aux dispositions concernant le mode de réalisation de ces libéralités. [Cod. Nap. Art. 1395.] (4)

Ainsi, est nulle la contre-lettre par laquelle il est stipulé que, nonobstant la clause qui fixe à une somme déterminée la valeur d'un immeuble donné à la future comme dation en paiement de ses droits paternels à elle constitués en dot, cet immeuble sera estimé par experts, et que la dot sera réputée payée jusqu'à concurrence de la valeur qui sera attribuée à l'immeuble par l'expertise.

La nullité qui vicie les contre-lettres dérogatoires aux conventions matrimoniales est d'ordre et d'intérêt public, et comme telle n'est pas susceptible de se couvrir par aucune ratification ultérieure durant le mariage. [Cod. Nap., Art. 1395 et 1338.] (5)

Giustiniani C. **Benetti.**

ARRÊT.

Après délibération en la Chambre du Conseil,

LA COUR ; — sur les conclusions de M. BERTRAND, Premier Avocat Général ;

I. SUR L'APPEL DU JUGEMENT DU 24 MAI 1855 QUI STATUE SUR LE MOYEN DE NULLITÉ INVOQUÉ PAR PAUL-FRANÇOIS GIUSTINIANI, CONTRE LE JUGEMENT PAR DÉFAUT DU 22 FÉVRIER PRÉCÉDENT :

Considérant que les articles 345 et 349 du Code de Procédure Civile ont prévu des hypothèses distinctes qui sont soumises à des règles diffé-

(4-5) Voir Conf. dans des espèces plus ou moins analogues, Metz, 26 novembre 1823 (S. 26. 2. 27. — D. A. 10. 172) ; Rejet, 29 juillet 1818 (S. 18. 1. 330. — D. A. 10. 174) ; Toulouse, 7 mai 1829 et 15 avril 1842 (S. V. 30. 2. 240 et 42. 2. 385. — D. P. 30. 2. 262 et 42. 2. 229). *Sic* RODIÈRE et PONT, *Cont. de mariage*, tom. 1er, nos 136 et suiv. 157 et 158 ; — TROPLONG, *eodem*, tom. 1er, nos 173, 174, 180, 221 et 222 ; — Consultation, signée ISAMBERT et SIREY (S. 22. 2. 365.)

rentes ; — Que ce dernier article n'est applicable que lorsqu'il s'agit d'une reprise d'instance proprement dite, de celle qui intervient au cours d'un litige contradictoirement engagé et qui, à défaut d'une reprise volontaire, ne peut avoir lieu qu'avec l'intervention de la justice et l'autorité du Tribunal saisi de la contestation ;

Considérant que c'est pour ce cas seulement que l'article 349 dispose, sans attacher, toutefois, la peine de nullité à cette prescription, que si le défendeur ne comparaît pas, il sera rendu jugement qui tiendra la cause pour reprise et ordonnera qu'il sera procédé suivant les derniers errements de la procédure ;

Considérant que l'article 345 prévoit, au contraire, le cas où le demandeur décède avant que le défendeur ait accepté le débat par une constitution d'avoué ;

Considérant que, dans cette hypothèse, si la cause n'est pas contradictoirement liée, il ne serait pas exact de soutenir qu'il n'existe pas d'instance ; — Que l'instance existe dès que le juge est saisi par l'exploit qui introduit l'action en justice ; — Que le défaut du défendeur n'affecte aucunement la demande en justice qui constitue essentiellement l'instance ; — Que différemment on pourrait logiquement soutenir que le jugement rendu en défaut du défendeur statue sur une instance qui n'existe pas, ce que l'on ne saurait admettre ;

Mais considérant que si, dans l'espèce prévue par l'article 345, l'instance existe, il n'existe pas encore de procédure ; — Que le législateur ne pouvait donc prescrire pour ce cas, comme il l'a fait dans l'article 349, qu'un premier jugement tiendrait la cause pour reprise en ordonnant qu'elle serait poursuivie suivant les derniers errements de la procédure ; — Que la nouvelle assignation donnée au défendeur par l'héritier du demandeur, implique la reprise de l'instance ; — Que le défendeur, averti par la double assignation qu'il a reçue, est mis à même de présenter ses moyens ou exceptions contre la demande ;

Considérant que si, dans la cause soumise à l'appréciation de la Cour, après le décès du demandeur et avant la constitution d'avoué du défendeur, une assignation a été signifiée à ce dernier, à l'effet de voir déclarer l'instance reprise et d'être statué au fond, la disposition surabondante du jugement sur la reprise de l'instance n'a pu vicier la décision sur le fond, rendue conformément aux dispositions de l'article 345 du Code de Procédure Civile; — Qu'ainsi le moyen de nullité contre le jugement du 22 Février est mal fondé;

II. Sur le moyen de nullité contre le jugement du 24 Mai 1855;

Considérant que les Magistrats institués par la loi sont les juges naturels des parties; — Qu'elles ne peuvent être privées du bénéfice de leur juridiction protectrice que dans les cas expressément prévus par le législateur;

Considérant que lorsqu'une Cour ou un Tribunal se trouvent accidentellement incomplets, le cours de la justice ne pouvant être interrompu, les membres du Barreau ont été admis à suppléer les Juges, et il leur est même fait défense de s'y refuser, sans motifs d'excuse, ou valable empêchement; — Qu'il n'y a point de distinction à établir, sous ce rapport, entre les fonctions du Juge et celles du Ministère Public, la présence du ministère public étant aussi nécessaire à la constitution régulière d'un siége de judicature, que celle des magistrats inamovibles qui le constituent;

Mais considérant que tout arrêt ou jugement doit renfermer en lui-même la preuve de l'observation des formalités prescrites par la loi pour sa régularité ou sa validité;

Considérant, dès lors, que lorsqu'un jugement a été rendu sur les conclusions d'un avocat remplissant les fonctions du Ministère Public, il est indispensable que le jugement énonce l'empêchement des Officiers du Parquet et de plus que l'avocat appelé pour les suppléer, était le plus ancien dans l'ordre du tableau parmi les avocats présents à l'audience;

Considérant, en fait, que le jugement du 24 Mai 1855 se borne à constater la présence de MM. Poggi, *Président;* Ortoli et Bonavita, *Juges;* Ortoli, *avocat f.f. de Procureur Impérial;*

Considérant que ces énonciations sont manifestement insuffisantes;

— D'où résulte que le jugement dont il s'agit doit être annulé comme émanant d'un Tribunal illégalement constitué ;

III. Sur la nullité de la contre-lettre du 28 Octobre 1850 :

Considérant, en fait, que, par contrat de mariage en date du 28 Octobre 1850, les sieurs Sébastien et Antoine Benetti, père et fils, et la dame Colombe Durazzo, épouse d'Antoine Benetti, constituèrent en dot à la demoiselle Marie-Barbe Benetti, leur fille et petite-fille, une somme de six mille francs pour droits paternels, en paiement de laquelle, jusqu'à concurrence de deux mille francs, le sieur Sébastien Benetti, grand-père de la future épouse, fit cession et délaissement à Paul-François Giustiniani, futur époux, de l'immeuble dit *Ogliastrone*, qui est évalué amiablement par les parties à la somme de deux mille francs ;

Considérant qu'il est établi, par les documents de la cause, que cet immeuble appartenait à Sébastien Benetti ; — Qu'il résulte d'une contre-lettre sous seing privé, portant les deux seules signatures d'Antoine Benetti et de Paul-François Giustiniani, datée du 28 Octobre 1850, mais enregistrée plusieurs mois après, que nonobstant les stipulations du contrat de mariage, qui fixe la valeur d'*Ogliastrone* à deux mille francs, cette terre serait estimée par des experts, et la dot de six mille francs réputée payée, jusqu'à concurrence de la valeur attribuée à *Ogliastrone* par l'expertise qui devait être effectuée avant le 31 Mai 1851 ;

Considérant que, d'après cette même contre-lettre, si l'expertise n'était point parachevée avant cette dernière date, la valeur donnée à l'immeuble serait irrévocablement et définitivement fixée à deux mille francs, aux termes du contrat ;

Considérant que, le sieur Antoine Benetti poursuivant, dans l'instance actuelle, l'exécution de la contre-lettre dont il s'agit, il y a lieu de rechercher si elle est valable, ou si, au contraire, elle n'est pas frappée de nullité comme faite en contravention aux articles 1394 et suivants du Code Napoléon ;

Considérant que les contrats de mariage sont par leur nature même des pactes de famille ; — Que leur caractère essentiel est l'immutabilité ; — Que leurs dispositions principales forment un tout indivisible ; — Que les stipulations qui règlent le régime conjugal ne constituent point, d'une manière exclusive, le contrat de mariage ; — Que les dispositions relatives aux donations faites aux époux et celles qui règlent le mode de réalisation de ces libéralités font partie intégrante du contrat et sont placées sous la sauvegarde de son immutabilité ;

Considérant que toutes modifications aux pactes nuptiaux pendant la durée du mariage sont frappées de nullité ;

Considérant que les changements apportés aux conventions matrimoniales avant la célébration du mariage, participent de la nature même du contrat de mariage ; — Qu'ils doivent être constatés dans les mêmes formes et avec le concours de toutes les personnes qui ont figuré au contrat originaire ;

Considérant que ce n'est qu'à ces seules conditions que le législateur valide les contre-lettres aux contrats de mariage, c'est-à-dire, que la contre-lettre n'est reconnue valable que lorsqu'elle dépouille son caractère propre, pour revêtir celui du contrat solennel qu'elle a pour objet de modifier ou de transformer ;

Considérant qu'il apparait des circonstances de la cause que l'immeuble *Ogliastrone* est d'une valeur supérieure à deux mille francs ; — Que la dation de cet immeuble en paiement de la dot, jusqu'à concurrence de deux mille francs, constituait un avantage, non-seulement pour Paul-François Giustiniani, mais aussi pour la future épouse et les enfants à naitre de cette union, leurs intérêts divers étant indivisiblement liés et se confondant, sous ce rapport, en un intérêt unique ;

Considérant que cette stipulation présentait aussi un intérêt manifeste pour Don-Jacques Giustiniani, qui s'était rendu garant de la restitution de la dot ;

Considérant que la contre-lettre dont il s'agit n'a acquis date certaine que postérieurement à la célébration du mariage ; — Qu'elle a été rédigée par acte sous signature privée ; — Que Paul-François Giustiniani et Antoine Benetti y ont seuls concouru ; — Que ni la dame Paul-François Giustiniani, ni sa mère la dame Benetti, ni son grand-père Sébastien Benetti, auteur de la dation en paiement de l'immeuble *Ogliastrone*, ni enfin Don-Jacques Giustiniani, caution de son fils pour la restitution de la dot, n'ont donné leur consentement aux stipulations que renferme cet acte ; — Que, par conséquent, la contre-lettre dont il s'agit est frappée de nullité comme contraire aux dispositions des articles 1394, 1395 et 1396 du Code Napoléon ;

Considérant que le principe de l'immutabilité du contrat de mariage après la célébration de l'union conjugale est d'ordre et d'intérêt public ; — Que la nullité qui vicie la contre-lettre du 28 Octobre 1850 ne pouvait donc être couverte par aucune ratification ultérieure ;

Considérant, d'ailleurs, qu'admettre que les contre-lettres modificatives des contrats de mariage, lorsqu'elles sont rédigées en contravention aux dispositions des articles 1394 et suivants du Code Napoléon, peuvent être validées par une ratification donnée durant le mariage, ce serait méconnaître les règles les plus constantes de notre législation, bouleverser l'économie du Code Napoléon en cette matière et apporter le trouble dans les familles, dont les intérêts et la sécurité reposent sur l'immutabilité du contrat de mariage et la fixité des conventions qui en constituent l'élément essentiel ;

En ce qui concerne le jugement du 24 Mai 1855 ;

A mis et met l'appellation et ce dont est appel au néant,

Et procédant par voie d'évocation, la cause étant prête à recevoir jugement au fond,

Statuant sur l'opposition au jugement de défaut du 22 Février 1855 ;

Sans s'arrêter au moyen de nullité en la forme contre ce jugement ;

Infirme la disposition dudit jugement qui, sur le fondement de la validité de la contre-lettre du 28 Octobre 1850, nommait des experts pour procéder à l'estimation de l'immeuble *Ogliastrone ;*

Et en ce qui concerne l'appel relevé envers le jugement du 29 Juillet 1855 :

Disant droit audit appel,

Déclare nulle et de nul effet la contre-lettre du 28 Octobre 1854 ;

Met au néant la disposition du jugement attaqué qui ordonnait une enquête ayant pour but de parvenir à l'exécution de ladite contre-lettre ;

Déclare que le contrat de mariage du 28 Octobre 1850, dont les dispositions n'ont pu subir aucune modification, sera exécuté suivant sa forme et teneur;

. . . .

Chambre Civile. — M. CALMÈTES, *Premier Président.*

MM. Milanta, Bonelli, } *Avocats.*

DU 28 JANVIER 1856.

BAIL. — DEMANDE DE LOYERS. — ACTION. — DÉGRADATION. — COMPÉTENCE. — RENVOI. — INDIVISIBILITÉ. — DEMANDE PRINCIPALE. — ACCESSOIRE. — CONNEXITÉ.

Les demandes en paiement de loyers de la compétence des Tribunaux Civils, lorsque le prix annuel du bail dépasse quatre cents francs, et celle relative aux dégradations du mobilier loué, dans le cas prévu par les articles 1732 et 1735 du Code Napoléon (laquelle rentre dans les attributions du Juge de Paix, si les dommages sont inférieurs à 1,500 fr.), ne peuvent être portées devant la même juridiction sous prétexte d'indivisibilité ou de connexité. (Art. 3 de la loi du 25 Mai 1838; — Loi du 2 Mai 1855; — Art. 4 et 5 de la loi du 25 Mai 1838] (1).

Il n'est permis de déroger aux règles relatives à l'ordre des juridictions et à leur compétence propre, pour porter devant un même Tribunal des demandes ressortissant à des juridictions diverses, que lorsque les deux demandes sont indivisiblement liées, ou que l'une est l'accessoire de l'autre (2).

Mais en cas de simple connexité, le renvoi d'un Tribunal à un autre ne peut être demandé que lorsque les deux Tribunaux saisis sont investis des mêmes attributions ou qu'ils appartiennent au même degré de juridiction (3).

---

(1) CARRÉ et CHAUVEAU, Quest. 6, pensent que, dans ce cas, l'action doit être portée devant le Tribunal d'arrondissement. Ils invoquent l'opinion de PIGEAU, tom. 1er pag. 6 et 7, et l'autorité de la Cour de Cassation.

(2) V. Anal. C. Regl. de Jug. 21 juin 1820 (S. 20. 1. 418 et D. A. 7. 604).

(3) Conf. Rej. 14 juin 1815 (S. 16. 1. 270 et D. A. 3. 259). — V. CARRÉ, *Comp.*, tom. 2, n° 458; — MERLIN, Quest. V° *Dernier ressort*, § 2.

Rossi C. Massoulié.

ARRÊT.

Après délibération en la Chambre du Conseil,

LA COUR ; — sur les conclusions de M. BERTRAND, Premier Avocat Général ;

Considérant que le sieur Massoulié avait verbalement baillé à loyer au sieur Rossi pour trois ou cinq ans, à compter du 1er Juillet 1852, une maison munie des ustensiles nécessaires à la fabrication des pâtes d'Italie, située à Corte, sur la rivière la *Rostonica ;* — Que le prix du bail fut fixé à cinquante-cinq francs par mois, ou six cent soixante francs par an ;

Considérant qu'à l'expiration du terme de trois années, le sieur Rossi ayant signifié congé au sieur Massoulié, celui-ci se refusa à prendre possession de la maison, sur le motif qu'elle présentait diverses dégradations et que plusieurs meubles ou ustensiles étaient dégradés, perdus ou enlevés ; — Que, dans ces circonstances, le sieur Massoulié engagea contre le sieur Rossi, devant le Tribunal de première instance de Bastia, lieu de son domicile, une action ayant un double objet et comprenant deux demandes distinctes ; — Qu'il réclamait, d'abord, une somme de cent soixante-cinq francs pour trois mois de loyers échus depuis la signification du congé donné par le sieur Rossi ; — Qu'il demandait, d'autre part, que des experts fussent nommés, à l'effet de constater les réparations à faire et les ustensiles à rétablir, si mieux n'aimait le sieur Rossi payer, à titre de dommages-intérêts, une somme de mille francs ;

Considérant que le sieur Rossi ayant décliné la compétence du Tribunal et demandé le renvoi de la cause devant le Juge de paix de Corte, il s'agit, aujourd'hui, sur l'appel relevé par le sieur Rossi, d'apprécier le mérite de cette exception, le premier Juge ayant retenu l'entier litige et rejeté le déclinatoire proposé;

Considérant qu'aux termes de l'article 3 de la loi du 25 Mai 1838, modifié par la loi du 2 Mai 1855, la demande en paiement de la somme de cent soixante-cinq francs, à titre de loyers, rentrait dans la compétence du Tribunal saisi, le prix annuel du bail étant supérieur à quatre cents francs;

Considérant, au contraire, que, suivant les dispositions des articles 4 et 5 de la loi du 25 Mai 1838, les juges de paix connaissent des contestations relatives aux opérations locatives et aux dégradations ou pertes dans les cas prévus par les articles 1732 et 1735 du Code Napoléon, savoir, sans appel jusqu'à cent francs, et à charge d'appel jusqu'au taux de la compétence en dernier ressort des Tribunaux de première instance; — Qu'ainsi la seconde demande formée par le sieur Massoulié contre le sieur Rossi, à raison des dégradations commises dans la maison et des meubles ou ustensiles dégradés ou perdus, rentrait dans les attributions du Juge de paix de Corte, les dommages-intérêts étant limités, quant à ce, par le sieur Massoulié lui-même à mille francs;

Considérant qu'il résulte du jugement attaqué que le Tribunal de première instance ne s'est point préoccupé de cette seconde demande, en statuant sur l'exception d'incompétence qui lui était soumise; — Qu'il convient, toutefois, de rechercher si sa décision ne trouverait point, dans les principes du droit en cette matière, des motifs qui la justifient;

Considérant que la division du pouvoir judiciaire en diverses branches ou juridictions et les règles qui déterminent la compétence spéciale de chacune d'elles, sont d'ordre et d'intérêt public;

Considérant que si l'incompétence à raison du domicile, ou celle dérivant de la situation de l'immeuble litigieux peuvent être couvertes par le consentement des parties, il n'en est point ainsi de l'incompétence qui tient à la matière même du litige; — Que, dans cette hypothèse, aucun acquiescement ne peut lier la partie, ni contraindre le Juge à connaître du différend; — Qu'il est même du devoir des Magistrats de se déclarer d'office incompétents, s'ils viennent à être saisis d'une cause dont la connaissance appartient *ratione materiæ* à une autre juridiction;

Mais considérant que, quelle que soit la rigueur de ces principes, ils ont dû fléchir exceptionnellement devant les exigences d'une nécessité impérieuse;

Considérant que si deux demandes ressortissant à deux juridictions différentes sont indivisiblement liées, si elles ne peuvent être jugées que réunies dans une même instance et soumises à un même débat, l'unité de juridiction devient la conséquence nécessaire de l'indissolubilité du lien qui unit les deux demandes; — Qu'il en doit être encore ainsi, lorsque l'une des demandes est l'accessoire de l'autre et qu'il existe entr'elles l'intime rapport qui lie la cause à l'effet, le principe à la conséquence, car, dans ce cas, s'il existe deux demandes, il n'y a en réalité qu'un seul litige, et la juridiction compétente est évidemment celle qui était appelée à connaître de la demande principale;

Considérant que, si le renvoi peut aussi être demandé pour cause de connexité simple, c'est à la condition que les deux juridictions compétemment saisies occuperont, dans la hiérarchie des pouvoirs judiciaires, une position identique et seront investies des mêmes attributions; mais que cette règle cesserait d'être applicable si les deux Tribunaux différaient par leur compétence propre, ou par le degré de juridiction auquel ils appartiennent;

Considérant que l'exception d'incompétence soumise à la Cour trouve dans ces principes une facile solution;

Considérant, d'abord, que la demande en paiement de trois mois de loyers échus postérieurement à la signification du congé et à l'expiration du bail, n'est point indivisiblement liée à la demande relative aux dégradations commises dans la maison et aux meubles détournés ou dégradés; — Que l'une de ces demandes n'est pas l'accessoire de l'autre; — Qu'elles n'offrent ni un lien de connexité, ni un rapport de subordination; — Qu'elles sont également principales, et bien que dérivant du même bail, elles peuvent être appréciées indépendamment l'une de l'autre;

Considérant, dès lors, que si ces demandes eussent été portées devant deux juridictions différentes, c'est-à-dire, l'une devant le Tribunal de première instance et l'autre devant la Justice de paix, le renvoi pour cause d'indivisibilité ou de connexité n'aurait pu être demandé ni à l'une ni à l'autre des juridictions saisies; — Que, par suite, le sieur Massoulié, demandeur, ne pouvait prendre l'initiative de leur jonction et réaliser, de sa propre autorité, ce que le Magistrat n'aurait pu faire lui-même;

Considérant que, de ce qui précède, il résulte que le Tribunal de première instance de Bastia, compétent pour statuer sur la demande relative aux loyers, était, au contraire, incompétent pour connaître de celle relative aux dégradations commises dans la maison et au détournement du mobilier, laquelle rentrait, par sa nature, dans les attributions du Juge de paix de Corte;

Considérant que, si la décision attaquée était maintenue, elle aurait pour résultat de soumettre à la juridiction du Tribunal de Bastia comme Juge du premier degré, et à la Cour Impériale statuant sur l'appel, un différend dont le Juge de paix de Corte devait connaître en première instance, et le Tribunal de Corte comme Juge supérieur et souverain;

Considérant que la Cour, gardienne de la loi et chargée de veiller à sa stricte observation, ne saurait sanctionner un tel renversement des principes et des juridictions; — Qu'ainsi, c'est le cas de dire droit à l'appel du sieur Rossi et d'annuler la disposition du jugement, qui, en retenant la cause, quant aux dégradations et aux meubles perdus ou enlevés, ordonne une expertise se référant à ce chef;

. . . .

DISANT DROIT à l'appel relevé par le sieur Rossi envers le jugement du Tribunal de première instance de Bastia du 24 Novembre 1853 et RÉFORMANT quant à ce,

MET au néant la disposition dudit jugement qui rejette le déclinatoire proposé par le sieur Rossi, en ce qui concerne la demande du sieur Massoulié relative aux dégradations à réparer et aux ustensiles à rétablir, et qui nomme des experts à l'effet de constater les dégradations et les détournements commis;

DÉLAISSE, quant à ce, le sieur Massoulié à se pourvoir ainsi qu'il avisera;

DÉMET pour le surplus de l'appel;

. . . .

Chambre Civile. — M. CALMÈTES, *Premier Président.*

MM. CECCONI, BONELLI, } *Avocats.*

DU 30 JANVIER 1856.

ACTE DE COMMERCE. — CESSION DE CRÉANCE. — COMPÉTENCE.

La cession d'une créance résultant de lettres de change, faite par un commerçant à un autre commerçant, dans une forme même non commerciale, constitue un acte de commerce dont il appartient, dès lors, à la juridiction commerciale de connaître. [*Cod. Comm., Art. 631, 632*] (1).

Dané C. Quiroli.

ARRÊT.

Après délibération en la Chambre du Conseil,

La Cour; — sur les conclusions conformes de M. Bertrand, Premier Avocat Général;

Considérant que la convention du 13 Décembre 1853, intervenue entre Quiroli et Dané, présente tous les caractères d'une cession de créance; — Que Quiroli et Dané sont l'un et l'autre commerçants; — Que Dané n'est devenu le cessionnaire de Quiroli que dans un but de spéculation et de bénéfice; — Qu'il résulte des circonstances de la cause, ainsi que l'atteste le premier Juge, que Dané se livre fréquemment à des opérations de cette nature; — Que, par conséquent, le

---

(1) Conf. Poitiers, 5 janvier 1841 (S. V. 41, 2. 121); — Anal. Cass. 17 juillet 1837 (S. V. 37. 1. 1022). Voir en outre Nouguier, Trib. de Comm. tom. 1er, pag. 378 et 379, n° 10 in fine; et Massé, Droit Comm. tom. 3, n° 440.

Tribunal de Commerce était compétent pour connaître de l'action intentée par Quiroli contre Dané en paiement du prix de ladite cession;

A DÉMIS et DÉMET Dané de son appel;

. . . .

Chambre Civile. — M. CALMÈTES, *Premier Président.*

MM. CECCONI, FABIANI, } *Avocats.*

DU 18 FÉVRIER 1856.

PRESCRIPTION. — BLANC-SEING. — CITATION. — INTERRUPTION. — COMPROMIS. — SUSPENSION.

Lorsque les parties, qui n'ont pu se concilier devant le Bureau de Paix, signent des blancs-seings qu'elles remettent à des arbitres de leur choix, avec toutes les pièces nécessaires au règlement amiable de leurs droits respectifs, si les arbitres, après avoir accepté la mission qui leur était donnée, négligent de l'accomplir et que les blancs-seings soient annulés, l'assignation donnée par le demandeur originaire conserve à la citation en conciliation son effet interruptif, pourvu qu'il ne se soit pas écoulé plus d'un mois, depuis la comparution au Bureau de Paix jusqu'à la date de l'ajournement, déduction faite du temps écoulé, depuis la non-conciliation jusqu'à l'annulation des blancs-seings (1).

DANS L'ESPÈCE.

La citation avait été donnée le 2 Avril 1853.

11 Avril 1853, non-conciliation.

Même date, signature des blancs-seings.

18 Février 1854, annulation des compromis ou blancs-seings.

4 Mars 1854, assignation.

Cette assignation donnée dans le mois de la non-conciliation, si l'on déduit le temps écoulé du 11 Avril 1853 au 18 Février 1854, a conservé à la citation du 2 Avril 1853 son effet interruptif.

---

(1) *Conf.* Paris, 9 juin 1826 (S. V. 30. 2. 270 à la note. — D. P. 31. 2. 10) ; TROPLONG, *de la Prescription*, tom. 2, n° 594 et VAZEILLE, *eodem*, n° 191. — *Cont.* Pour le cas où les arbitres n'ont pas jugé dans le délai fixé, Grenoble, 1er août 1833, et Limoges, 6 août 1848 (S. V. 34. 2. 19 et 48. 2. 548 — D. P. 34. 2. 96 et 48. 2. 120); CHAUVEAU sur CARRÉ, Quest. 251 bis.

Baldassari C. Baldassari.

ARRÊT.

Après délibération en la Chambre du Conseil,

La Cour; — sur les conclusions conformes de M. Bertrand, Premier Avocat Général;

Sur l'exception de prescription opposée par les appelants principaux a la demande en partage formée par le sieur Dominique Baldassari :

. . . .

Considérant qu'en supposant qu'à compter de l'année 1822, Jean-Baptiste et Sylvestre Baldassari aient joui exclusivement des immeubles dont Simon Cesarini leur fit abandon, à cette époque, il reste à examiner si la prescription serait acquise en leur faveur;

Considérant que le sieur Dominique Baldassari n'étant devenu majeur que le 3 Juin 1823, la prescription, qui aurait commencé à courir contre lui dès ce jour, n'aurait été accomplie que le 3 Juin 1853;

Mais considérant que, par citation du 2 Avril 1853, le sieur Dominique Baldassari appela ses deux frères, Jean-Baptiste et Sylvestre, devant le Juge de Paix, pour s'y concilier sur l'action en partage des successions, dont les immeubles en litige formaient une dépendance; — Que le 11 Avril, les parties se présentèrent devant le Bureau de Paix et ne purent se concilier; — Qu'elles convinrent toutefois, après leur comparution devant le Magistrat conciliateur, de suspendre les hostilités et de terminer leur différend à l'amiable; — Qu'à cet effet elles signèrent des blancs-seings et les remirent à des arbitres de leur choix, avec toutes les pièces nécessaires au règlement de leurs droits respectifs; — Que les arbitres acceptèrent le mandat qui leur était donné, et qu'ainsi le Tribunal arbitral se trouva régulièrement constitué;

Considérant que le 18 Février 1854, les arbitres n'ayant pas accompli leur mission, le compromis fut annulé;

Considérant que, quinze jours après la rupture de l'armistice et par exploit du 4 Mars, le sieur Dominique Baldassari assigna régulièrement ses deux frères en partage des diverses successions dont il s'agit;

Considérant que l'ajournement du 4 Mars 1854 eut incontestablement pour effet de conserver à la citation du 2 Avril 1853 son caractère interruptif, la convention des parties ayant mis obstacle au cours de la prescription, depuis leur comparution au Bureau de Paix, jusqu'à la reprise des hostilités, au 18 Février 1854;

Considérant qu'en supprimant cette période intermédiaire, il est manifeste que l'assignation du 4 Mars 1854 a été donnée dans le mois, à compter du 11 Avril 1853, date de la non-conciliation;

Considérant que la prescription, qui ne pouvait être acquise que le 3 Juin 1853, ayant été interrompue le 2 Avril de la même année, il en résulte que l'exception opposée par les appelants n'est pas fondée;

. . . .

. . . .

. . . .

REJETTE l'exception de prescription comme mal fondée;

. . . .

Chambre Civile. — M. CALMÈTES, *Premier Président.*

MM. GRAZIANI, MILANTA, } *Avocats.*

DU 20 FÉVRIER 1856.

1° JUGEMENT PAR DÉFAUT. — ACQUIESCEMENT. — ACTE PRIVÉ.
2° HÉRITIERS BÉNÉFICIAIRES. — TIERS. — ORDRE.
3° SAISIE-IMMOBILIÈRE. — PROCÈS-VERBAL. — PLUSIEURS SÉANCES. — ACTE UNIQUE. — ENREGISTREMENT. — VISA DU MAIRE. — SIGNATURE DE L'HUISSIER.

1° L'acquiescement donné à un jugement par défaut, dans les six mois de son obtention, par acte sous-seing privé qui n'a acquis date certaine qu'après l'expiration des six mois, peut être opposé par le créancier aux héritiers bénéficiaires et servir de base à une saisie-immobilière.

2° L'héritier sous bénéfice d'inventaire représente le défunt, et il est saisi, de plein droit, comme l'héritier pur et simple, des biens, droits et actions du défunt.

3° Le créancier de l'hoirie, à qui l'acquiescement ne peut être opposé, en sa qualité de tiers, ne peut cependant paralyser les droits du créancier, qui, en vertu du jugement acquiescé, poursuit la vente des biens du débiteur commun.

4° Les prétentions du créancier qui conteste la validité de l'acquiescement et du jugement qui forme le titre du créancier poursuivant, ne peuvent être discutées que dans l'ordre, lorsque, par l'effet de l'adjudication, le gage immobilier est converti en numéraire.

5° Bien qu'à raison du nombre des immeubles à saisir dans une même commune, le procès-verbal de saisie soit divisé en plusieurs séances, il n'en constitue pas moins un acte unique, dont la régularité doit être appréciée dans son ensemble et non en considérant chaque séance comme un procès-verbal à part.

6° Le procès-verbal sera irréprochable, si le Maire de la commune y a apposé son visa, *après la clôture des opérations et avant l'enregistrement.*

7° Les enregistrements partiels de quelques parties du procès-verbal avant qu'il soit clos et avant le visa *du Maire, ne sont point une cause de nullité, si, d'ailleurs, il a été soumis de nouveau à cette formalité, après sa clôture et le* visa *du Maire de la commune de la situation des immeubles saisis.*

8° La signature de l'huissier à la fin du procès-verbal, c'est-à-dire à la fin de la dernière séance, couvre l'acte tout en entier; — Il n'est point nécessaire que l'huissier appose sa signature au bas de chaque séance.

Giuseppi C. Giudicelli.

ARRÊT.

Après délibération en la Chambre du Conseil,

La Cour; — sur les conclusions conformes de M. Bertrand, Premier Avocat Général;

I. Sur la demande en nullité de la saisie-immobilière comme ayant été pratiquée en vertu d'un titre sans valeur :

Considérant que ce moyen de nullité doit être examiné au point de vue de la position diverse des co-successeurs Giuseppi, et de la dame veuve Giuseppi, leur mère;

Considérant que le sieur Giudicelli, porteur d'un jugement de condamnation prononcé par défaut contre feu Antoine Giuseppi le 10 Mai 1850, mais acquiescé par ce dernier dans les six mois de son obtention, peut légitimement en poursuivre l'exécution contre les héritiers du débiteur;

Considérant que si l'acquiescement a été donné par un acte privé, qui n'a acquis date certaine à l'égard des tiers qu'après l'expiration des six mois à compter de l'obtention du jugement, les co-successeurs Giuseppi ne sauraient se prévaloir de cette circonstance, ni contester la vérité de la date de l'acquiescement, étant de principe que l'acte sous-seing privé reconnu par celui à qui on l'oppose, a la même foi que l'acte authentique, entre ceux qui l'ont souscrit, leurs héritiers et ayant-cause;

Considérant que l'acceptation sous bénéfice d'inventaire, faite par les enfants d'Antoine Giuseppi, ne les a pas dépouillés de leur qualité d'héritiers; — Qu'elle l'a imprimée, au contraire, sur leur tête d'une manière indélébile, la maxime *Semel hœres, semper hœres* étant aussi bien applicable à l'héritier bénéficiaire qu'à l'héritier pur et simple;

Considérant que, comme l'héritier pur et simple, l'héritier bénéficiaire est saisi, de plein droit, des biens, droits et actions du défunt;

Considérant que s'il administre la succession, c'est avant tout dans son intérêt personnel et à titre d'*administrator in rem suam;*

Considérant que bien loin qu'il soit le représentant des créanciers, c'est contre lui que les créanciers doivent diriger leurs actions; — Qu'ainsi les co-successeurs d'Antoine Giuseppi ne peuvent, sous aucun rapport, ni de leur chef ni du chef des créanciers de feu Antoine Giuseppi, invoquer la tardivité de l'acquiescement, pour en induire la péremption du jugement et la nullité des poursuites;

Considérant que, si la dame veuve Giuseppi est créancière de l'hoirie de son mari, elle peut incontestablement, à ce point de vue, exciper de la tardivité de l'acquiescement dont il s'agit;

Mais considérant que ce droit ne saurait s'étendre jusqu'à paralyser, entre les mains du sieur Giudicelli, son titre exécutoire contre les héritiers Giuseppi, ni l'autoriser à demander la nullité des poursuites valablement engagées par l'intimé;

Considérant qu'en poursuivant la vente des biens de l'hoirie, le sieur Giudicelli agit dans l'intérêt commun des créanciers, qui sont tous, en effet, également intéressés à la conversion du gage immobilier, en valeurs qui puissent être affectées, dans l'ordre, au paiement de leurs créances;

Considérant que c'est dans l'ordre aussi que la dame veuve Giuseppi devra produire ses titres et contester ceux des autres créanciers, afin d'obtenir la collocation à laquelle elle peut avoir droit, suivant ses priviléges ou hypothèques; — Que, sous ce rapport, si les motifs donnés par le Tribunal de première instance ne sont pas à l'abri de tout reproche, sa décision au fond est parfaitement juridique et doit être confirmée par la Cour;

II. Sur la nullité du procès-verbal de saisie-immobilière :

Considérant que si le procès-verbal de saisie, commencé le 9 Août 1855 et clôturé le 18 du même mois, a été rédigé en plusieurs séances successives, à raison du grand nombre d'immeubles à saisir et de leur situation en différentes communes, il n'en constitue pas moins un tout unique, un seul et même acte, présentant l'accomplissement de toutes les formalités prescrites par la loi pour sa complète régularité;

Considérant que vainement on soutient que l'huissier ayant soumis deux fois à l'enregistrement la partie du procès-verbal relative à la saisie des immeubles situés à Luri, avant que le Maire de cette commune y eût apposé son *visa*, il résulterait, de ce mode de procéder, une irrégularité de nature à entraîner la nullité du procès-verbal de saisie;

Considérant, en effet, que l'article 676 du Code de Procédure Civile n'exige qu'un seul *visa* de chaque Maire, à la fin de la partie du procès-verbal qui contient l'indication des immeubles saisis dans sa commune;

Considérant qu'à la fin de la partie du procès-verbal constatant la saisie des immeubles situés à Luri, le Maire de cette commune a donné son *visa* le 17 Août, et que le procès-verbal a été enregistré le vingt du même mois;

Considérant que les deux enregistrements partiels intercalés dans l'acte, aux dates des 13 et 17 Août 1855, en dehors des prescriptions du Code de Procédure Civile, n'ont pu vicier le procès-verbal qui, dans son ensemble, a été visé, signé et régulièrement enregistré après sa clôture;

Considérant que l'article 676 n'exige pas davantage la signature de l'huissier à la fin de chaque séance, lorsque la saisie dure plusieurs jours, ou qu'elle a lieu en des communes différentes; — Que le procès-verbal de saisie constitue une seule opération, suffisamment constatée par la signature de l'huissier apposée à la fin de l'acte et après sa clôture;

Considérant que le moyen de nullité fondé sur l'antériorité du *visa* du Maire de Meria à la signature de l'huissier à la fin du procès-verbal, n'avait pas été proposé en première instance; — Qu'il est donc irrecevable devant la Cour;

Considérant, d'ailleurs, et en fait, que la seule inspection du procès-verbal prouve qu'il était clos et signé par l'huissier lorsqu'il a été visé par le Maire de Meria, puisque le timbre de la Mairie recouvre en partie la dernière ligne du procès-verbal; — Qu'il est manifeste que le *visa* a été apposé par le Maire sur un blanc laissé, à cet effet, par l'huissier au-dessus de sa signature et de la ligne qui clot le procès-verbal;

. . . .

CONFIRME.

Chambre Civile. — M. CALMÈTES, *Premier Président.*

MM. MILANTA, OLLAGNIER, } *Avocats.*

DU 3 MARS 1856.

ARBRE. — BRANCHES. — FONDS VOISIN. — DROITS D'ÉLAGAGE. — IMPRESCRIPTIBILITÉ. — DESTINATION DU PÈRE DE FAMILLE. — CUEILLETTE. — PASSAGE. — STATUT CORSE.

L'article 672 du Code Napoléon crée un droit absolu et imprescriptible, en faveur du propriétaire sur le fonds duquel se projettent les branches des arbres du voisin (1).

La possession du propriétaire de l'arbre ne peut être invoquée comme fondement d'une prescription acquisitive.

La destination du père de famille n'autorise pas davantage à conserver les branches qui font saillie sur le fonds contigu (2).

Le droit de passer sur le fonds voisin, pour la cueillette des fruits, n'est accordé au propriétaire de l'arbre par aucune loi (3).

Le Statut Corse n'autorisait pas l'exercice d'un semblable droit (4).

Les lois romaines qui accordaient, dans ce cas, trois jours au propriétaire de l'arbre pour cueillir les fruits en passant sur le fonds voisin, n'ont aujourd'hui aucune autorité (5).

(1-2) La jurisprudence et la généralité des auteurs se sont prononcés dans ce sens. Toutefois TROPLONG, *De la Prescript.* tom. 1er, nos 346 et 347, soutient la thèse contraire en suivant l'avis émis par DELVINCOURT, tom. 1er, p. 564. Voir en effet, Paris, 16 février 1824 (S. 25. 2. 25 — D. A. 12. 51.); Bourges, 4 juin 1845 (S. V. 45. 2. 479 — D. P. 45. 2. 187); Rejet, 16 juillet 1835 (S. V. 35. 1. 799 — D. P. 35. 1. 395); ainsi que PARDESSUS, *Des Servit.*, n° 196; DURANTON, tom. 5, n° 398; PROUDHON, *Droit d'usage*, tom. 2, n° 572 et *Dom. Privé*, tom. 2, n° 581; CURASSON, sur le même, *ibidem* et *Comp. des Juges de Paix*, n° 515; et DEMOLOMBE, *Traité des Servit.* tom. 1er, n° 507 à 513.

(3-4-5) Nous nous empressons de recueillir ici, sur ces questions fort intéressantes, la décision suivante, émanée du Tribunal de Corte :

1° USAGES LOCAUX. — FRUITS TOMBANT DES BRANCHES.
2° ABROGATION. — INTERDIT DE *Glande Legendâ.*
3° SERVITUDES LÉGALES. — ACTION POSSESSOIRE. — APPEL.

1° D'après un usage établi dans la commune de Zuani (canton de Moïta), le propriétaire et possesseur d'un arbre a le droit de prendre la moitié des fruits qui, de ses arbres, tombent sur le terrain du voisin.

2° Cet usage, qui tire son origine du droit romain, au titre DE GLANDE LEGENDA, *n'a pas été abrogé par l'article 672 du Code Napoléon, et doit être encore suivi.*

Novella C. Manuelli.

ARRÊT.

Après délibération en la Chambre du Conseil,

La Cour; — sur les conclusions conformes de M. Bertrand, Premier Avocat Général;

Sur la prescription du droit accordé au propriétaire d'un fonds de faire couper les branches des arbres du voisin qui avancent sur sa propriété :

Considérant que l'article 672 du Code Napoléon crée un droit absolu, dont l'exercice n'est circonscrit dans aucune limite, et que la prescription ne saurait atteindre;

3° *Ce droit constitue une servitude légale dérivant de la situation des lieux et peut être l'objet d'une action possessoire dont le Juge de Paix ne peut connaître qu'en premier ressort seulement.*

Andrei C. Pieri.

JUGEMENT.

Le Tribunal; — Considérant que le propriétaire et possesseur d'un arbre a un droit exclusif aux fruits qu'il produit (Art. 547 et 583 C. Civ.);

Considérant qu'il n'est pas contesté que l'intimé soit propriétaire et possesseur des arbres qui ont produit les châtaignes qu'il réclame de l'appelant; — Que la circonstance que ce dernier les a cueillies sur son sol n'est pas une raison pour qu'il puisse se les approprier; — Que pour s'en convaincre il suffit de bien se fixer sur les principes qui régissent la matière; — D'abord il ne faut pas confondre ceux qui concernent les servitudes naturelles et légales, avec ceux qui regardent les servitudes conventionnelles, les uns et les autres ont des règles particulières et d'une application différente; — Qu'ainsi, il faut avant tout établir à quelle espèce de servitude appartient celle qui donne, au propriétaire et possesseur de l'arbre, le droit de ramasser les fruits qui tombent sur le sol de son voisin, connue dans le Droit Romain sous le titre *De Glande Legendâ* (Dig. De Gland. Legend. — Ibid. Ad Exhibendum, Leg. 9, § 1er);

Considérant que cette servitude est évidemment une servitude établie par la loi, puisqu'elle existe indépendamment de la volonté de l'homme, et dérive en quelque sorte de la situation des lieux;

Considérant que la distinction des servitudes continues et discontinues, apparentes ou

Considérant que la possession du propriétaire de l'arbre dont les branches font saillie sur le fonds contigu, ne peut, par sa nature même, servir de base à la prescription; — Qu'elle n'est, en effet, ni précise, ni déterminée quant à son point de départ, *Propter motum naturalem arboris* (L. 7, Digest. Lib. VIII, T. II);

Considérant que la croissance de l'arbre s'opère insensiblement, sans qu'aucun indice certain, aucun signe apparent, marquent les époques diverses du développement progressif de chaque branche;

Considérant que l'extension des branches ne s'effectue pas parallèlement, dans des proportions identiques, ni avec la même rapidité; — Qu'il y aurait, dès lors, toujours incertitude sur le point de savoir si la branche qu'il s'agirait d'abattre, s'avance sur le fonds voisin depuis plus de trente années; — Qu'ainsi l'exception de prescription doit être repoussée comme mal fondée;

---

non apparentes, ne regarde que les servitudes établies par le fait de l'homme, et n'est nullement applicable aux servitudes naturelles et légales, lesquelles, ayant leur titre et leur origine dans les dispositions de la loi, sont affranchies de tout autre espèce de titre et peuvent être acquises par la prescription;

Considérant que les servitudes qui peuvent s'acquérir par prescription peuvent être l'objet d'une action possessoire;

Considérant que, de ce qui précède, il résulte que le Juge de Paix était compétent pour connaître du différend des parties, mais qu'il ne pouvait le faire qu'en premier ressort, quoique la demande n'eût pour objet que la restitution de douze boisseaux de châtaignes, vu qu'elle se rattachait à une action possessoire;

Considérant que l'article 7 de la loi du 20 Ventôse An II n'ayant abrogé les lois romaines que dans les matières qui sont l'objet des lois composant le Code Civil, elles sont restées en vigueur dans les pays qui, comme la Corse, étaient régis par le Droit Romain, pour tous les cas qui n'ont pas été prévus par les lois nouvelles;

Considérant qu'il en est de même des usages locaux, dans les matières dont la nouvelle législation ne s'est point occupée;

Considérant que ni le Code Civil, ni aucune autre loi ne s'étant occupé de l'espèce de servitude établie par l'interdit *De Glande Legendâ*, cet interdit est encore en vigueur dans les pays où un usage contraire ne l'a pas abrogé ou modifié;

Considérant que, sous l'ancienne jurisprudence, l'usage modifiait souvent la loi, et en prenait quelquefois la place;

Considérant qu'il résulte des déclarations des témoins entendus par le Juge de Paix, que l'usage établi dans la commune de Zuani porte que les châtaignes qui tombent sur le fonds

Sur la destination du père de famille :

Considérant que, si la destination du père de famille peut être légitimement invoquée en ce qui concerne le pied de l'arbre planté à une distance moindre que la distance légale, ses effets ne sauraient s'étendre jusqu'à la conservation des branches, qui dépassent la ligne séparative des fonds limitrophes, lorsque les deux héritages ont cessé d'appartenir au même propriétaire ;

Considérant, d'ailleurs, qu'on ne peut sérieusement soutenir que, dans la pensée du père de famille, les arbres par lui plantés avaient pour destination spéciale de projeter leurs branches sur le fonds contigu ; — Que, dans l'espèce, rien n'indique qu'au moment de la séparation des deux propriétés, les branches des arbres dont il s'agit franchissaient déjà la limite des deux fonds ; — Que, par suite, c'est avec juste raison que le Tribunal de première instance a réservé au sieur

---

du voisin sont partagées par égales portions entre celui-ci et le propriétaire de l'arbre, et que l'intimé n'a l'habitude de faire cueillir que la moitié des châtaignes qui, de ses arbres, tombent sur le sol de l'appelant;

Considérant que le Code Civil n'ayant rien réglé à cet égard, l'usage précité existe toujours dans toute son étendue, car il est de principe que, *De quibus causis scriptis legibus non utimur id custodiri oportet quod moribus et consuetudine inductum est* (Leg. 32, Dig. De Reg. Jur.);

Considérant que ce serait une erreur de croire que la servitude et l'usage susmentionnés se trouvent tacitement abrogés par les dispositions de l'article 672 du Code Civil, car cet article ne fait que modifier l'interdit *De arboribus cædendis*, et le paragraphe second de la loi sixième au Digeste *Arborum furtim cæsarum;* mais il ne s'est point occupé de la matière qui fait l'objet de l'interdit *De Glande Legendâ*, ni de l'usage qui fait, dans certains ressorts, partager par moitié les fruits qui tombent sur le sol du voisin;

Considérant que le propriétaire et possesseur de l'arbre est d'autant plus aujourd'hui fondé à ramasser les fruits qui tombent sur le sol du voisin, que celui-ci est censé lui en avoir accordé le droit, dès qu'il souffre que les branches de l'arbre s'avancent sur sa propriété, pendant qu'il pourrait exiger qu'elles fussent coupées, et s'affranchir par là de toute servitude;

Disant droit sur l'appel et statuant sur icelui, — Déclare avoir été mal et sans griefs appelé; — *Compétemment* bien et justement jugé par le Juge de Paix du canton de Moïta, au moyen de son jugement du 10 Décembre dernier, dont l'exécution est *ordonnée* de plus fort.

Du 19 avril 1837. — Tribunal Civil de Corte. — M. Nasica, Président.

Novella le droit de faire couper les branches des arbres du sieur Manuelli qui avancent sur la vigne *Giojelli ;*

EN CE QUI TOUCHE LE PASSAGE SUR LA VIGNE DU SIEUR NOVELLA POUR LA CUEILLETTE DES OLIVES QUI, EN SE DÉTACHANT DES BRANCHES SUJETTES A L'ÉLAGAGE, TOMBENT EN DEHORS DU FONDS DU SIEUR NOVELLA :

Considérant que le droit de passage réclamé par le sieur Manuelli, intimé, ne résulte d'aucune disposition du Code Napoléon ; — Que le Statut Corse n'autorisait pas l'exercice d'un semblable droit ; — Que l'usage le plus généralement admis dans ce ressort est contraire à la prétention du sieur Manuelli ;

Considérant que l'interdit du Prêteur *De Glande Legendâ*, et la *Loi* 9, *Dig. Lib. X, T. IV, Ad Exhibendum*, qui accordaient, dans ce cas, le droit de passage pendant trois jours à compter de la chute des fruits, ont été implicitement abrogés par la nouvelle législation ;

Considérant que, dans la Corse, la cueillette des olives ne durant pas moins de cinq à six mois, le droit de passage dont il s'agit deviendrait une servitude des plus onéreuses, pour le fonds qui s'y trouverait soumis ; — Que les inconvénients d'un semblable droit seront encore plus manifestes, si l'on suppose qu'il doit être exercé dans une propriété close ;

Considérant, au surplus, que l'article 672 du Code Napoléon, donnant au propriétaire voisin le droit imprescriptible de faire couper les branches qui avancent sur son héritage, l'existence de ces branches ne peut avoir lieu que précairement et à titre de tolérance, et qu'il n'en saurait, dès lors, résulter le droit de contraindre le voisin à subir un passage préjudiciable ou incommode ;

Considérant que si, à défaut de passage, le propriétaire de l'arbre est exposé à perdre une partie de ses fruits, il ne peut s'en plaindre avec fondement, puisque le voisin, en l'obligeant à couper les branches de son arbre, le priverait à la fois du bois provenant de l'émondage annuel et des fruits que les branches coupées auraient produits ; — Que, par conséquent, c'est le cas de réformer le jugement attaqué en disant droit, quant à ce, à l'appel principal ;

. . . .

Démet de l'appel incident ;

Et disant droit, au contraire, à l'appel principal,

Fait défense au sieur Manuelli de s'introduire dans la vigne *Giojelli*, à l'effet d'y ramasser les olives qui, en se détachant de ses arbres, tombent sur la propriété du sieur Novella ;

. . . .

Chambre Civile. — M. CALMÈTES, *Premier Président.*

MM. Savelli, Camoin-Vence, } *Avocats.*

DU 10 MARS 1856.

SAISIE-IMMOBILIÈRE. — COMMANDEMENT. — PROFESSION DU DÉBITEUR. — COPIE DU TITRE. — SENTENCE ARBITRALE. — APPEL. — DÉSISTEMENT. — PAIEMENT PARTIEL.

1° Le commandement à fins de saisie-immobilière ne doit pas contenir, à peine de nullité, l'indication de la profession du débiteur (1).

2° Lorsque la poursuite a pour base une sentence arbitrale, frappée d'un appel suivi de désistement, il est pleinement satisfait au vœu de l'article 673 du Code de Procédure Civile, en donnant copie, en tête du commandement, de la sentence arbitrale et du titre sur lequel elle est intervenue (2).

3° Il n'est point nécessaire de donner aussi copie du désistement.

Maestracci C. Vatteoni.

ARRÊT.

Après délibération en la Chambre du Conseil,

LA COUR ; — sur les conclusions conformes de M. BERTRAND, Premier Avocat Général ;

Considérant que l'indication de la profession du débiteur, dans le commandement signifié le 21 Juin 1855, n'était point prescrite par les articles 673 et 61 du Code de Procédure Civile ;

Considérant que le commandement dont il s'agit contient copie de l'acte du 30 Mai 1837 et de la sentence arbitrale du 30 Mars 1846, qui servaient de base aux poursuites ; — Qu'il satisfait pleinement, dès lors, au vœu de l'article 673 du Code de Procédure Civile ;

(1-2) Cela ne saurait être douteux. Voir, sur la 1re solution, CARRÉ et CHAUVEAU, quest. 306 ; BONCENNE, tom. 2, pag. 110 ; et sur la 2e, Bourges, 11 janvier 1822 (S. 22. 2. 222 — D. A. 11. 699) ; Toulouse, 28 avril 1826 (S. 26. 2. 234 — D. P. 26. 2. 201) ; Bordeaux, 20 mai 1828 (S. 28. 2. 276 — D. P. 28 2. 217) ; CARRÉ et CHAUVEAU, quest. 2201.

Considérant que, si la sentence arbitrale de 1846 a été frappée d'appel par Maestracci, celui-ci s'est désisté de son appel; — Que ce désistement a rendu à la sentence attaquée toute sa force d'exécution;

Considérant qu'aucune disposition de la loi n'exigeait que l'acte de désistement fût transcrit en tête du commandement, à la suite de la sentence arbitrale;

Considérant que la production du désistement en justice n'aurait pas même été nécessaire, si Maestracci n'avait mal-à-propos demandé la nullité du commandement, sur le fondement de l'appel par lui relevé envers la sentence, dont Vatteoni poursuit l'exécution;

Considérant que, si la somme dont Maestracci s'est reconnu débiteur, dans l'acte de 1837, a été payée en tout ou en partie, il pourra faire valoir ses droits, quant à ce, dans l'ordre qui sera ouvert à la suite de l'adjudication; — Que des réserves, à cet égard, ne sont pas nécessaires, et qu'il n'y a lieu de s'arrêter aux conclusions prises, à ce sujet, par Maestracci;

. . . .

CONFIRME.

Chambre Civile. — M. CALMÈTES, *Premier Président.*

MM. MILANTA, GAVINI, } *Avocats.*

DU 10 MARS 1856.

1° TRANSPORT DE CRÉANCE.

2° NOTIFICATION. — NOM. — OMISSION. — CESSION ANTÉRIEURE. — CONNAISSANCE. — COMPENSATION.

3° CRÉANCE. — CARACTÈRE.

4° RETRAIT LITIGIEUX. — EXERCICE. — APPEL. — CONCLUSIONS SUBSIDIAIRES. — MOYEN NOUVEAU.

1° La connaissance qu'aurait eue le cessionnaire de la cession antérieure d'une créance, dont il était tenu envers le débiteur cédé, ne supplée point à la notification exigée par l'article 1690 du Code Napoléon (1).

2° Le défaut de notification du transport ne peut être valablement opposé par le débiteur cédé, pour se soustraire à la compensation qui s'opère, de plein droit, par la seule force de la loi, même à l'insu des débiteurs. [Cod. Nap., Art. 1290.] (2).

L'omission du nom du cédant, sur la copie notifiée au débiteur cédé, n'entraîne point la nullité de l'acte de transport sur lequel se trouve la signature du cessionnaire, si l'existence et la sincérité de la cession ne sont point contestées, et qu'il appert, d'ailleurs, que le débiteur cédé ne s'est pas mépris, sur la volonté du cessionnaire de se prévaloir de sa cession.

3° Une créance ne perd point le caractère de droit incorporel qui lui est propre, par cela que le débiteur, à la suite d'une transaction, promet à son créancier la vente d'une part incertaine et indéterminée de son immeuble, sous l'obligation, non réalisée, d'exercer le rachat dans le délai de quatre années.— Une telle vente a eu pour but d'éloigner le terme de la libération du débiteur, et de donner une garantie au créancier.

4° Ce n'est point acquérir un droit litigieux, qui puisse donner lieu au retrait autorisé par l'article 1699 du Code Napoléon, que de se rendre cessionnaire d'une créance dont le recouvrement a été suivi en justice, sans

---

(1) Voir, Bastia, 2 mai 1842, ainsi que la note qui accompagne cet arrêt (N. R. à cette date).

(2) *Conf.* Grenoble, 21 août 1828 et Bordeaux, 14 avril 1829 (S. 29. 2. 70 et 220 — D. P. 29. 2. 125 et 129). — *Cont.* Paris, 28 février 1825 (S. 26. 2. 75 — D. P. 26. 2. 60); TROPLONG, *Vente*, tom. 2, n° 891.

qu'il se soit élevé aucune contestation sur le fond du droit, lorsque la double circonstance de l'abandon de l'instance et de la vilité du prix, sur laquelle se fonde l'exception, s'explique par l'état de déconfiture du débiteur (3).

Le bénéfice de l'action en retrait n'est établi qu'au profit du débiteur d'une créance, ou d'un droit que l'on poursuit contre lui.

Le débiteur cédé est non recevable dans sa demande en retrait litigieux, proposée en appel par conclusions subsidiaires.

Bolelli C. Tasso.

ARRÊT.

Après délibération en la Chambre du Conseil,

La Cour; — sur les conclusions de M. Bertrand, Premier Avocat Général;

. . . .

En ce qui concerne la nullité de la cession du 22 Septembre 1850 :

Considérant que quels que soient les termes de la cession dont il s'agit, il est manifeste que la veuve Bertin a entendu transporter au sieur Bolelli, et celui-ci acquérir, la créance du sieur Antoine Bertin sur l'abbé Tasso, telle qu'elle avait été réduite par la transaction du 6 Avril 1844, et par le paiement partiel effectué en exécution d'icelle; — Qu'il y a lieu, par suite, de maintenir cette cession, sauf à examiner si elle peut produire quelque effet utile en faveur du sieur Bolelli;

Sur la compensation :

Considérant qu'aux termes de la transaction du 6 Avril 1844, l'abbé Tasso, appelant, se reconnut débiteur envers le sieur Bertin d'une

---

(3) Voir dans ce sens, Cass. 5 juillet 1819 (S. 20. 1. 53 — D. A. 12. 926); Rejet, 24 janvier 1827 (S. 27. 1. 352 — D. P. 27. 1. 123); *idem*, 9 février 1841 (S. V. 41. 1. 220 — D. P. 41. 1. 114); *idem*, 20 mars 1843 (S. V. 43. 1. 542); Merlin, *Rép.* V° *Droits litigieux*, n° 1er; Duranton, tom. 16, n° 532 et suiv.; Troplong, *Vente*, tom. 2, n° 986 et suiv.

somme de deux mille huit cent francs et s'engagea à payer un à-compte de six cents francs, dans un délai de vingt jours, paiement qui fut réellement effectué, ainsi que cela est constaté par les documents du procès;

Considérant que, par acte public du 22 Septembre 1850, la veuve Bertin, agissant au nom de ses enfants mineurs, céda et transporta au sieur Bolelli le reste de la créance du sieur Bertin contre l'abbé Tasso, pour le prix de mille sept cents francs;

Considérant que cette cession ne fut signifiée par le sieur Bolelli à l'abbé Tasso, que le 13 Novembre 1854;

Considérant qu'entre ces deux dates et le 13 Novembre 1852, le sieur Mannoni, négociant à Ajaccio, fit cession à l'abbé Tasso d'une créance de mille sept cent trente-sept francs, sur le sieur Bertin décédé en état de déconfiture, moyennant le prix de deux cents francs; — Que cette cession fut notifiée, le 4 Décembre 1852, par l'abbé Tasso à la veuve Bertin, comme tutrice de ses enfants mineurs, et au sieur Michel Bertin majeur, tous héritiers et représentants du sieur Antoine Bertin, débiteur décédé;

Considérant que l'abbé Tasso étant ainsi devenu créancier des hoirs Bertin en la somme de mille sept cent trente-sept francs, productive d'intérêts au taux de six pour cent, à raison de la nature commerciale de la dette, il en résulte qu'il s'est opéré une compensation entre la créance des hoirs Bertin contre l'abbé Tasso, et celle de l'abbé Tasso envers les représentants du sieur Antoine Bertin;

Considérant que le sieur Bolelli, intimé, repousse la compensation par plusieurs moyens, qui doivent être successivement examinés;

Considérant qu'il n'est pas démontré, en fait, qu'antérieurement à la notification de la cession consentie au sieur Bolelli, l'abbé Tasso eût connaissance de cette cession;

Considérant, en droit, que la connaissance que ce dernier aurait pu acquérir indirectement de l'acte de cession du 22 Septembre 1850, n'affranchissait pas le cessionnaire de la notification prescrite par l'article 1690 du Code Napoléon;

Considérant qu'en l'absence de cette notification, le débiteur cédé pouvait valablement se libérer envers le cédant, soit par un paiement effectif, soit par la compensation;

Considérant, au contraire, que la notification de la cession consentie par le sieur Mannoni à l'abbé Tasso, n'était pas nécessaire pour que la compensation pût s'opérer; — Que, d'après l'article 1290 du Code Napoléon, la compensation a lieu de plein droit, et à l'insu même des débiteurs; — Que, par conséquent, l'abbé Tasso n'était nullement tenu de notifier à la veuve Bertin la cession à lui faite par Mannoni, puisque, à l'instant même où cette cession a acquis date certaine, la compensation s'est opérée par la seule puissance de la loi; — Que l'irrégularité signalée dans la notification de cette cession ne peut donc exercer aucune influence sur le sort du litige; — Que, dès qu'il est constant que la cession existe, qu'elle est sincère et valable, il importe peu que, dans la copie notifiée le 4 Décembre 1852, la signature du sieur Mannoni ait été omise, étant, d'ailleurs, certain que l'acte de cession antérieurement enregistré porte la signature de Mannoni, aussi bien que celle de l'abbé Tasso; — Que, d'un autre côté, nonobstant cette omission, la veuve Bertin n'en avait pas moins été touchée d'une notification, qui lui avait donné irrécusablement connaissance de l'existence de la cession, et qu'ainsi le but de la loi était pleinement rempli;

Considérant que vainement le sieur Bolelli soutient, que la créance du sieur Bertin contre l'abbé Tasso a été convertie en un droit immobilier, qui ne pouvait être compensé avec une créance proprement dite;

Considérant que, si l'abbé Tasso s'est ménagé, à l'époque de la transaction, un terme de quatre années pour sa complète libération, en promettant de consentir vente à pacte de réméré d'une part indéterminée de sa terre dite l'*Evangelio*, sous l'obligation d'exercer le rachat dans le délai de quatre années, cette convention, qui n'a eu d'autre but que de donner une garantie au créancier, n'a pas évidemment transformé la créance en un droit immobilier;

Considérant que la vente à réméré n'a nullement été réalisée; — Que la veuve Bertin, en consentant la cession du sieur Bolelli, ne lui a transmis qu'une créance, dont celui-ci poursuit le paiement dans le litige soumis à la Cour;

Considérant que le sieur Bolelli, prévoyant l'insuccès de ses diverses exceptions, a prétendu, pour la première fois devant la Cour et par des conclusions subsidiaires, que la créance cédée par l'abbé Tasso était litigieuse, et il a demandé à être admis à l'exercice du retrait autorisé par l'article 1699 du Code Napoléon;

Considérant que, si le sieur Mannoni assigna, le 26 Avril 1845, le sieur Bertin en paiement du billet de mille sept cent trente-sept francs, il n'en résulte nullement que la créance fût litigieuse; — Qu'aucune contestation ne s'éleva, à cette époque, sur le fond du droit du sieur Mannoni, et que, si l'instance n'a pas été poursuivie par ce dernier, c'est uniquement à l'insolvabilité du débiteur que cet abandon doit être attribué;

Considérant que cette même circonstance explique la vilité du prix de la cession;

Mais considérant que ce n'est pas à titre de droit litigieux que la créance a été cédée; — Que le billet qui la constate est sincère et n'a été, au fond, l'objet d'aucune exception ou d'aucune critique sérieuse; — Que si, dans l'instance actuelle, le sieur Bolelli a soutenu devant le Tribunal de première instance, que le billet était prescrit, il n'a point osé reproduire devant la Cour cette prétention insoutenable;

Considérant que le retrait litigieux, que la législation nouvelle a emprunté aux lois *Per diversas et ab Anastasio*, a été introduit dans l'intérêt du débiteur et en haine des procès;

Considérant que le sieur Bolelli n'est point le débiteur de l'abbé Tasso;

Considérant, sous un autre rapport, que l'exercice du retrait ne s'explique et ne se justifie que par l'incertitude qui existe sur la valeur d'un droit soumis aux chances aléatoires d'un litige déjà engagé;

Considérant, dès lors, qu'on ne saurait comprendre qu'au moment où une instance parvenue au deuxième degré de juridiction touche à son terme, on puisse, par des conclusions subsidiaires et pour le cas où les conclusions principales ne seraient pas accueillies, demander à exercer le retrait d'un droit qui, dans cette hypothèse, ne présenterait plus ni doute ni incertitude;

Considérant que les diverses exceptions invoquées par le sieur Bolelli étant reconnues mal fondées, c'est le cas d'admettre la compensation opposée par l'abbé Tasso, envers la créance des hoirs Bertin, et de le déclarer libéré des causes de l'obligation, dont le sieur Bolelli poursuit contre lui le recouvrement;

. . . .

A MIS et MET au néant l'appellation et ce dont est appel;

Et PROCÉDANT par voie d'évocation,

STATUANT au fond,

DÉCLARE que la créance dont le sieur Bolelli est devenu cessionnaire envers l'abbé Tasso, par acte public du 22 Septembre 1850, notifié au débiteur le 13 Novembre 1854, était, à cette dernière date, éteinte par l'effet de la compensation légale;

RELAXE, par suite, l'abbé Tasso de toutes poursuites quant à ce;

. . . .

Chambre Civile. — M. CALMÈTES, *Premier Président.*

MM. BONELLI, MILANTA, } *Avocats.*

DU 11 MARS 1856.

MARIAGE. — PROMESSE. — VALIDITÉ. — DOMMAGES-INTÉRÊTS.

Du principe que les promesses de mariage sont nulles, comme portant atteinte à la liberté des mariages, il ne s'ensuit pas que l'inexécution de la promesse ne donne lieu à des dommages-intérêts, en faveur de la personne que le refus livre aux soupçons de la malignité publique. — Ici s'appliquent les articles 1142 et 1382 du Code Napoléon (1).

En conséquence, des dommages-intérêts sont dus à la femme délaissée, lorsque la réparation, qu'elle réclame en justice, n'est pas le prix de sa faiblesse, de son déshonneur ou de sa honte (2).

Ragoni C. **Femme Fragassi.**

ARRÊT.

Après délibération en la Chambre du Conseil,

La Cour; — sur les conclusions conformes de M. Bertrand, Premier Avocat Général;

Sur l'appel incident :

Considérant que, si les principes du droit, comme ceux de la morale, repoussent l'action de la fille ou de la femme, qui, se prétendant séduite et délaissée, viendrait réclamer en justice le prix de sa faiblesse, de son déshonneur et de sa honte, il n'en saurait être ainsi, lorsque le séducteur s'est lié, envers elle, par une promesse de mariage;

Considérant que s'il est constant, en doctrine et en jurisprudence, que les promesses de mariage sont nulles comme contraires à la liberté, qui est de l'essence du mariage, il n'est pas moins certain que lorsque,

---

(1-2) Voir *supra*, Bastia, 28 août 1854 et la note.

par suite de l'inexécution d'une promesse de cette nature, la personne délaissée a éprouvé un préjudice, elle peut en demander la réparation ;

Considérant, en fait, que dans un écrit privé, en date du 18 Avril 1841, dûment enregistré, le sieur Ragoni a reconnu qu'il avait eu des relations intimes avec la demoiselle Fragassi, sa cousine, alors âgée de 16 ans, et que c'est uniquement sous la foi d'une promesse de mariage qu'il put vaincre la résistance de sa jeune parente ;

Considérant que le sieur Ragoni, après avoir vécu pendant plusieurs mois avec la demoiselle Fragassi, dans les rapports de la plus complète intimité, l'expulsa de son domicile, flétrie, déshonorée et dans un état de grossesse ;

Considérant que non-seulement il s'est refusé à l'exécution de la promesse de mariage qu'il avait librement consentie, mais il a contracté une autre union ;

Considérant que le sieur Ragoni, en délaissant la demoiselle Fragassi, dans les circonstances qui viennent d'être rappelées, lui a inféré un préjudice matériel et moral, dont les premiers juges n'ont pas fait une juste appréciation ;

DISANT DROIT à l'appel de la demoiselle Fragassi,

SANS S'ARRÊTER aux conclusions incidentes prises en son nom ;

RÉFORMANT, quant à ce, le jugement attaqué ;

ÉLÈVE à mille cinq cents francs le chiffre des réparations civiles accordées à la demoiselle Fragassi par le premier Juge ;

. . . .

Chambre Civile. — M. CALMÈTES, *Premier Président.*

MM. OLLAGNIER, GAVINI, } *Avocats.*

DU 19 MARS 1856.

SÉPARATION DE CORPS. — ADULTÈRE. — APPEL. — MARI. — MINISTÈRE PUBLIC. — JURIDICTION CIVILE. — PEINE. — CIRCONSTANCES ATTÉNUANTES.

Lorsque, sur une demande en séparation de corps formée par le mari, pour cause d'adultère de sa femme, le Tribunal de première instance prononce la séparation de corps sans énoncer expressément, dans le dispositif de son jugement, que la séparation a pour cause l'adultère, cette omission ne peut être l'objet d'un grief d'appel de la part du mari, si, d'ailleurs, il résulte de l'ensemble du jugement que la séparation est uniquement fondée sur l'adultère de la femme.

Devant la Juridiction civile, comme devant la Juridiction correctionnelle, l'appel du mari suffit pour autoriser le Ministère Public à requérir l'application de l'article 308 du Code Napoléon (1).

Il importe peu que le Tribunal de première instance, à défaut de réquisitions de la part du Ministère Public, n'ait pas condamné la femme adultère à la peine édictée par l'article 308 précité, ou que l'appel du mari soit déclaré mal fondé; — Le fait seul de l'existence de l'appel et de sa recevabilité, sauvegarde pleinement les droits du Ministère Public, en ce qui concerne l'application ou l'aggravation de la peine.

L'article 463 du Code Pénal ne saurait être appliqué en semblable matière.

---

(1) Voir, sur cette question, dans le sens de l'arrêt, Paris, 17 janvier 1823 (S. 24. 2. 155 — D. A. 1. 318); Rejet, 3 septembre 1831, 19 octobre 1837 et 3 mai 1850 (S. V. 37. 1. 560, 1029 et 50. 1. 556 — D. P. 33. 1. 315 et 38. 1. 424); MERLIN, Quest., V° *Adultère*, § 6, tom. 1er, pag. 161. En sens contraire, Paris, 8 juin 1837 (S. V. 37. 2. 293 — D. P. 37. 2. 154); MANGIN, *De l'Act. Publiq.*, tom. 1er, n° 140; CHAUVEAU et FAUSTIN HÉLIE, *Théor. du Code pénal*, tom. 6, pag. 220 et suiv.

Palmieri C. Palmieri.

ARRÊT.

Après délibération en la Chambre du Conseil,

LA COUR; — sur les conclusions de M. BERTRAND, Premier Avocat Général;

EN CE QUI CONCERNE LE PREMIER GRIEF DE L'APPEL PRINCIPAL DU SIEUR PALMIERI ET DE L'APPEL INCIDENT DE LA DAME PALMIERI, RELATIF A LA SÉPARATION DE CORPS :

Considérant que l'adultère de la dame Palmieri est évidemment prouvé par l'enquête et par tous les documents de la cause;

Considérant que l'instance engagée par le sieur Palmieri avait pour but de faire prononcer contre la dame Marie Marcantoni, son épouse, la séparation de corps, pour cause d'adultère; — Que la séparation a été ordonnée par le jugement attaqué;

Considérant que, si le premier Juge n'a pas expressément déclaré dans le dispositif du jugement, que la séparation de corps était prononcée pour cause d'adultère, cette omission ne pouvait devenir l'objet d'un grief sérieux d'appel de la part du sieur Palmieri; — Qu'en effet, en rapprochant le dispositif du jugement des motifs qui le précèdent, il est manifeste que l'adultère est la seule cause de la séparation ordonnée, le sieur Palmieri n'ayant, d'ailleurs, adressé à son épouse que l'unique reproche d'avoir trompé sa confiance et trahi la foi conjugale;

SUR LES RÉQUISITIONS DU MINISTÈRE PUBLIC RELATIVES A L'APPLICATION DES ARTICLES 308 DU CODE NAPOLÉON ET 463 DU CODE PÉNAL :

Considérant que l'adultère de la femme peut être l'objet d'une double action, l'une directe et principale devant les Tribunaux correctionnels, l'autre indirecte et accessoire devant la Juridiction civile;

Considérant que ces deux actions sont soumises à des règles qui diffèrent essentiellement;

Considérant que, si l'action publique ne peut être portée devant le Juge correctionnel, que sur la dénonciation du mari, qui en provoque ainsi l'exercice, devant la Juridiction civile, dès que l'instance en séparation de corps est engagée à la requête du mari, la loi donne le droit et impose le devoir au Ministère Public de requérir contre la femme adultère l'application de la peine portée par l'article 308 du Code Napoléon ;

Considérant que ce droit ne saurait être paralysé et frappé de déchéance par le silence du Ministère Public en première instance, lorsque la cause se présente devant le second degré de juridiction, sur l'appel du mari ;

Considérant que si, dans l'instance correctionnelle, d'après une jurisprudence qui paraît aujourd'hui constante, et par dérogation aux principes du droit commun, le seul appel du mari autorise le Ministère Public à requérir l'application ou l'aggravation de la peine, alors même qu'il n'aurait pas usé de son droit d'appel, ou qu'il en serait déchu, à plus forte raison doit-il en être ainsi devant la Juridiction civile, lorsque le mari a relevé appel de la décision intervenue sur sa demande en séparation de corps ;

Considérant, en effet, que la faculté d'appeler n'ayant pas été accordée, dans cette hypothèse, à la partie publique, il en résulte nécessairement que le mari, à qui la loi permet de poursuivre la répression de l'adultère de sa femme devant toutes les Juridictions, conserve par son appel tous les droits du Ministère Public, pour demander à la Juridiction civile supérieure la réparation des erreurs ou des omissions commises en première instance, en ce qui concerne l'application de la peine ; — Qu'il importe peu que l'appel du mari soit déclaré mal fondé, le fait seul de son existence et de sa recevabilité ayant suffi pour sauvegarder les droits du Ministère Public, devant le second degré de juridiction ;

Considérant, dès lors, que si, dans la cause actuelle, le Tribunal du premier degré, à défaut de réquisitions tendantes à l'application de la peine, n'a point fait à la dame Palmieri l'application de l'article 308 du Code Napoléon, les droits du Ministère Public, devant la Cour, demeurent entiers, et que ses réquisitions doivent être accueillies ;

Considérant, toutefois, que l'article 463 du Code Pénal ne saurait être légitimement invoqué en semblable matière; — Que le dernier paragraphe de cet article, qui autorise les Tribunaux correctionnels à réduire les peines, si les circonstances paraissent atténuantes, n'est applicable qu'aux délits prévus par le Code Pénal; — Qu'il ne peut être étendu à d'autres lois, qu'en vertu d'une disposition expresse qui en permette l'application;

Considérant, d'ailleurs, que l'atténuation, résultant de l'article 463 du Code Pénal, n'a pu entrer dans les prévisions du législateur, qui a édicté l'article 308 du Code Napoléon, puisqu'à cette époque le Code Pénal n'était ni rédigé, ni promulgué;

Considérant, au surplus, que les circonstances ne paraissent pas atténuantes;

. . . .

. . . .

STATUANT sur l'action publique,

DIT qu'il n'y a pas lieu de faire à la dame Palmieri l'application de l'article 463 du Code Pénal;

Et VU l'article 308 du Code Napoléon, dont il a été donné publiquement lecture;

. . . .

CONDAMNE la dame Marie Marcantoni, épouse Palmieri, reconnue coupable d'adultère, à la peine de trois mois d'emprisonnement, qu'elle subira dans une maison de correction conformément à l'article précité;

. . . .

Chambre Civile. — M. CALMÈTES, *Premier Président.*

MM. CECCONI, OLLAGNIER, } *Avocats.*

DU 31 MARS 1856.

RÉSERVES. — JUGEMENT. — EXÉCUTION. — ACQUIESCEMENT. — FIN DE NON-RECEVOIR. — COMPÉTENCE — DEMANDE PRINCIPALE. — DEMANDE INCIDENTE. — VÉRIFICATION D'ÉCRITURE.

1° L'exécution du jugement rend inefficaces et vaines les réserves de relever appel envers la décision à laquelle on acquiesce en l'exécutant.

2° Les réserves faites par le garant contre le débiteur principal, dans un acte auquel ce dernier n'a point participé, ne sauraient produire aucun effet contre lui.

3° La compétence du Juge pour statuer sur les incidents, est la même que pour statuer sur le fond.

4° La demande principale étant inférieure aux taux du dernier ressort, l'exception relative à la dénégation de l'écriture d'une pièce produite, comme moyen de défense, doit suivre le sort de la demande originaire, sous le rapport du premier ou du dernier ressort.

Muzio-Olivi C. **Héritiers Leca.**

ARRÊT.

Après délibération en la Chambre du Conseil,

La Cour ; — sur les conclusions conformes de M. Bertrand, Premier Avocat Général ;

Sur les fins de non-recevoir :

Considérant qu'il est constant, en fait, que le sieur Quilici, cessionnaire d'un billet à ordre de la somme de six cent soixante-et-quinze francs, souscrit par le sieur Muzio-Olivi, a introduit une instance contre les héritiers Leca, en paiement dudit effet ; — Que, d'autre part, le sieur Quilici a assigné le sieur Muzio-Olivi, en garantie de l'existence de la créance à l'époque de l'endossement qui lui en avait transmis la propriété ;

Considérant que les héritiers Leca ayant produit une quittance sous signature privée, en date du 19 Août 1838, constatant le paiement du billet dont il s'agit, le sieur Muzio-Olivi a soutenu que la date de la quittance avait été altérée, et il en a demandé la vérification, soit par experts, soit par témoins;

Considérant que la cause étant revenue à l'audience, après l'exécution du jugement qui avait ordonné la vérification de la quittance contestée, le sieur Quilici conclut à la condamnation des héritiers Leca au paiement de la somme de six cent soixante-et-quinze francs et des intérêts d'icelle pendant les cinq dernières années, et, en outre, à ce que le sieur Muzio-Olivi fût éventuellement condamné à lui rembourser la somme de six cent soixante-et-quinze francs, les intérêts échus jusqu'à parfait paiement, et de plus mille deux cents francs à titre de dommages-intérêts;

Considérant que, par jugement du 11 Juin 1847, le Tribunal de première instance, statuant sur les demandes jointes, déclara la quittance sincère, et, en relaxant les héritiers Leca, condamna le sieur Muzio-Olivi à rembourser au sieur Quilici la somme de six cent soixante-et-quinze francs, avec les intérêts des cinq dernières années et aux dépens;

Considérant que le sieur Muzio-Olivi a relevé appel de cette décision, à la fois contre le sieur Quilici et contre les héritiers Leca;

Considérant que, pour apprécier le mérite des fins de non-recevoir opposées à ce double appel, il faut soigneusement distinguer la demande du sieur Quilici contre les héritiers Leca, de l'action récursoire contre le sieur Muzio-Olivi;

Considérant que, si cette dernière demande dépasse les limites du dernier ressort, celle dirigée contre les héritiers Leca, qui n'avait d'autre objet, ainsi que toutes les parties le reconnaissent devant la Cour, que le paiement du billet de six cent soixante-et-quinze francs et des intérêts des cinq dernières années, était évidemment de nature à être jugée souverainement par le Tribunal de première instance;

Considérant que la condamnation prononcée en faveur du sieur Quilici, contre le sieur Muzio-Olivi, a été exécutée par ce dernier; — Que le sieur Quilici déclare avoir été pleinement satisfait par le sieur Muzio-Olivi et demande acte de sa déclaration; — Que l'appelant ne prend pas même des conclusions contre lui;

Considérant que vainement le sieur Muzio-Olivi prétend qu'en désintéressant le sieur Quilici, il s'était expressément réservé le droit d'appeler, soit contre Quilici, soit contre les héritiers Leca;

Considérant que l'existence de ces réserves n'est pas justifiée; — Que, d'ailleurs, en ce qui concerne le sieur Quilici, elles seraient inefficaces suivant la maxime, *Protestatio actui contraria inutilis est et nihil operatur;*

Considérant que, relativement aux héritiers Leca, les réserves seraient également inopérantes, puisque les conventions intervenues entre Quilici et Muzio-Olivi ne pouvaient exercer aucune influence, sur la recevabilité de l'appel dirigé contre les héritiers Leca, les demandes originaires étant complètement distinctes, et le principe de l'indivisibilité des appels ne pouvant être invoqué dans cette circonstance;

Considérant, sous un autre rapport, que la compétence du Juge pour connaître des incidents est, en règle générale, la même que pour statuer sur le fond;

Considérant que la demande en paiement du billet de six cent soixante-et-quinze francs étant renfermée dans les limites du dernier ressort, l'exception relative à la dénégation de la quittance du 19 Août 1838, n'avait pu modifier la compétence du Tribunal saisi; — Que, dès lors, c'est le cas de déclarer les deux appels du sieur Muzio-Olivi non recevables et d'en prononcer le rejet;

. . . .

DÉCLARE les deux appels relevés par le sieur Muzio-Olivi contre les héritiers Leca non recevables;

Les REJETTE par suite;

DONNE acte au sieur Quilici de la déclaration par lui faite devant la Cour;

. . . .

Chambre Civile. — M. CALMÈTES, *Premier Président.*

MM. CECCONI, BONELLI, } *Avocats.*

DU 1er AVRIL 1856.

TAXE. — PENSION ALIMENTAIRE. — DEMANDE INDÉTERMINÉE. — MATIÈRE SOMMAIRE.

Les demandes en aliments constituent des affaires sommaires d'une valeur indéterminée.

Il appartient au Juge taxateur de fixer cette valeur, d'après les circonstances de la cause, et dans les limites tracées par l'article 67 du tarif.

Bastiani C. Santelli.

ARRÊT.

Après délibération en la Chambre du Conseil,

LA COUR; — sur les conclusions conformes de M. BERTRAND, Premier Avocat Général;

Considérant que les demandes en aliments appartiennent, par leur nature même, à la classe des affaires sommaires; — Qu'en semblable matière il n'est dû à l'avoué, à titre d'émoluments, que le droit d'obtention de l'arrêt et le droit des qualités, lequel est fixé au quart de l'obtention;

Considérant que les pensions alimentaires n'ont point, à proprement parler, de capital; — Que leur valeur est essentiellement indéterminée, puisque, d'une part, la pension peut être augmentée, diminuée ou supprimée, suivant les changements qui surviennent dans la position du débiteur ou du créancier, et que, d'un autre côté, l'importance de la prestation est subordonnée à la durée de la vie du bénéficiaire, laquelle ne peut être appréciée avec certitude;

Considérant que, d'après l'article 67 du tarif, lorsque la demande est indéterminée, le Juge alloue, suivant les circonstances, l'une des sommes indiquées dans le même article;

Considérant que, dans la cause soumise à l'appréciation de la Cour, la demande en paiement de la pension alimentaire de mille francs, formée par le sieur Santelli contre le sieur Bastiani, son gendre, doit être rangée dans la seconde catégorie des affaires sommaires, si l'on a égard à l'âge avancé et aux infirmités du demandeur ; — Que, par suite, il y a lieu de dire droit à l'opposition du sieur Bastiani et de fixer 1° le droit de l'obtention de l'arrêt de défaut du 19 Février dernier à dix-huit francs ; 2° celui de l'arrêt définitif à trente-six francs ; 3° enfin le droit pour dressé des qualités et signification de ce dernier arrêt à l'avoué à neuf francs ; — Ce qui réduit le montant total du rôle de frais de Me Corbara à cent soixante-et-quinze francs, seize centimes ;

. . . .

DISANT DROIT à l'opposition de Me Campana ;

RÉDUIT le montant du rôle de frais du sieur Santelli à la somme de cent soixante-et-quinze francs, seize centimes ;

. . . .

Chambre Civile. — M. CALMÈTES, *Premier Président.*

MM. CAMPANA, CORBARA, } *Avoués.*

DU 14 AVRIL 1856.

1° PARTAGE D'ASCENDANTS ENTRE-VIFS. — IRRÉVOCABILITÉ. — DONATION PRÉCIPUAIRE POSTÉRIEURE. — RAPPORT FICTIF.

2° APPEL. — INDIVISIBILITÉ. — PARTAGE. — CONCOURS DE TOUS LES COHÉRITIERS. — EXÉCUTION PARTIELLE. — IMPOSSIBILITÉ.

1° Les partages d'ascendants faits par actes entre-vifs sont irrévocables, sauf l'exercice des actions pour lésion de plus du quart, ou pour atteinte portée à la réserve légale.

Si le père de famille dispose, plus tard, de la quotité disponible, les biens qui ont été l'objet du partage anticipé ne sont réunis que fictivement à la masse successorale, et uniquement pour la computation de la quotité disponible, qui ne peut être prise que sur les biens non compris dans le partage antérieur (1).

2° Il est de l'essence des partages que tous les héritiers y concourent.

L'instance qui a pour objet le règlement des droits des cohéritiers et la fixation des bases du partage est indivisible.

L'indivisibilité de l'instance entraîne l'indivisibilité des appels.

D'après l'article 1218 du Code Napoléon, l'indivisibilité existe et produit des effets identiques, soit qu'elle ait pour cause la nature de l'action, ou de l'objet du litige, soit qu'elle résulte de l'impossibilité d'une exécution partielle.

---

(1) Cette question est vivement controversée, mais il nous semble que la jurisprudence se prononce définitivement dans le sens de la solution ci-dessus. On trouvera un tableau complet des autorités que l'on peut invoquer pour ou contre la soumission au rapport fictif des biens, qui ont fait l'objet d'un partage d'ascendant anticipé, sous deux arrêts rendus, l'un par la Cour de Douai, le 12 février 1857, et l'autre par la Cour de Colmar, le 24 mars de la même année. (S. V. 57. 2. 497.)

Sambroni C. Peretti.

ARRÊT.

Après délibération en la Chambre du Conseil,

La Cour; — sur les conclusions de M. Bertrand, Premier Avocat Général;

Considérant que la fin de non-recevoir opposée par la dame Peretti, intimée, à l'appel relevé par la dame Brando Sambroni et la demoiselle Bradolacci, se liant essentiellement au fond du litige, ainsi que la Cour l'a reconnu dans un précédent arrêt, il y a lieu de rechercher d'abord quel est l'objet des contestations qui divisent les parties, sauf à apprécier ultérieurement le mérite de la fin de non-recevoir dont il s'agit;

Considérant que, par acte du 21 Août 1849, le sieur Ange-François Orsoni et son épouse Marie-Colomba Vincensini procédèrent au partage de leurs biens, en deux parts égales, entre leurs deux filles Antoinette-Marie, épouse Peretti, et Jeanne-Marie, épouse Bradolacci;

Considérant que, le 14 Mars 1850, le sieur Ange-François Orsoni fit donation pure, simple et irrévocable, par préciput et hors part, à sa fille Antoinette-Marie, de tout ce dont la loi lui permettait de disposer, en la dispensant expressément du rapport à la masse commune, à l'ouverture de la succession;

Considérant qu'après le décès du sieur Orsoni, la dame Peretti a introduit une action en partage de sa succession, sans même mentionner l'acte du 21 Août 1849, mais en demandant le prélèvement de la portion disponible, et notamment celui de divers immeubles, qui, après avoir été compris dans le partage de 1849, lui avaient été notamment attribués par préciput et hors part, dans la donation du 14 Mars 1850;

Considérant que le Tribunal de première instance de Corte, par jugement de défaut du 20 Mai 1851, ordonna le partage de la succession en deux portions égales, ainsi que le prélèvement demandé par la dame Peretti;

Considérant que, sur l'opposition de la dame Bradolacci, il intervint, le 12 Avril 1853, un second jugement par défaut, qui confirma celui du 20 Mai 1851;

Considérant que ce jugement fut signifié à avoué le 7 Mai 1853, et le 23 Septembre suivant au sieur Sambroni Simon, en sa qualité de tuteur des mineurs Bradolacci, la dame Bradolacci étant décédée au cours de l'instance, et en même temps à la dame Brando Sambroni et à la demoiselle Élisabeth Bradolacci, cohéritiers majeurs;

Considérant qu'en exécution de ces jugements, il a été procédé a l'évaluation des immeubles de la succession et à la formation des lots; —Qu'enfin un dernier jugement par défaut, en date du 27 Mars 1855, a homologué le rapport des experts et ordonné le tirage des lots au sort conformément à la loi;

Considérant que, le 22 Octobre 1855, les cohéritiers Bradolacci ayant relevé appel de ces divers jugements, il s'agit, dans l'instance actuelle, de décider si le partage anticipé, dont le premier Juge n'a pas eu connaissance, les appelants ayant constamment fait défaut devant lui, doit prévaloir sur la donation précipuaire faite à la dame Peretti, et quel sera l'effet de cette donation si l'acte de partage doit l'emporter sur elle;

Considérant que les partages d'ascendants faits par actes entre-vifs confèrent des droits irrévocables, sauf l'exercice des actions en rescision de plus du quart, ou en réduction pour atteinte portée à la réserve;

Considérant que le père de famille, en usant du pouvoir que la loi lui confère à cet égard, ne s'interdit pas la faculté de disposer de la portion disponible, s'il lui reste, en dehors des biens soumis au partage anticipé, des immeubles ou d'autres valeurs pouvant être l'objet d'une libéralité précipuaire;

Considérant que les allégations relatives à la suggestion et à la captation, dont la donation du 14 Mars 1850 aurait été le résultat, ne sont pas justifiées;

Considérant que les biens compris dans les partages entre-vifs ne doivent être réunis à la masse successorale que fictivement et uniquement pour la computation de la quotité disponible; — Que cette doctrine, qui n'a pas été contestée par les appelants, doit recevoir son application dans la cause;

Considérant que la dame Peretti, intimée, a subsidiairement conclu à ce que les biens omis dans le partage de 1849, lui soient alloués jusqu'à concurrence du don précipuaire à elle fait par le sieur Orsoni, son père;

Considérant que les parties de Nicolini n'ont rien opposé à ces conclusions, dont l'admission n'est, d'ailleurs, susceptible d'aucune objection sérieuse;

Considérant, enfin, qu'il paraît démontré, en l'état, que plusieurs immeubles ayant appartenu à Ange-François Orsoni ont été omis dans le partage de 1849;

Considérant que l'objet du litige et les jugements déférés à la censure de la Cour étant ainsi connus et appréciés, c'est le cas de rechercher si l'appel relevé par les diverses parties de Mᵉ Nicolini est recevable, ou s'il doit être rejeté comme tardif;

Considérant qu'il est de principe qu'un jugement rendu entre plusieurs parties doit être régulièrement signifié à chacune d'elles, pour donner cours au délai de l'appel;

Considérant qu'aux termes de l'article 444 du Code de Procédure Civile, le délai de l'appel ne court, contre les mineurs non émancipés, qu'à compter de la signification du jugement au subrogé-tuteur;

Considérant que, dans l'espèce, il est constant que le jugement du 12 Avril 1853 n'a point été signifié au subrogé-tuteur des mineurs Bradolacci; — Que, dès lors, l'appel par eux relevé à la date du 22 Octobre 1855, est valable et que la fin de non-recevoir qui lui est opposée n'est pas fondée; — Qu'il reste à examiner si, à raison de l'indivisibilité de la matière qui forme l'objet de l'instance, la dame Brando Sambroni et la demoiselle Élisabeth Bradolacci, cohéritières majeures, sont relevées de la déchéance par elles encourue, par suite de la tardivité de leur appel interjeté aussi le 22 Octobre 1855;

Considérant que la succession d'Ange-François Orsini est dévolue à ses deux filles ou à leurs représentants;

Considérant qu'il est de l'essence des partages que tous les cohéritiers y concourent, soit par eux-mêmes, soit par leurs représentants légaux;

Considérant que si les actions, comme les obligations, se divisent entre cohéritiers, l'instance qui a pour objet le règlement de leurs droits respectifs dans l'hoirie et la fixation des bases du partage, exige le concours de tous les intéressés, et, par cela même, est indivisible;

Considérant que la saisine légale attribuant à chaque cohéritier un droit qui s'étend à toutes les parties de l'héritage, la présence simultanée de tous les héritiers aux diverses opérations du partage est nécessaire, afin qu'ils puissent se faire mutuellement la délivrance et l'abandon des lots dont ils se doivent la garantie;

Considérant, sous un autre rapport, que l'irrecevabilité de l'appel des cohéritiers majeurs créerait des difficultés insolubles, dans l'exécution des décisions intervenues et à intervenir;

Considérant que la Cour, reconnaissant la validité et l'irrévocabilité du partage anticipé, il existe une contradiction manifeste entre une telle décision et les jugements qui, abstraction faite de l'acte de partage, affectent à l'exécution de la donation plusieurs immeubles compris dans ledit acte, et ordonnent le partage du surplus en deux parts égales; — Que ces jugements, inconciliables avec le présent arrêt, ne sauraient être maintenus à l'égard des cohéritiers majeurs par le rejet de leur appel, et réformés, au contraire, en ce qui concerne les cohéritiers mineurs;

Considérant qu'aux termes de l'article 1218 du Code Napoléon, l'indivisibilité existe également et produit des effets identiques, soit qu'elle ait pour principe la nature même de l'objet en litige, soit qu'elle résulte de l'impossibilité d'une exécution partielle; — Que, par conséquent, alors même que, dans l'espèce, la matière du litige serait divisible, il y aurait lieu de déclarer les appels indivisibles, par suite de l'impossibilité d'arriver, en les divisant, à une solution susceptible d'être exécutée; — Que, par suite, c'est le cas de décider que la recevabilité de l'appel des cohéritiers mineurs a relevé les majeurs de la déchéance par eux encourue, et que les deux appels indivisibles sont également recevables;

Considérant que le nombre et la valeur des immeubles omis dans le partage anticipé de 1849 n'étant pas déterminés, il convient de renvoyer les parties à se régler, à cet égard, devant le notaire qui sera commis pour procéder aux opérations du partage, sauf, en cas de discord, à être ultérieurement statué ce qu'il appartiendra;

. . . .

Sans s'arrêter à la fin de non-recevoir opposée aux appels relevés par les parties de Nicolini, et icelle rejetant comme mal fondée;

Met au néant les divers jugements dont est appel;

Et procédant par nouveau jugé,

Déclare sincères, réguliers et valables l'acte de partage anticipé du 21 Août 1849, et l'acte de donation du 14 Mars 1850;

Dit, toutefois, que le préciput donné à la dame Peretti, par ce dernier acte, ne pourra porter sur les immeubles compris dans le partage anticipé du 21 Août 1849, lesquels ne seront réunis que fictivement à la masse successorale, et uniquement pour la computation de la quotité disponible;

Déclare que si les immeubles et autres valeurs, ayant appartenu à Ange-François Orsoni et non compris dans le partage anticipé, étaient d'une valeur supérieure au montant de la portion disponible, qui doit être attribuée à la dame Peretti, le surplus sera partagé en deux égales parts, l'une pour les appelants et l'autre pour la dame Peretti, intimée;

. . . .

Chambre Civile. — M. CALMÈTES, *Premier Président.*

MM. Gaffori, Fabiani, } *Avocats.*

DU 16 AVRIL 1856.

PÉREMPTION D'INSTANCE. — JUGEMENTS INTERLOCUTOIRES. — CHEFS DÉFINITIFS.

Les jugements et arrêts simplement interlocutoires ne mettent pas une instance à l'abri de la péremption pour discontinuation de poursuites pendant trois ans. [*Cod. Proc. Civ. Art. 397*] (1).

Mais si ces décisions contiennent en même temps des chefs interlocutoires et des chefs définitifs, intimement connexes entre eux et solidaires les uns des autres, quant à leur effet, l'instance n'est plus soumise à la péremption triennale et ne peut s'éteindre que par la prescription trentenaire (2).

Spécialement, *l'instance d'appel n'est plus susceptible de tomber en péremption pour discontinuation de poursuites pendant trois ans, s'il est intervenu un arrêt qui, tout en confirmant sur un chef le jugement appelé, a émendé quant à un autre chef et ordonné une enquête refusée par les premiers juges.—Dans ce cas, la péremption est inadmissible, parce qu'elle aurait pour effet de faire revivre une sentence en partie annulée.*

Colonna de Leca C. Pianelli.

ARRÊT.

Après délibération en la Chambre du Conseil,

LA COUR; — sur les conclusions conformes de M. BERTRAND, Premier Avocat Général;

Considérant que, dans l'instance introduite devant la Cour, par les appels relevés contre le jugement du Tribunal de première instance

(1-2) Jurisprudence constante. Voir Rejet, 14 décembre 1813 et 25 novembre 1823 (S. 14. 1. 137 et 24. 1. 121. — D. A. 11. 178 et 188); Nîmes, 5 janvier 1825 (S. 25. 2. 155.— D. P. 25. 2. 137); Grenoble, 7 mars 1828 (S. 28. 2. 350. — D. P. 285. 2. 186); Agen, 1er juin 1836 (S. V. 36. 2. 378. — D. P. 36. 2. 115); Rejet, 19 décembre 1837 (S. V. 38. 1. 179. — D. P. 38. 1. 40). *Sic* CARRÉ et CHAUVEAU, *Quest.* 1421, lesquels citent d'autres arrêts et quelques auteurs.

de Corte sous la date du 19 Décembre 1848, à la requête des conjoints Pianelli et de la veuve Forcioli, aux droits de laquelle sont maintenant les parties de Lusinchi, il n'est intervenu aucun acte de procédure, depuis les premiers jours du mois d'Avril 1850, époque à laquelle ont été signifiées les qualités de l'arrêt rendu le 30 Juillet 1849, jusqu'au 14 Janvier dernier, date de la requête en péremption d'instance présentée par les sieurs Colonna de Leca;

Considérant qu'aux termes de l'article 397 du Code de Procédure Civile, toute instance est éteinte par discontinuation de poursuites durant trois ans, et que nulle distinction n'ayant été faite, par le législateur, entre le cas où, depuis le commencement de l'instance, il est intervenu des jugements préparatoires ou interlocutoires, et celui où il n'est survenu aucune décision de cette nature, il y a lieu d'appliquer, dans les deux cas, la règle générale édictée par l'article 397 précité;

Mais considérant que la péremption ne saurait être valablement invoquée contre une instance, au cours de laquelle il a été rendu un arrêt contenant en même temps des chefs définitifs et des chefs interlocutoires, qui ont entre eux une connexité intime et sont solidaires les uns des autres, quant à leur effet; — Que, dans ce cas, les chefs définitifs, qui ne peuvent être atteints que par la prescription trentenaire, sauvent de la péremption triennale les chefs préparatoires ou interlocutoires;

Considérant que ces principes trouvent leur application dans l'espèce, puisque le dispositif de l'arrêt précité, du 30 Juillet 1849, est conçu en ces termes : « La Cour; — Sans s'arrêter aux exceptions de forme » proposées par la partie de Progher, ainsi qu'à son appel principal, — » Et ayant tel égard que de raison à l'appel incident des parties de » Nicolini, — Maintient le jugement attaqué dans toutes ses dispositions, à l'exception de celle par laquelle le testament authentique du » 6 Novembre 1847 a été validé, comme fait par Antoine-Valère Forcioli en état de sanité d'esprit; — Émendant quant à ce, et avant de » statuer sur la validité dudit testament, — Admet, sauf la preuve contraire, les parties de Nicolini à prouver les faits suivants, etc. »

Considérant, en effet, sous un premier point de vue, que l'on ne peut s'empêcher de reconnaître une relation intime et une parfaite dépendance, entre le chef de cet arrêt confirmatif de la décision par laquelle le Tribunal de Corte avait ordonné l'exécution d'un premier testament olographe de feu Antoine-Valère Forcioli, à la date du 29 Novembre 1842, et le chef par lequel le même arrêt admet une preuve refusée par les premiers juges, et dont l'effet doit être de faire valider ou invalider le second testament reçu par le notaire Peraldi, le 6 Novembre 1847 ; — Qu'il est évident que le testament de 1842 modifié, dans quelques-unes de ses dispositions, par celui de 1847, ne saurait être exécuté d'une manière entière et complète, tant qu'il n'a pas été définitivement prononcé sur l'insanité d'esprit, que les conjoints Pianelli prétendent faire résulter des faits par eux articulés en preuve, contre le susdit testament de 1847 ;

Considérant, sous un autre point de vue, que, d'après l'article 469 du Code de Procédure Civile, la péremption, en cause d'appel, a l'effet de donner au jugement appelé l'autorité de la chose jugée ; — Que la force de la chose jugée ne saurait plus appartenir aux chefs d'un jugement pour lesquels la Cour a déclaré qu'il y avait lieu d'émender ; — Qu'admettre les conclusions des sieurs Colonna de Leca, ce serait dire qu'après avoir, contrairement à la décision des premiers juges, et émendant, quant à ce, admis une preuve refusée par le Tribunal, la Cour pourrait se réformer elle-même, et, au moyen de la péremption, rendre la vie à un chef du jugement qu'elle avait déjà anéanti ;

Considérant que, d'après ce qui précède, il est inutile de s'occuper du point de savoir si les propositions d'arrangement à l'amiable, dont excipent les conjoints Pianelli, sont suffisamment prouvées et si elles sont de nature à interrompre le cours de la péremption ;

. . . .

Déclare les parties de Lusinchi non recevables dans leur demande en péremption de laquelle elles sont démises et déboutées ;

. . . .

Chambre Civile. — M. LEVIE, *Conseiller f. f. de Président.*

MM. Milanta, Gavini, } *Avocats.*

DU 6 MAI 1856.

FEMME MARIÉE. — COMMUNAUTÉ. — ACTION EN REVENDICATION. — FIN DE NON-RECEVOIR.

La femme mariée sous le régime de la communauté ne peut être admise, tant que dure la société conjugale, à revendiquer, contre les tiers acheteurs, ses propres aliénés par son mari. [*Cod. Nap. Art. 1560, 2256*] (1).

Cette fin de non-recevoir peut être valablement opposée, lors même que le mari a agi comme mandataire de sa femme, si, par le contrat de vente, il s'est formellement obligé à garantir l'acheteur solidairement avec elle. — Dans ce cas, l'action de la femme réfléchirait contre le mari.

Moretti C. **Salicetì**.

ARRÊT.

Après délibération en la Chambre du Conseil,

La Cour; — sur les conclusions de M. Bertrand, Premier Avocat Général;

Considérant que, par acte passé le 28 Décembre 1850, devant Mr Vincent Guasco, notaire à Bastia, la dame Marie-Pauline Moretti, née Orsati, a institué son mari, le sieur Antoine-Joseph Moretti, son mandataire général et spécial, avec pouvoir de vendre, échanger, hypothéquer tous ses biens propres, présents et à venir, aux clauses, conditions et prix que ledit mandataire jugerait convenables;

Considérant que le sieur Antoine-Joseph Moretti, usant des pouvoirs que lui donnait ce mandat, a, le 28 Janvier 1851, par acte passé devant

(1) Sur cette question, qui nous paraît neuve en jurisprudence, les auteurs se sont prononcés dans le sens de l'arrêt par nous recueilli. Voir Toullier, T. 12, n° 400; Duranton, T. 14, n° 320; Troplong, *Contr. de mariage*, T. 2, n° 986 à 988; lesquels s'appuient sur l'opinion de plusieurs jurisconsultes anciens.

Me Antoine-Joseph Guasco, notaire à Bastia, vendu au sieur Saliceti, pour la somme de deux mille francs, tous les immeubles, au nombre de vingt-deux, qui étaient échus à sa femme, dans les successions paternelle et maternelle ;

Considérant que plus de quatre ans après, et le 23 Mai 1855, Marie-Pauline Moretti a assigné le sieur Saliceti à comparaître devant le Tribunal de première instance de Bastia, pour voir déclarer l'acte de vente, intervenu entre elle et ledit Saliceti le 28 Janvier 1851, nul et de nul effet, comme ayant été consenti contrairement aux dispositions de l'article 1538 du Code Napoléon, au moyen d'une autorisation générale, donnée par le mari à sa femme ;

Considérant que le Tribunal de première instance a, par son jugement de défaut à la date du 16 Juin 1855, débouté la dame Moretti de sa demande, en déclarant que la procuration du 28 Décembre n'était pas, ainsi que le prétendait la partie de Pellegrini, générale, mais, au contraire, spéciale et limitée ;

Considérant qu'appel a été interjeté de cette décision par la femme Moretti ;

Mais considérant qu'avant de s'occuper de la question de savoir si les premiers juges ont bien ou mal apprécié les pouvoirs contenus dans la procuration du 28 Décembre 1851, et par suite, à défaut d'acte séparé, l'autorisation implicite donnée par Moretti à sa femme, il convient de statuer sur la fin de non-recevoir opposée, en appel, par la partie de Corbara ;

Considérant, quant à ce, que Marie-Pauline Moretti est mariée sous le régime de la communauté ; — Que la société conjugale formée entre elle et son mari n'étant pas encore dissoute, la partie de Pellegrini ne peut être admise à exercer une action dont les effets rejailliraient contre son mari, qui est le maître de la communauté, et dont elle ne saurait critiquer les actes, sans manquer au respect et à la soumission que la loi lui impose ;

Considérant que tels sont évidemment les caractères de l'instance introduite par la femme Moretti, qui revendique les immeubles vendus par son mari, non-seulement comme mandataire de sa femme, mais aussi *nomine proprio*, et en promettant de garantir solidairement avec elle la vente consentie en faveur du sieur Saliceti, le 28 Janvier 1851; — Qu'en effet, si le sieur Moretti était en cause à tout autre titre que pour autoriser sa femme à ester en justice, le sieur Saliceti serait en droit de demander et d'obtenir contre lui, non-seulement la restitution du prix de la vente, ainsi que les frais et loyaux coûts du contrat, mais encore des dommages-intérêts, ainsi que le montant des améliorations dont les immeubles vendus auraient été l'objet, de la part du sieur Saliceti;

Considérant qu'une pareille demande est évidemment non recevable, comme prématurée; — Que ce ne sera qu'à la dissolution de la communauté que l'on pourra connaître la part de responsabilité, qui doit peser sur la demanderesse au sujet de cette vente, selon qu'elle aura accepté ou répudié la communauté actuellement existant entre elle et son mari;

Considérant, d'ailleurs, que Marie-Pauline Moretti n'a aucun droit sur les fruits des immeubles vendus, lesquels fruits appartiennent au mari et tombent en communauté; — Qu'aux termes de l'article 2256 du Code Napoléon, elle est à l'abri de toute prescription; — Que, partant, elle n'a aucun intérêt actuel;

Considérant que, si la demande de la partie de Pellegrini n'est pas recevable, il devient inutile d'examiner le mérite du fond et des conclusions subsidiaires prises de part et d'autre;

. . . .

Sans s'arrêter ni avoir égard à l'appel principal de la partie de Pellegrini, dont elle est démise et déboutée;

Ayant tel égard que de droit à l'appel incident relevé par la partie de Corbara,

Déclare la femme Moretti non recevable dans sa demande;

. . . .

Chambre Civile. — M. LEVIE, *Conseiller f.f. de Président.*

MM. Cecconi, Gafforj, } *Avocats.*

DU 21 MAI 1856.

1° ÉTRANGER. — OBLIGATION NATURELLE. — COMPÉTENCE. — PUISSANCE MARITALE. — DOMICILE CONJUGAL. — RÉINTÉGRATION *manu militari*.
2° DEMANDE NOUVELLE. — HABITATION SÉPARÉE.

1° Les tribunaux français sont compétents pour connaître des contestations qui s'élèvent entre étrangers pour l'exécution des obligations naturelles. [*Cod. Nap. Art. 14.*] (1).

Spécialement, *la femme française qui a épousé un étranger peut être citée par son mari, devant les Tribunaux français, pour être contrainte à réintégrer le domicile conjugal. — Elle peut y être contrainte par toutes les voies de droit et même* MANU MILITARI. [*Cod. Nap. Art. 214.*] (2).

2° La femme qui a été assignée en réintégration du domicile conjugal ne peut, pour la première fois en appel, demander l'autorisation de demeurer provisoirement séparée de son mari, quant à l'habitation, — Surtout si elle ne s'est pas encore pourvue en séparation de corps. (Cod. Proc. Civ. Art. 464, 878.)

Arata C. Arata.

ARRÊT.

Après délibération en la Chambre du Conseil,

La Cour; — sur les conclusions de M. Bertrand, Premier Avocat Général;

Adoptant les motifs qui ont déterminé les premiers juges;

Et considérant, en outre, que les Tribunaux français sont, il est vrai,

---

(1) Solon, dans son Répertoire administratif et judiciaire, T. 3, p. 205, n° 21, s'exprime en ces termes: Les Tribunaux français sont encore compétents pour connaître, entre étrangers, des actions qui peuvent naître des obligations naturelles. Voyez arrêt de la Cour de Paris du 19 décembre 1833 (S. V. 34. 2. 384). De pareilles obligations sont de tous les pays; les devoirs qu'elles imposent sont placés, en quelque sorte, sous la protection de tous les Tribunaux des peuples civilisés; et les droits de ces Tribunaux font partie des droits des gens et sont réciproquement reconnus par toutes les nations.

(2) Malgré quelques arrêts contraires, la jurisprudence et la doctrine se prononcent définitivement dans ce sens. Outre les décisions indiquées par Troplong, *De la Cont. par corps*,

incompétents en général pour connaître, entre étrangers, des contestations relatives à des obligations qui découlent purement et simplement du droit civil; mais que leur compétence ne saurait être révoquée en doute, lorsque les mêmes contestations prennent leur source dans des obligations naturelles;

Considérant que la femme est tenue de cohabiter avec son mari, non-seulement en vertu des dispositions de l'article 214 du Code Napoléon, mais encore par suite d'un principe reconnu par toutes les nations civilisées, et basé même sur le droit naturel; — Que cette cohabitation est une condition essentielle du mariage et inhérente à sa nature, puisque le mariage a pour but et pour fin de rendre communs aux époux les biens et les maux de la vie et surtout d'assurer la reproduction des hommes;

Considérant, d'ailleurs, que tout ce qui tend à consolider le mariage, qui est le principe et le fondement de toute société, intéresse essentiellement les mœurs, la sécurité des citoyens et l'ordre public; — Que c'est donc à bon droit que le Tribunal de première instance de Bastia s'est déclaré compétent, pour connaître de l'action portée devant lui;

Considérant qu'il faut bien se garder de confondre avec la contrainte par corps, telle qu'elle est édictée par le Code Napoléon et par la loi du 17 Avril 1832, les moyens que, par le jugement appelé, le sieur Arata a été autorisé à employer afin de contraindre sa femme à réintégrer le domicile conjugal; — Que, dans l'espèce, il s'agit seulement de la main-forte que les agents de la force publique sont obligés de prêter, toutes les fois qu'ils sont requis, pour assurer l'exécution des mandements de justice; — Que l'article 214 précité ni aucune autre disposition législative ne défendent l'emploi de la force publique pour ramener une femme dans le domicile de son mari, lorsque tous les autres moyens moins rigoureux échappent à l'époux demandeur, ou peuvent demeurer sans effet;

---

n° 258, voir Aix, 25 mars 1840, et Dijon, 25 juillet de la même année (S. V. 4. 2. 291 et 474. — D. P. 40. 2. 224); VAZEILLE, *Du Mariage*, T. 2, n° 548; TOULLIER, T. 13, n° 109; MARCADÉ, sur l'art. 214, n° 2.

Considérant qu'il n'a pas même été allégué que la femme Arata possédât des revenus, dont la saisie pourrait avoir pour effet de l'obliger à rejoindre son mari ; — Que le délai accordé par les premiers Juges, pour qu'elle pût revenir à de meilleurs sentiments, est plus que suffisant ; — Qu'il y a donc lieu de confirmer encore sur ce chef le jugement dont est appel ;

Considérant que, par ses conclusions subsidiaires, la partie de Campana demande d'être autorisée à rester provisoirement séparée d'habitation de son mari, et que la Cour lui fixe un délai dans lequel elle devra introduire son action en séparation de corps ; — Que ce chef de conclusions constitue évidemment une demande nouvelle qui n'a pas été soumise aux premiers Juges ;

Considérant, au surplus, que, fût-elle recevable, cette demande ne saurait être accueillie en l'état, puisque c'est seulement dans le cas où il aurait été déjà saisi par la requête, qui doit précéder la demande en séparation, que le Président du Tribunal est autorisé, par l'article 878 du Code de Procédure, à fixer une résidence provisoire à la femme ; — Qu'il est évident que le Tribunal ne pourrait user de cette faculté que dans les mêmes circonstances ;

. . . .

SANS S'ARRÊTER ni avoir égard à l'appel de la partie de Campana, duquel elle est démise et déboutée,

La DÉCLARE irrecevable, et, dans tous les cas, mal fondée, quant au chef de ses conclusions subsidiaires ;

ORDONNE que le jugement du Tribunal de première instance de Bastia, sous la date du 7 Décembre 1856, sera exécuté selon sa forme et teneur ;

. . . .

Chambre Civile. — M. GAFFORJ, *Conseiller f.f. de Président.*

MM. BONELLI, CECCONI, } *Avocats.*

DU 5 JUILLET 1856.

MINEUR. — ENLÈVEMENT. — CARACTÈRE DE CE CRIME. — CIRCONSTANCE CONSTITUTIVE.

On ne saurait voir le crime d'enlèvement d'une fille mineure dans le fait de celui qui, rencontrant sur une promenade publique une jeune fille, l'attire chez lui, sous l'appât de diverses promesses, pour satisfaire sur elle une coupable passion, et la rend spontanément à la liberté, après l'avoir retenue dans son appartement pendant une demi-heure environ.

Le crime prévu par l'article 354 du Code Pénal est essentiellement une atteinte à l'autorité paternelle, et il n'existe que lorsque le mineur a été enlevé du lieu même où il avait été placé pour y demeurer sous la surveillance de cette autorité, ou de celle qui la remplace.

W.- O.

ARRÊT.

Après délibération en la Chambre du Conseil,

LA COUR; — sur les réquisitions conformes de M. ARRIGHI, Substitut du Procureur Général;

Considérant, en droit, que trois circonstances doivent simultanément concourir pour constituer le crime prévu et puni par les articles 354 et 355 du Code Pénal, savoir : 1° La minorité de la personne enlevée; — 2° La fraude ou la violence de la part du ravisseur; — 3° L'enlèvement d'un lieu où le mineur aurait été *mis* par ceux à l'autorité ou à la direction desquels il se trouvait soumis ou confié;

Considérant que le caractère principal de ce crime est l'atteinte portée à l'autorité paternelle ou à celle qui la remplace et en tient lieu;

Considérant que, sous l'ancien droit, l'enlèvement ou le rapt d'une fille mineure, *raptus in parentes*, supposait nécessairement que la personne ravie avait été soustraite de la maison de son père, ou de celle de son tuteur ou curateur, dans le but de la corrompre ou de l'épouser;

Considérant que, d'après le Code Pénal de 1791, le crime d'enlèvement d'une fille mineure, dans le dessein d'en abuser, exigeait, comme condition essentielle, que la mineure eût été enlevée de la maison des personnes sous la puissance desquelles elle se trouvait, ou de la maison dans laquelle ces personnes l'auraient placée;

Considérant que les auteurs du Code Pénal de 1810, en définissant avec plus de précision et d'exactitude le crime de rapt ou d'enlèvement, et en adaptant la nouvelle législation à nos mœurs, ont conservé à ce crime le caractère qu'il avait autrefois; — Qu'on lit, en effet, dans les motifs du Code Pénal, *que l'enlèvement des mineurs ne peut avoir lieu que lorsque, par fraude ou violence, on les dérobe aux personnes qui les surveillent;* — Que ces principes sont si incontestables que, tandis que le consentement de la personne enlevée ne peut soustraire le coupable à la peine portée par la loi, le consentement des parents ayant autorité sur l'enfant ferait, au contraire, disparaître toute idée de crime ou de délit;

Considérant, en fait, qu'il résulte de la procédure instruite, soit devant le Tribunal de première instance de Corte, soit d'autorité de la Cour, que, dans la journée du 14 Février dernier, O.-W. ayant rencontré la demoiselle F.-J. sur la promenade du cours, à Corte, l'engagea à monter dans son appartement en lui promettant des images et des bonbons; — Que la jeune fille, séduite par ces promesses, suivit le prévenu jusque dans sa chambre, dont elle ressortit librement après y avoir été retenue pendant une demi-heure environ, par ce dernier;

Considérant que lorsque O.-W. fit la rencontre de la demoiselle F.-J., celle-ci ne se trouvait point dans un lieu où elle eût été placée par son père et dans lequel la surveillance paternelle la couvrit et la protégeât; — Qu'il est manifeste qu'O.-W. n'avait nullement l'intention de soustraire cette jeune fille à l'autorité de ses parents ou de ceux à qui elle avait été confiée; — Que tout démontre, au contraire, que l'inculpé n'avait d'autre but que de satisfaire sur elle une passion désordonnée, ainsi qu'il le fit en réalité ; — Que, par conséquent, c'est mal-à-propos que la Chambre du Conseil du Tribunal de première instance de Corte a déclaré O.-W. suffisamment prévenu du crime de détournement, prévu et puni par l'article 354 du Code Pénal, en négligeant de comprendre dans la prévention les seuls faits qui peuvent être mis sérieusement à la charge de l'inculpé ;

Considérant qu'il doit en être à plus forte raison ainsi, en ce qui concerne les actes accomplis dans la journée du 26 Février dernier ; — Que, dans cette circonstance, la demoiselle F.-J., sous l'appât des promesses qui lui avaient été faites, se rendit spontanément chez O.-W., et, après avoir été l'objet de ses coupables entreprises, se retira librement, ainsi qu'elle le déclare elle-même ; — Qu'il y a lieu, par suite, d'annuler l'ordonnance de prise de corps décernée par la Chambre du Conseil du Tribunal de première instance de Corte, le 22 Avril 1856, et d'en décerner une nouvelle ;

Considérant, d'ailleurs, qu'il résulte des faits et actes de la procédure des indices suffisants de culpabilité contre O.-W., pour motiver sa mise en accusation sur les chefs qui seront mentionnés dans le dispositif du présent arrêt ;

Vu les articles 231 et 251 du Code d'Instruction Criminelle ;

Procédant par voie d'évocation en vertu des pouvoirs qui lui sont conférés par l'article 235 du Code d'Instruction Criminelle ;

Annulle les ordonnances de mise en prévention et de prise de corps rendues, les 21 et 22 Avril dernier, par la Chambre du Conseil du Tribunal de première instance de Corte contre O.-W. ;

Renvoie, en conséquence, ledit O.-W. devant la Cour d'assises du département de la Corse sous l'accusation :

1° D'avoir, le 14 Février 1856, à Corte, commis un attentat à la pudeur, consommé ou tenté avec violence, sur la personne de F.-J., âgée de moins de quinze ans accomplis ;

2° D'avoir, le 26 Février, à Corte, commis un attentat à la pudeur, consommé ou tenté avec violence, sur la personne de F.-J., âgée de moins de quinze ans accomplis ;

Et de s'être rendu coupable des deux crimes ci-dessus énoncés, pendant qu'il était revêtu des fonctions publiques de contrôleur des contributions directes ;

Faits prévus et qualifiés crimes par les articles 332 et 333 du Code Pénal.

. . . .

Chambre d'accusation. — M. CALMÈTES, *Premier Président.*

DU 9 JUILLET 1856.

RÉTENTION. — POSSESSEUR. — MAUVAISE FOI.

Le droit de rétention ne saurait être accordé au possesseur condamné à la restitution des fruits à raison de sa mauvaise foi, et dont la possession n'a pu servir de base à la prescription décennale (1).

Dané C. Morelli.

ARRÊT.

Après délibération en la Chambre du Conseil,

La Cour ; — sur les conclusions conformes de M. Bertrand, Premier Avocat Général ;

Sur l'appel incident ;

En ce qui concerne le droit de rétention des biens objets du litige :

Considérant que si le Code Napoléon n'a point admis, en termes exprès et d'une manière générale, le droit de rétention accordé par l'ancienne législation au possesseur de bonne foi qui avait fait des améliorations à la chose d'autrui, on ne peut méconnaître que ce droit ne soit en parfaite harmonie avec l'esprit de la législation actuelle ; — Que le droit de rétention se trouve, en effet, consacré par diverses dispo-

---

(1) Le droit de rétention n'était admis, même dans l'ancienne législation, qu'en faveur du possesseur de bonne foi ; mais la question de savoir si ce droit existe encore sous l'empire de nos lois actuelles, a soulevé une vive controverse. Voir pour l'affirmative, Paris, 1er mars 1808 (S. 7. 2. 1118. — D. A. 11. 289) ; Rennes, 8 février 1841 (S. V. 41. 2. 453) ; Rouen, 11 août 1820 (S.V. 41. 2. 453 à la note) ; Montpellier, 23 novembre 1852 (S. V. 53. 2. 191) ; — et pour la négative, Rejet, 12 mai 1840 (S. V. 40. 1. 668. — D. P. 40. 1. 225) ; Bastia, 2 février 1846 et 22 décembre 1847 (Notre recueil à ces dates). La doctrine se prononce généralement pour le droit de rétention. Nous nous contenterons de renvoyer aux notes de Devilleneuve sur quelques arrêts, dans lesquelles sont indiqués les différents auteurs qui se sont occupés de cette matière (S. V. C. N. 3, 2. 282 — 6. 2. 146 et Vol. 41. 2. 453).

sitions du Code précité, et notamment par les articles 867, 1673, 1749, 1948 et 2280;

Mais considérant que, hors les cas où ce droit est expressément autorisé par la loi, la condition essentielle de son exercice consiste dans la bonne foi du possesseur;

Considérant que la Loi Romaine n'accordait la rétention qu'à celui qui, en améliorant la chose d'autrui, avait pu croire de bonne foi améliorer sa chose propre, *utique si bonæ fidei possessor fuerit qui ædificavit;*

Considérant qu'on ne saurait attribuer ce privilége exceptionnel au possesseur condamné à la restitution des fruits, à raison de sa mauvaise foi, et dont la possession n'a pu servir, par cela même, de base à la prescription décennale;

Considérant qu'aucun intérêt ne s'attache à la position d'un tel possesseur, et qu'on ne pourrait justement le maintenir dans la jouissance d'un immeuble, qui ne lui appartient pas, par préférence au légitime propriétaire qui en réclame le délaissement;

. . . .

DÉMET le sieur Dané de son appel principal,

Et DISANT, au contraire, droit à l'appel incident,

Et RÉFORMANT quant à ce,

DÉCLARE que c'est mal-à-propos que le Tribunal de première instance a accordé le droit de rétention du jardin en litige au sieur Antoine Dané, jusqu'au remboursement du montant des améliorations par lui faites audit immeuble et des frais exposés dans l'instance Zulezzi;

. . . .

Chambre Civile. — M. CALMÈTES, *Premier Président.*

MM. CECCONI, MILANTA, } *Avocats.*

DES 15 MARS ET 12 JUILLET 1856.

1° AVOCATS. — ÉLECTION. — CONSEILS DE DISCIPLINE. — NOMBRE DES VOTANTS. — NULLITÉ. — ACTION DU MINISTÈRE PUBLIC. — ORDRE PUBLIC. — COMPÉTENCE DES COURS IMPÉRIALES.
2° ARRÊTS. — OPPOSITION. — IRRECEVABILITÉ.
3° ARRÊTS. — MOTIFS. — DISPOSITIFS. — OPPOSITION.

1° Dans un Barreau composé de six Avocats inscrits au tableau, le Conseil de Discipline ne peut être valablement élu que par les six Avocats régulièrement convoqués et réunis en assemblée générale de l'Ordre (1).

Si l'un d'eux est empêché d'assister à la réunion, l'élection ne peut avoir lieu.

L'action du Ministère Public, ayant pour objet l'annulation du Conseil de Discipline, se rattachant à une matière d'ordre et d'intérêt public, peut être portée directement devant la Cour, Chambres assemblées, sans qu'il soit nécessaire d'assigner soit les membres du Conseil de Discipline et le Bâtonnier illégalement élus, soit les membres du Barreau qui ont procédé à l'élection.

2° L'arrêt de la Cour qui prononce la nullité de l'élection du Conseil de Discipline et du Bâtonnier, n'est pas susceptible d'opposition (2).

3° C'est le dispositif seul d'un arrêt qui renferme la chose jugée.

L'opposition à un arrêt, pour obtenir la réformation de l'un de ses motifs, n'est pas recevable.

---

(1) Voir Conf. Rejet 18 juin 1834 et 8 février 1854 (S. V. 34. 1. 455 et 54. 1. 261. — D. P. 54. 1. 202).

(2) Conf. Bourges, 30 mai 1822 et Amiens, 28 janvier 1824 (S. 23. 2. 185 et 24. 2. 66). On peut voir, en outre, sur des questions analogues, Bastia, 17 novembre 1855 (Notre recueil à cette date).

Avocats de Sartene.

ARRÊT DU 15 MARS 1856.

Après délibération en la Chambre du Conseil,

La Cour; — sur les réquisitions conformes de M. Sigaudy, Procureur Général Impérial;

Considérant que les Conseils de Discipline de l'Ordre des Avocats exerçant, dans les limites tracées par la loi, des pouvoirs juridictionnels, la régularité de leur constitution est d'ordre et d'intérêt public; — Qu'à ce titre, les Cours impériales sont investies d'un droit de haute surveillance sur les divers Barreaux de leur ressort; — Qu'il leur appartient essentiellement d'examiner si la nomination des Conseils de Discipline et celle des Bâtonniers sont régulières, et d'annuler ces élections lorsque, par une appréciation souveraine des faits, elles reconnaissent que le nombre des Avocats était insuffisant pour la constitution de l'assemblée générale de l'Ordre;

Considérant qu'il résulte des lois et règlements sur la profession d'Avocat, que les Conseils de Discipline qui se composent au moins de cinq membres, ne peuvent être régulièrement élus, si le nombre des Avocats qui y concourent n'est égal ou supérieur à six;

Considérant que le Barreau de Sartene, à l'époque de l'élection du Conseil de Discipline, c'est-à-dire le 9 Novembre 1855, ne se composait que de cinq membres; — Qu'à la vérité six Avocats avaient été inscrits au tableau de l'Ordre pour l'année judiciaire 1854-1855;

Mais considérant qu'antérieurent au 9 Novembre 1855, l'un de ces Avocats, M. Jules-César Susini, avait obtenu, dans une entreprise commerciale, un emploi qui l'obligeait à fixer sa résidence à Paris; — Que dans le mois d'Octobre 1855, il avait fait toutes ses dispositions de départ pour le continent; — Que le 10 Novembre, il quittait Sartene pour se rendre à Paris et s'y établir; — Que le procès-verbal de l'élection ne constate pas même sa présence à l'assemblée qui a élu le Conseil de Discipline;

Considérant, sous un autre rapport, que la profession commerciale est incompatible avec la profession d'Avocat; — Qu'il en doit être à plus forte raison ainsi de l'emploi de commis ou d'agent salarié dans une entreprise commerciale; — Que l'Avocat qui accepte une telle position abdique son indépendance, et que le salaire est contraire à la noblesse et à la dignité du caractère dont l'Avocat est revêtu;

Considérant que le Barreau de Sartene, étant réduit à cinq membres, n'a pu régulièrement procéder à l'élection du Conseil de Discipline, et que, par suite, l'élection du Bâtonnier et toutes les opérations du prétendu Conseil de Discipline sont radicalement nulles;

Considérant, d'ailleurs, que les deux délibérations soumises à la censure de la Cour ont méconnu les notions les plus certaines touchant les devoirs des Avocats, soit envers eux-mêmes, soit envers les Tribunaux près desquels ils exercent;

. . . .

DISANT DROIT aux réquisitions de M. le Procureur Général Impérial,

A ANNULÉ et annulle l'élection du Conseil de Discipline de l'Ordre des Avocats de Sartene et celle du Bâtonnier, en date du 9 Novembre 1855,

ANNULLE, par suite, et spécialement, les délibérations émanées de ce prétendu Conseil de Discipline le 7 et le 22 Février 1856.

Chambres assemblées. — M. CALMÈTES, *Premier Président.*
M. MILANTA, *Avocat.*

ARRÊT DU 12 JUILLET 1856.

Après délibération en la Chambre du Conseil,

LA COUR; — sur les réquisitions conformes de M. SIGAUDY, Procureur Général Impérial;

I. EN CE QUI CONCERNE LE CHEF DE L'OPPOSITION DE Me JULES-CÉSAR SUSINI RELATIF A SA RADIATION DU TABLEAU DE L'ORDRE DES AVOCATS DE SARTENE :

Considérant que l'arrêt de la Cour en date du 15 Mars dernier, dont Me Susini demande la réformation, ne contient aucune disposition se référant à son inscription au tableau de l'Ordre; — Que, si l'un des motifs de cette décision énonce que Mᵉ Jules-César Susini a accepté un emploi incompatible avec la profession d'Avocat, son dispositif est complètement muet à cet égard, et n'a pu, dès lors, inférer aucun grief à l'opposant;

Considérant que le dispositif d'un jugement ou d'un arrêt renferme seul la chose jugée, et peut seul, par conséquent, être l'objet d'un appel ou d'une opposition; — Qu'ainsi c'est le cas de déclarer, sur le premier chef, l'opposition de Mᵉ Jules-César Susini non recevable;

II. En ce qui concerne l'opposition collective de MMᵉˢ 1° Casanova, 2° Don-Jean-Pierre Susini, 3° Dominique Ortoli, et 4° Jules-César Susini en leur qualité de batonnier et de membres du Conseil de Discipline du barreau de Sartene :

Considérant que les réquisitions du Ministère Public, lors de l'arrêt du 15 Mars dernier, n'avaient point pour objet de provoquer contre les membres du Barreau de Sartene des mesures quelconques pouvant porter atteinte à leurs droits personnels ou à leurs intérêts privés; — Qu'elles tendaient uniquement à faire constater l'irrégularité de l'assemblée électorale du 9 Novembre 1855, celle de l'élection du Bâtonnier et du Conseil de Discipline, et, par suite, la nullité des délibérations prises par ce prétendu conseil, le 7 et le 22 Février dernier;

Considérant que, s'agissant d'une matière d'ordre et d'intérêt public, le Procureur Général ne pouvait, sur un tel terrain, rencontrer de légitime contradicteur; — Qu'aucun membre du Barreau de Sartene n'avait ni droit ni qualité pour défendre à une semblable action; — Que le Ministère Public n'était nullement tenu d'appeler devant la Cour ni aucun Avocat isolément, ni l'assemblée de l'Ordre, dont la légalité était contestée;

Considérant que la recevabilité de l'opposition formée à une décision judiciaire suppose, de la part de l'opposant, le droit d'être appelé ou entendu lors de la décision attaquée;

Considérant que, d'après les principes qui viennent d'être rappelés, MMᵉˢ Casanova, Jean-Pierre Susini, Ortoli et Jules-César Susini n'ayant dû ni être entendus, ni être appelés pour défendre à l'action du Procureur Général, leur opposition est irrecevable ;

Considérant, surabondamment, que, fallut-il en apprécier le mérite, il y aurait lieu de la déclarer mal fondée ;

Considérant, à la vérité, que s'il fut justifié devant la Cour, lors de son précédent arrêt, que Me Jules-César Susini s'était éloigné de Sartene sans esprit de retour, le 10 Novembre dernier, pour fixer sa résidence sur le continent français, en qualité d'agent ou d'employé dans la société des mines de la Basse-Loire, il est aujourd'hui établi que cette compagnie n'ayant pu se constituer, Me Susini rentra à Sartene où il reprit sa place au Barreau, sans opposition de la part du Ministère Public ;

Considérant, dès lors, que Me Susini n'ayant point cessé de faire partie du Barreau de Sartene, l'Ordre des Avocats aurait pu valablement procéder à l'élection du Conseil de Discipline et à celle du Bâtonnier ;

Mais considérant que la validité d'une semblable élection était subordonnée à la régularité de l'assemblée électorale, dont elle aurait été l'œuvre ;

Considérant qu'il est reconnu que Me Durazzo, verbalement convoqué pour assister à l'assemblée de l'Ordre du 9 Novembre dernier, ne put se rendre à cette réunion, attendu son état non contesté de maladie ;

Considérant que le Barreau de Sartene ne comptant que six Avocats inscrits au tableau, la réunion électorale du 9 Novembre se trouva réduite à cinq membres, par suite de l'empêchement de Me Durazzo ;

Considérant qu'il ne peut être valablement procédé à une élection que par un nombre d'électeurs supérieur aux individus à élire ;

Considérant qu'il résulte, des lois et règlements sur la profession d'Avocat, que les Conseils de Discipline de l'Ordre se composent de cinq membres dans les siéges où le nombre des Avocats est inférieur à trente ; — Que, dans cette hypothèse, un Conseil de Discipline ne peut être régulièrement élu que par une assemblée composée de six Avocats au moins ; — Que vainement objecte-t-on qu'il ne peut dépendre de l'abstention d'un seul Avocat de paralyser l'exercice des droits de l'Ordre entier;

Considérant que, si cette objection était fondée, elle s'appliquerait également à l'abstention de deux Avocats ou d'un plus grand nombre; — D'où résulterait que, dans un Barreau composé de six Avocats, l'élection du Conseil de Discipline pourrait être faite par une réunion de quatre Avocats, ou même par un nombre inférieur, conséquence qui n'est point admissible;

Considérant que l'irrégularité de l'élection du Conseil de Discipline de l'Ordre des Avocats de Sartene, entraîne nécessairement la nullité de ses deux délibérations du 7 et du 22 Février dernier;

Considérant, enfin, que c'est avec juste raison que la Cour a décidé, dans son précédent arrêt, qu'alors même que ces délibérations seraient émanées d'un corps régulièrement constitué, il y aurait lieu de les annuler, soit comme contraires aux règles sur la profession d'Avocat, soit comme inconvenantes en la forme et entachées d'excès de pouvoir;

Disant droit aux réquisitions de M. le Procureur Général,

Déclare non recevables les oppositions formées par Me Jules-César Susini dans son intérêt personnel et par les prétendus Bâtonnier et membres du Conseil de Discipline de l'Ordre des Avocats de Sartene;

Ordonne que l'arrêt de la Cour, chambres assemblées, en date du 15 Mars dernier, sortira son plein et entier effet;

Condamne les opposants aux dépens.

Chambres assemblées. — M. CALMÈTES, *Premier Président.*

M. Milanta, *Avocat.*

DU 14 JUILLET 1856.

1° ACTION PUBLIQUE. — ACTION CIVILE. — JUGEMENT AU CRIMINEL. — AUTORITÉ. — PRESCRIPTION.

2° DÉLIT. — FEMME MARIÉE. — MARI. — PARTICIPATION AU DÉLIT. — RESPONSABILITÉ. — SOLIDARITÉ.

1° Le jugement définitif émané de la juridiction correctionnelle, statuant sur l'action publique, a l'autorité de la chose jugée devant la juridiction civile, saisie séparément de l'action en réparation du délit qui a donné lieu à la condamnation correctionnelle.

Lorsque l'action publique résultant d'un délit a été intentée avant l'action civile, l'exercice de cette action est suspendu jusqu'à ce qu'il ait été prononcé définitivement sur l'action correctionnelle.

Dans ce cas, la prescription ne commence à courir contre l'action civile qu'à compter du jugement de condamnation intervenu contre le prévenu.

Les actes d'instruction font obstacle au cours de la prescription, soit de l'action publique, soit de l'action civile, même à l'égard des individus qui n'ont pas été compris dans la poursuite et qui, toutefois, ont participé au délit soit comme auteurs, soit comme complices.

2° Les maris ne sont point civilement responsables des délits commis par leurs femmes.

Ce principe cesse d'être applicable s'ils ont participé au délit comme complices, ou s'ils ont sciemment profité des avantages qui en ont été la conséquence.

Dans ce cas, ils sont tenus solidairement avec leurs femmes des dommages-intérêts résultant du délit.

Paganelli et Cesarini C. Mannoni.

ARRÊT.

Après délibération en la Chambre du Conseil,

La Cour ; — sur les conclusions conformes de M. Bertrand, Premier Avocat Général ;

I. En ce qui concerne les femmes Paganelli et Cesarini :

Considérant que, par jugement du Tribunal correctionnel de Bastia du 14 Février 1855, les femmes Paganelli et Cesarini ont été déclarées coupables de la soustraction frauduleuse d'une somme de deux mille quatre cents francs commise au préjudice des frères Mannoni, intimés ; — Que ce même fait de vol sert de base à l'action civile dirigée par les sieurs Mannoni, contre les femmes Paganelli et Cesarini, en restitution de la somme de deux mille quatre cents francs ;

Considérant que la réalité du vol résulte, d'une manière irréfragable, du jugement correctionnel du 14 Février 1855 ;

Considérant que l'autorité souveraine de la chose jugée au criminel, dans le cas de condamnation prononcée contre le prévenu, ou l'accusé, ne saurait être contestée devant le Juge civil, puisque, si la juridiction civile n'était pas tenue d'accepter comme une vérité incontestable la décision rendue au criminel, il en résulterait que le même individu pourrait être, à raison du même fait, l'objet de deux décisions contradictoires, dont l'une impliquerait nécessairement la fausseté de l'autre, conséquence aussi contraire à l'intérêt social qu'à la dignité de la justice ;

Considérant, d'ailleurs, que la réalité de la soustraction frauduleuse imputée aux femmes Paganelli et Cesarini est évidemment démontrée par les faits et circonstances de la cause ;

II. En ce qui concerne la responsabilité des sieurs Paganelli et Cesarini :

Considérant que si, en droit, les maris ne sont pas responsables des délits commis par leurs femmes, ce principe ne saurait être invoqué lorsque, s'agissant d'une soustraction frauduleuse, il est établi que les maris ont sciemment recélé la chose volée, et qu'ils en ont profité conjointement avec leurs femmes; — Que c'est le cas d'appliquer la règle : *Æquum est cujus participavit lucrum participet et damnum;*

III. Sur la solidarité :

Considérant que, si la solidarité doit être expressément stipulée dans les contrats, cette règle ne peut être appliquée lorsque le principe de la solidarité résulte, soit de la nature de l'obligation, soit du délit ou du quasi-délit des obligés;

Considérant que les sieurs Paganelli et Cesarini ayant sciemment participé à un fait présentant les caractères d'un délit, ils sont solidairement tenus des réparations civiles qui en sont la conséquence; — Qu'il y a lieu, par suite, de dire droit, quant à ce, à l'appel incident des sieurs Mannoni;

IV. Sur la prescription opposée par les sieurs Paganelli et Cesarini :

Considérant que la soustraction frauduleuse, dont il s'agit au procès, a été commise le 20 Mai 1852; — Que les poursuites, dont ce délit a été l'objet, n'ont été dirigées que contre les femmes Paganelli et Cesarini; — Qu'elles seules ont été traduites devant le Tribunal correctionnel de Bastia et condamnées par jugement du 14 Février 1855, confirmé le 4 Mai suivant par arrêt de la Cour;

Considérant que l'assignation introductive d'instance devant la juridiction civile n'a été signifiée que le 30 Juin 1855, c'est-à-dire plus de trois ans après la date du délit; — D'où les sieurs Paganelli et Cesarini concluent que toute action est prescrite à leur égard, et que la demande est repoussée par une exception péremptoire;

Mais considérant qu'aux termes de l'article 3 du Code d'Instruction Criminelle, l'action en réparation du dommage causé par un crime ou par un délit, peut être poursuivie en même temps et devant les mêmes Juges que l'action publique; — Qu'elle peut l'être aussi séparément, et, dans ce cas, l'exercice en est suspendu tant qu'il n'a pas été prononcé définitivement sur l'action publique intentée avant l'action civile; —

Que, par conséquent, la prescription ne saurait courir contre l'action civile pendant la période durant laquelle cette action ne peut être exercée, suivant la maxime, *Contra non valentem agere non currit præscriptio;*

Considérant que le principe que l'action civile résultant d'un crime ou d'un délit se prescrit par le même temps que l'action publique, ne cesse pas d'être applicable, nonobstant les expressions de l'article 637 du Code d'Instruction Criminelle, lorsqu'il est intervenu un jugement de condamnation contre le prévenu, ou l'accusé; — Que seulement, dans ce cas, la prescription de l'action civile ne commence à courir que du jour du jugement de condamnation prononcé par la juridiction répressive;

Considérant que la loi n'exige pas que la poursuite criminelle ait été dirigée contre des individus déterminés; — Qu'il suffit que l'instruction ait eu pour but de constater le crime ou le délit, et d'en découvrir les auteurs et les complices; — Que, par ces actes d'instruction, la prescription est interrompue contre tous ceux qui ont pu prendre part au crime ou au délit;

Considérant que, dans l'espèce, l'action civile a été engagée avant l'expiration des trois années, à compter de la condamnation des femmes Paganelli et Cesarini; — Que, dès lors, l'exception de prescription n'est pas fondée;

. . . .

A démis et démet les appelants principaux de leur appel;

Et disant, au contraire, droit à l'appel incident relevé par les sieurs Mannoni, intimés;

Réformant, quant à ce,

Déclare que les sieurs Paganelli et Cesarini sont solidairement responsables des condamnations contre eux prononcées par le jugement attaqué;

. . . .

Chambre Civile. — M. CALMÈTES, *Premier Président.*

MM. Bonelli, Milanta, } *Avocats.*

DU 16 JUILLET 1856.

COMPTE COURANT. — CARACTÈRES. — INTÉRÊTS. — CAPITALISATION. — ARRÊTÉS DE COMPTES.

Il n'existe de compte courant entre deux négociants que lorsqu'il y a entre eux crédit et débit, résultant, soit d'envois respectifs de fonds, valeurs ou marchandises, soit d'opérations commerciales quelconques.

Le compte courant produit des intérêts de plein droit, et ces intérêts se capitalisent, soit d'année en année, soit à des termes périodiques plus courts, si telle est la convention des parties (1).

Il ne peut y avoir capitalisation des intérêts que s'il a été fait des arrêtés de comptes aux époques fixées par l'usage commercial ou la convention (2).

De La Rochette C. Les syndics de la faillite d'Adhémar et Malartic.

ARRÊT.

Après délibération en la Chambre du Conseil,

LA COUR ; — sur les conclusions de M. BERTRAND, Premier Avocat Général ;

. . . .

EN CE QUI CONCERNE LA CAPITALISATION DES INTÉRÊTS :

Considérant que les prétentions de Veyret de la Rochette, relatives

(1-2) La jurisprudence et la doctrine confirment ces décisions, malgré quelques arrêts contraires. Voir en effet, dans le sens des solutions ci-dessus : Rejet, 14 juillet 1840 (S. V. 40. 1. 897. — D. P. 40. 1. 286); Grenoble, 24 février 1841 (D. P. 42. 2. 91); Cass., 14 mai 1850 (S. V. 50. 1. 441); Rejet, 12 mars 1851 (S. V. 51. 1. 401); *idem*, 16 décembre 1851 (S. V. 55. 1. 105.—D. P. 54. 1. 283); PARDESSUS, *Droit Comm.*, tom. 2, n° 475; ZACHARIÆ, tom. 2, § 308, pag. 326; — En sens contraire: Lyon, 23 juillet 1839 (P. 40. 2. 444); Rennes, 6 janvier 1844 (S. V. 44. 2. 378); DEVILLENEUVE et MASSÉ, *Dict. Cont. Comm.*, V° *intérêts*, n° 112 et V° *usure*, n° 4.

à la capitalisation des intérêts de six mois en six mois, ne pourraient se justifier que par une convention précise à cet égard, ou par l'existence d'un compte courant entre les appelants et les intimés;

Considérant qu'aucune convention sur la capitalisation des intérêts n'est produite par Veyret de la Rochette;

Considérant, d'autre part, qu'il n'existe de compte courant entre deux négociants que lorsqu'il y a entr'eux crédit et débit, résultant, soit d'envois respectifs de fonds, de valeurs ou de marchandises, soit d'opérations commerciales successives quelle qu'en soit la nature;

Considérant que, si le compte courant est productif d'intérêts de plein droit, et si, d'après les usages constants du commerce, ces intérêts se capitalisent d'année en année, ou à des termes périodiques plus courts, c'est principalement parce que chacune des parties peut profiter à son tour de ces avantages, suivant les éventualités du compte, dont les éléments se modifient de jour en jour;

Considérant que la capitalisation des intérêts implique des règlements successifs, dont le solde est porté à nouveau dans le compte qui suit et en forme le premier article;

Considérant que la situation respective de Veyret de la Rochette et d'Adhémar et Compagnie n'offre rien de semblable; — Que les faits de la cause ne présentent, d'une part, qu'une créance d'une somme déterminée et invariable dès l'origine, formant le prix de la cession du bail de l'usine métallurgique de *Toga*, et, d'autre part, un débiteur hors d'état de satisfaire à ses engagements; — Que, dans une pareille hypothèse, la capitalisation des intérêts ne pourrait être accordée à Veyret de la Rochette sans une évidente injustice, puisqu'il n'y avait point de réciprocité possible en faveur d'Adhémar et Malartic;

Considérant, d'ailleurs, qu'il n'a été fait aucun arrêté de compte, condition essentielle de la capitalisation des intérêts;

. . . .

Disant droit à l'appel et réformant,

Fixe à quatre-vingt-neuf mille cent quatre-vingt-neuf francs, quatorze centimes, le capital de la créance de Veyret de la Rochette et Compagnie envers les sieurs d'Adhémar et Malartic, intimés;

Dɪᴛ que cette somme sera productive d'intérêts simples, à compter de l'échéance de chacune des traites souscrites en représentation de cette créance;

. . . .

Chambre Civile. — M. CALMÈTES, *Premier Président.*

MM. Bᴏɴᴇʟʟɪ, Mɪʟᴀɴᴛᴀ, } *Avocats.*

DU 16 JUILLET 1856.

1° ENQUÊTE. — ASSIGNATION A PARTIE. — AVOUÉ. — COPIE. — ASSISTANCE A L'ENQUÊTE. — RÉSERVES.
2° DÉPENS — APPEL. — IRRECEVABILITÉ.

1° L'assignation donnée à la partie, aux termes de l'article 261 du Code de Procédure Civile, constitue un véritable exploit et non un acte d'avoué à avoué. — Il est soumis à toutes les formalités prescrites par l'article 61 du Code de Procédure Civile (1).

Si un même avoué représente plusieurs parties, il doit lui être remis une copie séparée pour chacune d'elles (2).

La nullité de l'assignation pour inobservation des formalités prescrites par l'article 61 du Code de Procédure Civile, n'est pas couverte par l'assistance de l'avoué à l'enquête, s'il a protesté de la nullité et si le Juge-commissaire en a renvoyé l'appréciation au Tribunal (3).

2° L'appel, au chef des dépens seulement, de la part de l'avoué qui conclut, d'ailleurs, à la confirmation du jugement pour tout le surplus, n'est pas recevable.

ARRÊT.

Battesti C. Matra.

Après délibération en la Chambre du Conseil,

LA COUR ; — sur les conclusions conformes de M. BERTRAND, Premier Avocat Général ;

SUR LA NULLITÉ DE L'ASSIGNATION DU 21 JUIN 1855 :

Considérant qu'aux termes de l'article 261 du Code de Procédure

(1-2-3) Sur ces questions, dont les deux premières surtout ne semblent plus controversées, voir CHAUVEAU sur CARRÉ, *Quest.* 1018 *bis*, 1018 *ter*, et 1022, ainsi que les autorités multiples citées dans sa discussion.

Civile, la partie doit être assignée, pour être présente à l'enquête, au domicile de son avoué, si elle en a constitué;

Considérant que cette assignation n'est point un acte d'avoué à avoué, mais bien un véritable exploit soumis aux formalités prescrites par l'article 61 du même Code; — Que, suivant cet article, chaque partie assignée doit recevoir une copie de l'exploit; — Que, dès lors, si un avoué représente plusieurs parties, il doit lui être remis une copie séparée pour chacune d'elles, alors même qu'elles n'auraient qu'un seul et même intérêt;

Considérant que, dans l'espèce, il n'a été laissé qu'une seule copie de l'assignation du 21 Juin 1855, bien que plusieurs parties aient été assignées au domicile de Mᵉ Rossi, avoué; — Que, par conséquent, c'est avec juste raison que le Tribunal de première instance a déclaré ladite assignation nulle, ainsi que le procès-verbal de l'enquête prorogée et tout l'ensuivi;

Considérant que, si Mᵉ Rossi, avoué de Matra et autres litis-consorts, intimés, s'est présenté devant le Juge-commissaire et a assisté à l'enquête, ce n'est qu'en protestant de l'irrégularité de l'assignation donnée à ses parties, et en s'opposant à ce qu'il fût procédé à l'audition des témoins;

Considérant que le Juge-commissaire, en constatant l'opposition de Mᵉ Rossi, en réserva l'appréciation au Tribunal de Corte; — Que, dans ces circonstances, on ne saurait sérieusement soutenir que l'avoué, en assistant à la prorogation de l'enquête, a compromis les droits de ses parties absentes et couvert la nullité;

SUR LES CONCLUSIONS SUBSIDIAIRES DES PARTIES DE PELLEGRINI RELATIVES A LA DISPOSITION DU JUGEMENT QUI RÉSERVE LES DÉPENS, POUR Y ÊTRE STATUÉ EN FIN DE CAUSE :

Considérant que les intimés n'ont point relevé appel incident; — Que, par conséquent, ils sont irrecevables à demander la réformation d'une disposition quelconque du jugement attaqué;

Considérant, surabondamment, que, d'après la jurisprudence de la Cour, l'appel d'un jugement, au chef des dépens seulement, ne saurait être admis, lorsqu'on conclut, d'ailleurs, à la confirmation pour tout le surplus;

. . . .

SANS S'ARRÊTER aux conclusions subsidiaires des intimés,
Et icelles REJETANT comme irrecevables,
CONFIRME.

Chambre Civile. — M. CALMÈTES, *Premier Président.*

MM. GAFFORJ, LIMPERANI, } *Avocats.*

DU 11 NOVEMBRE 1856.

CORSE. — PORT D'ARMES. — CHASSE. — SUSPENSION. — PROPRIÉTÉ. — CLÔTURE. — GARDE-CHAMPÊTRE. — POUVOIRS. — DÉLITS DE CHASSE. — DÉLITS DE PORT D'ARMES. — ARTICLE 198 DU CODE PÉNAL. — AGGRAVATION DE PEINE. — CIRCONSTANCES ATTÉNUANTES.

1° La loi du 10 Juin 1853, prohibitive du port d'armes, a suspendu temporairement, pour la Corse, le droit de chasse à l'aide d'armes à feu.

2° L'autorité administrative peut seule déroger exceptionnellement à ses dispositions, par des arrêtés spéciaux, en autorisant des BATTUES *pour la destruction des bêtes fauves.*

3° Il appartient aux Juges du fait de déterminer si une propriété est entourée d'une CLÔTURE CONTINUE, *dans le sens de l'article 2 de la loi du 3 Mai 1844.*

4° Le garde-champêtre qui se permet de chasser, avec des armes à feu, sur le territoire confié à sa surveillance, commet les deux délits prévus par les articles 11 § 1er, 12 de la loi du 3 Mai 1844 et 2 de la loi du 10 Juin 1853, — et, en outre, une infraction d'une nature spéciale prévue et punie par l'article 198 du Code Pénal.

5° Le garde-champêtre a qualité pour constater les délits de chasse, et, par suite, les délits de port d'armes qui leur sont connexes.

6° Si la loi du 10 Juin 1853 est exclusive de l'application des circonstances atténuantes, quant aux peines qu'elle prononce, on ne saurait en induire que le garde-champêtre, reconnu coupable du délit de port d'armes et passible de la peine édictée par l'article 198 du Code Pénal, ne peut invoquer l'article 463, quant à la pénalité spéciale qu'il encourt, à raison de sa qualité et de sa fonction: — La disposition qui aggrave la peine et celle qui l'atténue sont corrélatives et indivisibles (1).

---

(1) Voir, Anal. en sens contraire, Cass., 7 septembre 1837 (S. V. 37. 1. 944. — D. P. 37. 1. 536).

Moretti, garde-champêtre, et autres.

ARRÊT.

Après délibération en la Chambre du Conseil,

LA COUR; — sur les réquisitions conformes de M. ARRIGHI, Substitut du Procureur Général Impérial;

Considérant qu'il est constant, en fait, que, vers la fin du mois d'Août dernier, les nommés 1° Frediani, Ange, 2° Frediani, Félix, 3° Brandi, Jean-Dominique, 4° Moretti, Charles-Joseph, garde-champêtre, de la commune de *Valle de Campoloro*, ont été trouvés armés de fusils et chassant, sans permis de chasse, sur le territoire de ladite commune; — Que ces faits constituent les délits prévus par les articles 11 § 1er et 12 de la loi du 3 Mai 1844, 1 et 2 de la loi du 10 Juin 1853;

Considérant que cette dernière loi, fondée sur des motifs d'intérêt général de l'ordre le plus élevé, a créé temporairement, pour la Corse, une position exceptionnelle en dehors du droit commun; — Que la prohibition générale et absolue du port d'armes entraîne virtuellement la suspension du droit de chasse à l'aide d'armes à feu, à l'exception des cas où l'autorité administrative a ordonné des BATTUES, pour la destruction des bêtes fauves ou dangereuses; — Que, par conséquent, c'est vainement que les prévenus allèguent qu'ils n'ont pris les armes que pour défendre les propriétés d'Ange et de Félix Frediani, envahies et dévastées par les sangliers, l'autorité administrative n'ayant accordé aucune autorisation à cet égard;

Considérant, sous un autre rapport, que les deux frères Frediani, Brandi et Moretti ont été aperçus porteurs d'armes à feu, en dehors de la propriété Frediani, et que ce domaine n'est point clos dans le sens déterminé par l'article 2 de la loi précitée du 3 Mai 1844;

Considérant que les moyens généraux de défense invoqués par les prévenus étant ainsi écartés, il reste uniquement à examiner quelle est la position particulière de Charles-Joseph Moretti;

Considérant que Moretti, garde-champêtre de la commune de *Valle de Campoloro*, a commis le double délit qui lui est imputé, dans la circonscription territoriale soumise à sa surveillance ;

Considérant que les gardes-champêtres ont qualité pour constater les délits de chasse, et, par suite, les délits de port d'armes qui y sont joints ;

Considérant que Moretti ayant participé à deux délits qu'il était chargé de surveiller et de constater, a, par là même, essentiellement manqué aux devoirs qui lui étaient imposés par sa fonction, ce qui constitue une infraction d'une nature spéciale, prévue par l'article 198 du Code Pénal ;

Considérant que cette infraction, classée sous le titre *des crimes et délits contre la paix publique*, soumet à une peine rigoureuse les fonctionnaires et officiers publics qui s'en rendent coupables ; — Que, si l'article 198 précité rappelle la peine applicable au délit originaire lorsqu'il a été commis par un simple particulier, il s'approprie cette peine en la fixant, d'une manière absolue, au *maximum*, et crée ainsi une pénalité nouvelle pour l'infraction qu'il s'agit de réprimer ;

Mais considérant qu'il existe, dans la cause, des circonstances très-atténuantes à l'égard de Moretti ; — Qu'il convient, dès lors, de rechercher si le bénéfice de ces circonstances peut être revendiqué par le prévenu, — non en ce qui concerne les pénalités prononcées par les lois spéciales de 1844 et de 1853, lesquelles sont exclusives de l'article 463 du Code Pénal, — mais en ce qui touche la peine particulière aux fonctionnaires publics, édictée par l'article 198 du même Code ;

Considérant que, si la loi du 3 Mai 1844 a déterminé la peine encourue par les gardes-champêtres et les gardes-forestiers qui contreviennent à ses prescriptions, et si elle prohibe expressément toute modification de cette peine, alors même qu'il existe des circonstances atténuantes, — la loi du 10 Juin 1853, conçue dans un autre esprit, a consacré un système différent ;

Considérant qu'en excluant les circonstances atténuantes à l'égard des peines prononcées contre les simples particuliers, elle s'en réfère au droit commun relativement à la pénalité réservée aux gardes-champêtres et aux autres fonctionnaires ou agents de l'autorité, coupables du délit qu'elle a pour objet de réprimer ; — Que le droit commun, en cette matière, se trouve dans l'article 198 du Code Pénal, dont l'article 463 permet d'atténuer la rigueur ;

Considérant que les diverses parties du Code Pénal renferment un ensemble de règles et de prescriptions systématiquement liées ; — Que les dispositions qui aggravent, dans certains cas, la peine, ne peuvent être séparées de celles qui, suivant les circonstances, autorisent le Juge à l'atténuer ; — Que l'aggravation et l'atténuation sont connexes et corrélatives ; — Que ce serait méconnaître la pensée du législateur, fausser le sens de la loi et porter le trouble dans l'économie du Code Pénal, que d'emprunter à l'un de ses textes une pénalité, en repoussant l'application de la disposition générale qui en permet l'atténuation ;

Considérant que, dans l'espèce particulière de la cause, on objecterait vainement que les lois sur la chasse et sur le port d'armes ne comportent pas l'application des circonstances atténuantes ;

Considérant que la seule conséquence que l'on puisse légitimement induire de ce principe incontesté, c'est que les peines portées par ces lois ne sauraient être modifiées par l'application de l'article 463 ;

Mais considérant que si, franchissant les limites de ces deux lois spéciales pour entrer dans le domaine du droit commun, on emprunte au Code Pénal une disposition, qui prévoit une infraction particulière à une classe de citoyens, et la frappe d'une pénalité plus grave, on ne peut isoler cette disposition de celle qui permet l'abaissement de la peine, dans une hypothèse qu'elle détermine d'une manière générale ; — Que ce système, en conciliant les principes du droit pénal ordinaire, avec les sévères prescriptions des lois de 1844 et 1853, ne saurait avoir pour résultat d'énerver l'action de ces lois et d'en paralyser la salutaire influence, puisque les peines qu'elles prononcent assurent, dans tous les cas, une répression suffisante ;

. . . .

DÉCLARE 1° Frediani, Félix, 2° Frediani, Ange, 3° Brandi, Jean-Dominique, 4° Moretti, Charles-Joseph,

Coupables d'avoir, vers la fin du mois d'août dernier, chassé sans permis de chasse, avec des armes à feu, sur le territoire de *Valle de Campoloro* confié à la surveillance de Moretti, en sa qualité de garde-champêtre de ladite commune;

Dit qu'il y a des circonstances atténuantes en ce qui concerne Moretti, considéré comme officier de police judiciaire;

Et vu les articles 11, 12, 16 et 17 de la loi du 3 Mai 1844; 1, 2 et 4 de la loi du 10 Juin 1853; 194 et 365 du Code d'Instruction Criminelle; 52, 55, 198 et 463 du Code Pénal, dont il a été donné publiquement lecture à l'audience par M. le Premier Président;

A condamné et condamne :

1° Moretti, Charles-Joseph, à deux mois d'emprisonnement, 2° Frediani, Félix, 3° Frediani, Ange, 4° Brandi, Jean-Dominique, chacun à un mois de la même peine, etc.

. . . .

Chambre Civile. — M. CALMÈTES, *Premier Président.*

M. Poli, *Avocat.*

DU 15 NOVEMBRE 1856.

1° CHAMBRE D'ACCUSATION. — ATTRIBUTIONS.
2° JUGE D'INSTRUCTION. — ORDONNANCES. — MANDATS DE DÉPÔT. — FORMES. — ANNULATION.

1° Les chambres d'accusation sont investies d'une juridiction générale, en ce qui concerne l'instruction en matière criminelle.

Elles peuvent, par voie d'évocation, se saisir de toutes les affaires, soit qu'il y ait ou non instruction commencée, et apprécier, sur l'opposition ou l'appel du Ministère public, toutes les ordonnances émanées des Juges d'instruction.

2° Les mandats sont des actes juridictionnels, et ils peuvent être annulés par la Chambre d'accusation, s'ils ont été décernés par les Juges d'instruction en violation de la loi.

3° Le flagrant délit n'existe que lorsqu'il s'agit d'un fait puni de peines afflictives ou infamantes (1).

Le flagrant délit ne saurait exister, lorsque plus de quarante huit heures se sont écoulées depuis la date du crime, et que l'inculpé, d'abord mis en état d'arrestation, a été rendu à la liberté, à la suite d'une instruction sommaire, faite par des agents de la force armée et des officiers publics compétents (2).

Dans ce cas, le Juge d'instruction ne peut se saisir D'OFFICE *de la connaissance de l'affaire, et décerner des mandats d'amener et de dépôt.*

4° L'ordonnance de SOIT COMMUNIQUÉ *au Procureur Impérial, dans laquelle le Juge d'instruction énonce que* L'INCULPÉ EST SOUS MANDAT DE DÉPÔT, *ne peut tenir lieu de mandat, et ne constitue pas le prévenu en état de détention légale.*

(1-2) Ces solutions sont conformes à l'opinion des auteurs. Voir en effet, LEGRAVEREND, tom. 1er, pag. 182, 183, 187 et 188; CARNOT, sur l'art. 41 du *Code d'Inst. Crim.*, et spécialement nos 2, 3, 5; RAUTER, *Traité du Droit Crim.*, tom. 2, n° 678 et 693. — Voir aussi Anal., dans ce sens, Besançon, 18 juillet 1828 (S. 29. 2. 147); Rejet, 1er septembre 1831 (S. V. 31. 1. 353. — D. P. 32. 1. 23).

Guerini.

ARRÊT.

Après délibération en la Chambre du Conseil,

LA COUR; — sur les réquisitions conformes de M. ARRIGHI, Substitut du Procureur Général Impérial;

Considérant, en droit, que les Cours impériales sont le centre de l'instruction, dans les ressorts qui relèvent de leur autorité; — Que les Chambres d'accusation exercent, en leur nom, la plénitude de juridiction en matière criminelle; — Que, dans toutes les affaires, elles peuvent d'*office*, soit qu'il y ait ou non instruction commencée par les premiers Juges, ordonner des poursuites, se faire apporter les pièces, informer ou faire informer, et statuer ce qu'il appartiendra (Art. 235 du Code d'Instruction Criminelle); — Qu'il résulte de cette attribution générale, que c'est par une sorte de délégation de leurs pouvoirs que la police judiciaire est exercée, par les magistrats inférieurs à qui elle est confiée, — pouvoirs qu'elles ont toujours la faculté de ressaisir pour les exercer elles-mêmes; — Que, par suite, tous les actes émanés des Juges d'instruction sont soumis à leur surveillance et à leur contrôle; — Qu'elles ont le droit d'apprécier la régularité de leurs ordonnances, sur l'opposition ou l'appel du Ministère public, soit au début, soit dans le cours de l'information, aussi bien que lorsqu'elle est terminée; — Qu'il en est particulièrement ainsi en ce qui concerne les mandats par eux décernés, quelle qu'en soit la dénomination; — Que les mandats participent, en effet, de la nature des ordonnances, constituent des actes juridictionnels, et peuvent, dès lors, être annulés par les Chambres d'accusation, s'ils ont été décernés en violation de la loi;

Considérant, en fait, qu'il résulte de deux procès-verbaux dressés par le Commissaire de police d'Ajaccio et par la gendarmerie de cette résidence, que le nommé François Moro a été frappé, par Lucien Guerini, de deux coups de couteau, sans préméditation ni guet-apens; —

Que, le même jour, l'homme de l'art désigné par le capitaine de gendarmerie et par le Commissaire de police, a constaté, dans deux procès-verbaux différents, que les blessures, dont François Moro était porteur, ne pouvaient entraîner qu'une incapacité de travail de moins de vingt jours ; — Que cette instruction sommaire ayant été communiquée au Procureur Impérial, ce magistrat s'empressa d'ordonner la mise en liberté de Guerini, constitué en état d'arrestation provisoire par les soins du Commissaire de police ; — Qu'en conséquence, la procédure fut inscrite au Parquet sous la qualification de *coups et blessures simples, à porter à l'audience sur citation directe ;*

Considérant que ces faits étant ainsi accomplis, dans le courant de la journée du 29 Octobre 1856, c'est-à-dire le jour même du délit, M. le Juge d'instruction du Tribunal d'Ajaccio a cru pouvoir procéder ultérieurement, et d'office, à une nouvelle information ; — Que le 31 du même mois, il a opéré son transport auprès de François Moro, dont il a reçu la déposition ; — Qu'il a fait ensuite constater son état par un homme de l'art, lancé un mandat d'amener contre Lucien Guerini, procédé à son interrogatoire et rendu à la suite une ordonnance ainsi conçue : *Soit communiqué au Ministère Public, en lui faisant observer » que l'inculpé est sous mandat de dépôt. — Ajaccio, le* 31 *Octobre* » 1856. — *Signé : Vincent Colonna d'Istria.* »

Considérant que ces divers actes sont atteints d'une évidente illégalité ; — Qu'il est de principe certain que, hors le cas de flagrant délit, le magistrat instructeur ne peut faire aucun acte d'instruction et de poursuite, qu'il n'ait donné communication de la procédure au Procureur Impérial (Art. 61 du Code d'Instruction Criminelle. — Loi du 17 Juillet 1856); — Que particulièrement, lorsqu'il se transporte sur les lieux, il doit toujours être accompagné du Procureur Impérial, ou tout au moins avoir requis son assistance et son concours (Art. 62 du Code d'Instruction Criminelle);

Considérant, toutefois, que le Juge d'instruction d'Ajaccio effectua son transport, sans l'avoir ordonné au préalable, et sans que le Procureur Impérial eût été requis d'y assister ; — Qu'on ne peut invoquer, avec fondement, le *flagrant délit*, pour justifier les irrégularités qui viennent d'être signalées ; — Qu'en effet, le 31 Octobre, le flagrant délit n'existait plus pour un délit commis le 29 du même mois, et qui déjà avait donné lieu à une instruction sommaire et à l'élargissement de l'inculpé, provisoirement mis en état d'arrestation ;

Considérant, d'ailleurs, qu'il ne peut y avoir de flagrant délit, dans le sens de la loi, que lorsqu'il s'agit d'un fait puni de peines afflictives ou infamantes ; — Que vainement, en tête de son procès-verbal de transport, le Juge d'Instruction énonce-t-il qu'il a été informé du délit par la *clameur publique ;* — Que la *clameur publique* n'équivaut au flagrant délit que lorsque l'auteur d'un crime, désigné et poursuivi par une sorte d'acclamation publique, dans les instants les plus rapprochés du crime, n'a pas encore été mis sous la main de la justice ; — Que le Juge d'instruction a évidemment confondu la *clameur publique* avec la *rumeur* ou la *voix publiques,* qui ne sauraient constituer le flagrant délit ;

Considérant qu'une illégalité non moins grave a été commise par le Juge d'instruction, dans le prétendu mandat de dépôt dont Guerini a été l'objet ;

Considérant que le mandat de dépôt ne se trouve mentionné que dans l'ordonnance précitée de *soit communiqué ;* — Qu'on en chercherait vainement d'autres traces dans la procédure ;

Considérant que cette ordonnance n'a pu tenir lieu de mandat de dépôt ; — Que ces actes, comme les mandats d'amener et les mandats d'arrêt, sont soumis à certaines formalités essentielles ; — Qu'aux termes de l'article 95 du Code d'Instruction Criminelle, ils doivent être signés par celui qui les décerne, et munis de son sceau, en témoignage de leur authenticité ;

Considérant que l'article 97 du même Code prescrit la notification du mandat de dépôt aux prévenus, par un huissier ou un agent de la force publique, qui est tenu de leur en délivrer copie ; — Que rien ne constate que ces formalités aient été observées ; — Qu'enfin, suivant le vœu de l'article 108 du même Code, le mandat de dépôt doit être revêtu de la formule exécutoire, c'est-à-dire qu'il doit contenir une réquisition, au nom de l'Empereur, à tous dépositaires de la force publique de prêter main-forte à son exécution, lorsqu'ils en seront requis par l'agent chargé de le mettre à exécution ;

Considérant que le dépôt d'un inculpé, en vertu d'un acte émané du Juge d'instruction en violation de ces diverses prescriptions, est frappé d'illégalité et doit être annulé ;

. . . .

STATUANT sur l'opposition formée par le Procureur Impérial près le Tribunal de première instance d'Ajaccio,

MET au néant la procédure instruite par le Juge d'instruction du même siége contre Lucien Guerini ;

ANNULLE, par suite, le prétendu mandat de dépôt décerné par le même magistrat contre l'inculpé ;

ORDONNE la mise en liberté immédiate dudit Lucien Guerini ;

CHARGE le Procureur Général Impérial de l'exécution du présent arrêt.

Chambre d'accusation. — M. CALMÈTES, *Premier Président.*

DU 2 DÉCEMBRE 1856.

PÉREMPTION. — TRIBUNAUX DE COMMERCE. — INDIVISIBILITÉ.

La péremption d'instance, pour discontinuation de poursuites pendant trois ans, a lieu devant les Tribunaux de Commerce, comme devant les Tribunaux civils. [*Cod. Proc. Civ. Art. 397.*] (1).

La péremption d'instance est indivisible, en ce sens que, demandée par un des défendeurs originaires, elle profite même aux autres, et ne peut plus être interrompue par des actes postérieurs. [*Cod. Proc. Civ. Art. 399.*] (2).

Luciani C. **Lazzarotti.**

ARRÊT.

Après délibération en la Chambre du Conseil,

La Cour ; — sur les conclusions de M. Arrighi, Substitut du Procureur Général Impérial ;

Considérant que, par exploit, dûment enregistré, de l'huissier Pieraggi, à la date du 7 Février 1856, Luciani, Simon, a demandé la péremption de l'instance introduite, le 1er Octobre 1841, devant le Tribunal de Commerce de Bastia et tendant à le faire condamner, solidairement avec Pierre Colonna, de Piedigriggio, au paiement de diverses sommes réclamées par les frères Lazzarotti ;

---

(1) C'est dans ce sens que se prononcent généralement les arrêts et les auteurs. Voir Bastia, 29 février 1834 (notre *Recueil* à cette date) ; Bordeaux, 16 juillet 1834 (S. V. 34. 2. 488. — D. P. 34. 2. 208) ; Rejet, 21 décembre 1836 (S. V. 37. 1. 5. — D. P. 37. 1. 97) ; Paris, 25 mai 1848 (S. V. 48. 2. 292); Merlin, *Quest. de Droit*, V° *Trib. de Comm.*, § 10; Nouguier, *Trib. de Comm.*, T. 2, p. 164; Chauveau sur Carré, *Quest.* 1411. — *Cont.* Rouen, 16 juillet 1817 (S. 17. 2. 416. — D. A. 11. 187) ; Carré, *ubi suprà*; Ravez, *Consult.*, (S. V. 34. 2. 608).

(2) *Conf.* Cass , 13 juillet 1830 (S. V. 31. 1. 54. — D. P. 30. 1. 372); *idem*, 13 novembre 1834 (D. P. 35. 1. 26); *idem*, 6 janvier 1841 (S. V. 41. 1. 201. — D. P. 41. 1. 87) ; Cass., 4 mai 1853 (S. V. 53. 1. 511); *idem*, 10 juin 1856 (S. V. 56. 1. 878. — D. P. 56. 1. 265).

Considérant qu'aucun acte valable n'a été signifié, par l'une ou l'autre des parties, pendant l'espace de temps qui s'est écoulé entre le 1er Octobre 1841 et le 7 Février 1856; — Que, par suite, la discontinuation des poursuites a duré plus de trois ans et six mois; — Que cette vérité n'est pas contestée par l'intimé, lequel soutient seulement devant la Cour, comme il l'a fait devant les premiers Juges, 1° que les instances engagées devant les Tribunaux de Commerce ne sont pas soumises à la péremption triennale, 2° que la demande de l'appelant ne peut être accueillie parce qu'elle est formée par un seul des défendeurs;

Considérant, sur le premier point, que, sous l'empire de la législation antérieure au Code de Procédure Civile, la péremption d'instance était indistinctement admise par toutes les juridictions, et notamment par les Tribunaux de Commerce; — Qu'elle se concilie parfaitement avec l'esprit de la loi qui, dans les matières commerciales, a prescrit une procédure prompte et expéditive, et que l'on ne pourrait pas comprendre que le législateur eût voulu prolonger, pendant trente ans, les instances pour lesquelles il a exigé la célérité et proscrit les lenteurs, tandis qu'il a borné à trois ans la durée de celles pour lesquelles il ne s'est pas montré aussi sévère;

Considérant que l'article 397 du Code de Procédure Civile est conçu dans des termes tellement généraux et absolus, qu'il ne saurait admettre aucune distinction arbitraire; — Qu'il proclame une de ces règles positives et générales, qui doivent incontestablement s'appliquer à tous les Tribunaux quelconques, si elles n'ont pas été détruites par des prescriptions spéciales et contraires, et si elles ne sont pas, d'ailleurs, incompatibles avec l'organisation des juridictions devant lesquelles l'instance a été engagée; — Que vainement voudrait-on prétendre que le titre 25 du livre 2 du Code de Procédure Civile et le Code de Commerce, dans ses articles relatifs à la procédure, ne parlent pas de la péremption, puisque l'on ne saurait contester que ces différentes dispositions législatives n'ont pas organisé un système complet, et que les fréquentes lacunes qui s'y rencontrent, démontrent la nécessité de recourir très-souvent aux principes généraux de la procédure ordinaire;

Considérant que l'on serait également mal venu à soutenir que l'absence des avoués, devant les Tribunaux de Commerce, doit faire repousser la péremption triennale ; — Qu'en effet, le texte même de l'article 397 précité prouve incontestablement que les instances civiles ne sont pas moins éteintes, par la discontinuation de poursuites pendant trois ans, dans le cas où il n'y aurait pas eu constitution d'avoué ;

Considérant, enfin, que le système contraire, embrassé par le jugement dont est appel, impliquerait une contradiction vraiment inqualifiable, puisque les instances commerciales seraient à l'abri de la péremption, tant qu'elles seraient pendantes devant les Tribunaux du premier degré, et que, cependant, d'après les termes formels des articles 648 du Code de Commerce et 469 du Code de Procédure Civile, elles seraient atteintes par les dispositions de l'article 397 susvisé ; — Qu'il échet donc de faire droit à l'appel relevé par la partie de Nicolini ;

Considérant, sur le deuxième point, que l'instance forme un même ensemble, un tout indivisible ; — Que l'on ne peut pas concevoir qu'elle puisse, en même temps, s'éteindre pour une partie et subsister pour l'autre ; — Qu'une prétention semblable serait proscrite par les articles 397 et 401 du Code de Procédure, dont le premier ne fait aucune distinction, ni quant au nombre des parties, ni même quant à la diversité des intérêts qu'elles pourraient avoir, et dont le second, portant que dans aucun cas on ne pourra opposer aucun des actes de la procédure éteinte, prononce conséquemment l'anéantissement complet de la procédure entière ; — Que s'il est vrai que l'interruption pratiquée envers l'une des parties interrompt la péremption à l'égard des autres, il doit être également vrai, d'après le même principe de l'indivisibilité, que la demande en péremption formée par l'une d'elles doit, lorsqu'elle est fondée, profiter à toutes les autres ; — Que le mauvais vouloir de l'un des litis-consorts ne pourrait enlever aux autres les droits qui leur sont acquis, et qu'il ne peut pas dépendre de l'un d'entre eux de faire revivre une action, dont la loi a prononcé définitivement l'extinction ;

Considérant qu'il résulte de tout ce qui précède, que la discontinuation des poursuites ayant duré depuis plus de trois ans et six mois, Luciani a pu valablement demander la péremption de l'instance, sans mettre en cause Pierre Colonna, qui, bien loin d'avoir un intérêt opposé au sien, s'était obligé, solidairement avec lui, en signant pour aval les lettres de change souscrites par la partie de Nicolini, et que la citation du 18 Février 1856, par laquelle les frères Lazzarotti ont déclaré à Luciani et Colonna qu'ils reprenaient l'instance introduite le 1er Octobre 1841, ne saurait être considérée comme un acte interruptif, puisqu'elle est postérieure de onze jours à la demande en péremption de Luciani;

. . . .

Faisant droit à l'appel interjeté par Luciani contre le jugement du Tribunal de Commerce de Bastia, sous la date du 5 Mai 1856,

A mis et met au néant le même jugement;

Émendant et faisant ce que les premiers juges auraient dû faire,

Déclare éteinte et périmée l'instance introduite devant le Tribunal de Commerce de Bastia, par exploit dûment enregistré de l'huissier Diovada, à la date du 1er Octobre 1841;

. . . .

Chambre Civile. — M. GAFFORJ, *Conseiller f.f. de Président.*

MM. Gafforj, Milanta, } *Avocats.*

DU 3 DÉCEMBRE 1856.

PÉREMPTION. — EFFETS. — APPELS. — DÉLAIS. — RECOMMANDATION.

Lorsque l'appel interjeté par une partie a été déclaré périmé, cette même partie n'est plus recevable à former un nouvel appel, en soutenant que le jugement ne lui a pas été signifié, et que, par suite, elle se trouve toujours dans les délais (Cod. Proc. Civ. Art. 443). — Dans ce cas, le jugement ne peut plus être frappé d'appel, parce que la péremption a eu pour effet de lui donner la force de la chose jugée [Cod. Proc. Civ. Art. 469] (1).

Il doit en être ainsi lors même que le premier appel aurait pu être non recevable, comme n'ayant pas été relevé avant l'expiration de la huitaine fixée par l'article 449 du Code précité (2).

L'article 449 susdit, lequel défend d'interjeter, pendant la huitaine, aucun appel d'un jugement non exécutoire par provision, n'est pas applicable au cas où l'appel a été formé par un débiteur incarcéré, contre le jugement qui a rejeté sa demande en nullité de sa recommandation.

On peut se pourvoir par appel, pendant la huitaine, toutes les fois que l'exécution se trouve, par le fait, avoir lieu dans ce délai. [Cod. Proc. Civ. Art. 450] (3).

(1-2) *Conf.* Grenoble, 18 juillet 1828 (S. V. 30. 2. 105); Lyon, 23 novembre 1829 (S. V. 30. 2. 104. — D. P. 30. 2. 34); Nîmes, 22 août 1837 (S. V. 38. 2. 36); Cass., 9 janvier 1843 (S. V. 43. 1. 161. — D. P. 43. 1. 166); Chauveau sur Carré, quest. 1686 *sexies*. — Voir cependant Dalloz, *Jurisp. gén.* 2me édit., v° *Péremption*, n° 322.

(3) Le principe paraît certain en jurisprudence et en doctrine. Voir : Rejet, 19 avril 1826 et 31 mai 1847 (S. V. 27. 1. 199 et 47. 1. 846. — D. P. 26. 1. 331. et 47. 1. 216); Bourges, 5 mars 1831 (S. V. 31. 2. 323); Bastia, 15 août 1854 et la note (*suprà* à cette date); Talandier n° 160; Rivoire n° 177; Chauveau sur Carré, quest. 1612 *bis*. — Quant à l'application qui en est faite, voir *Conf.* Bordeaux, 1er décembre 1831 (S. V. 32. 2. 250. — D. P. 32. 2. 54); Chauveau, quest. 2676 *bis*.

Paolantonacci C. Ucciani.

ARRÊT.

Après délibération en la Chambre du Conseil,

La Cour; — sur les conclusions de M. Arrighi, Substitut du Procureur Général Impérial;

Considérant que, par arrêt de défaut, à la date du 3 Mars 1856 et passé en définitif, la Cour de céans a déclaré éteinte et périmée l'instance d'appel, qui avait été introduite le 29 Juillet 1852, à la requête de Paolantonacci, contre les père et fils Ucciani; — Que le 29 Mai dernier la partie de Nicolini a notifié un nouvel appel à celle de Pellegrini, et que dans ce second exploit, comme dans le premier, Paolantonacci a demandé la réformation du jugement par lequel le Tribunal de première instance d'Ajaccio a validé le procès-verbal de recommandation dressé contre lui, et dans l'intérêt des père et fils Ucciani;

Considérant qu'à la vérité le jugement, contre lequel la partie de Nicolini s'est pourvue, est indiqué, dans l'appel du 29 Juillet, comme ayant été rendu le 26 Décembre 1852, et dans celui du 29 Mai, comme étant à la date du 26 Juillet de ladite année; — Mais qu'il est évident qu'il ne s'agit que d'un seul et même jugement; — Qu'aucune erreur n'était possible, puisque le dispositif du jugement attaqué se trouve rappelé d'une manière identique dans les deux exploits, et qu'au surplus, il est constant, même d'après l'aveu des parties en cause, qu'un seul jugement a été rendu entre elles, et sur la contestation dont il s'agit, par le Tribunal de première instance d'Ajaccio;

Considérant que, conformément à l'article 469 du Code de Procédure Civile, dont le texte est formel et précis, la péremption, en cause d'appel, a pour effet de donner au jugement appelé l'autorité de la chose jugée; — Que l'on voudrait en vain prétendre qu'il faut distinguer entre le cas où le jugement a été notifié et celui où cette formalité, indispensable pour faire courir les délais de l'appel, n'a pas été remplie; — Qu'en effet, les termes dont le législateur s'est servi, dans ledit article 469, sont si généraux et si absolus, qu'ils n'admettent aucune distinction et que *Ubi lex non distinguit nec nos distinguere debemus;* — Que si la faculté d'appeler subsiste, en général, tant que le jugement n'a pas été signifié, c'est que l'on présume que la partie condamnée n'en a pas eu connaissance ; — Mais que la fiction doit tomber devant la réalité lorsque la seule négligence de l'appelant a paralysé les effets d'un appel par lui relevé ; — Que, d'ailleurs, si l'on autorisait un nouvel appel, dans le cas de non notification du jugement, ce serait remettre en question ce qui a été irrévocablement décidé par un jugement, qui, en vertu de la disposition contenue dans l'article 469 précité, a acquis la force de la chose jugée ;

Considérant que, dans les causes de première instance, la péremption anéantit la procédure sans éteindre, il est vrai, l'action elle-même, mais qu'il en est autrement en cause d'appel ; — Que, si le système de la partie de Nicolini était accueilli, on arriverait, par une conséquence nécessaire mais absurde, jusqu'à devoir décider, que lors même que l'appel relevé avant toute signification du jugement aurait été jugé, on pourrait toujours se pourvoir contre le même jugement, si l'on se trouvait encore dans les délais de l'article 443 du Code de Procédure Civile ;

Considérant que cette interprétation de l'article 469, lequel a eu pour but d'ajouter, pour les instances d'appel, un effet de plus à ceux indiqués par l'article 401, pour les instances devant les Tribunaux du premier degré, est en tout point conforme à celle que l'on faisait généralement de l'article 5, titre 27 de l'Ordonnance de 1667, dont l'article susvisé du Code de Procédure Civile n'est, en quelque sorte, que la reproduction textuelle ;

Considérant que l'on ne saurait non plus prétendre que Paolantonacci pouvait renouveler l'appel par lui interjeté le 29 Juillet 1832, avant l'expiration de la huitaine, dont parle l'article 449 du Code précité, parce que le jugement ne lui avait jamais été signifié, et qu'il était, par conséquent, encore dans les délais pour se rendre appelant ; — Qu'en effet, le législateur n'a autorisé un second appel que dans les cas où le premier aurait été repoussé par les Tribunaux, soit comme nul, soit comme irrecevable, ou même qu'il aurait été anéanti par l'appelant au moyen d'un désistement; mais que cette exception à la règle générale doit être restreinte dans des limites, et ne peut évidemment être étendue au cas de la péremption prononcée par un arrêt souverain, et dont les effets sont déterminés par l'article 469 du Code de Procédure Civile;

Considérant, sous un autre point de vue, que l'article 449, en prohibant l'appel pendant la huitaine qui suit le prononcé du jugement, est en parfaite corrélation avec l'article 450 qui défend l'exécution, pendant le même espace de temps; — Qu'il suit de là que le droit d'appel prend naissance au moment même où commence la possibilité de l'exécution; — Qu'en appliquant ces principes à l'espèce actuelle, il faut conclure que l'appel du 29 Juillet 1852, quoique émis avant l'expiration de la huitaine fixée par l'article 449, aurait pu être parfaitement recevable, puisque l'exécution du jugement, c'est-à-dire le maintien en prison de Paolantonacci, avait lieu pendant la dite huitaine, comme auparavant;

Considérant, enfin, que la partie de Nicolini est mal venue, pour soutenir la recevabilité de son appel du 29 Mai 1856, à demander elle-même la nullité de celui qu'elle avait interjeté le 29 Juillet 1852 et à se prévaloir ainsi de sa propre faute;

. . . .

DÉCLARE la partie de Nicolini non recevable dans son appel du 29 Mai 1856,

Et ORDONNE que le jugement rendu le 26 Juillet 1852, par le Tribunal de première instance d'Ajaccio, sera exécuté selon sa forme et teneur; . . . .

Chambre Civile. — M. GAFFORJ, *Conseiller, f. f. de Président.*

MM. SAVELLI, MILANTA, } *Avocats.*

DU 8 DÉCEMBRE 1856.

SOCIÉTÉ. — APPORT D'UNE VALEUR INDÉTERMINÉE. — INDUSTRIE. — RÉPARTITION DES BÉNÉFICES.

Lorsque la participation aux bénéfices sociaux n'a pas été réglée par la convention, et que l'un des associés n'a apporté dans la société que son industrie, et les autres un fonds à exploiter, dont la valeur est incertaine, il appartient aux Tribunaux de déterminer l'importance relative des apports respectifs et de fixer la participation aux bénéfices, d'après cette base.

Forcioli C. **Bonnard.**

ARRÊT.

Après délibération en la Chambre du Conseil,

La Cour ; — sur les conclusions conformes de M. Bertrand, Premier Avocat Général ;

Considérant que si la loi Romaine, en l'absence de toute convention, avait adopté, pour base de la participation des associés aux bénéfices sociaux, le principe d'une égalité absolue, *si non fuerint partes societati adjectæ, æquas esse constat* (leg. 29 ff. pro socio), le Code Napoléon, en présence des difficultés qui s'étaient élevées sur l'interprétation et l'application de cette loi, a consacré le principe plus équitable de la répartition proportionnelle, ou de l'égalité relative ;

Considérant qu'il est constant, en fait, que le sieur Bonnard a été admis, en qualité d'associé gérant, dans l'exploitation de l'agence des bateaux à vapeur, à Ajaccio, dont les frères Forcioli étaient les concessionnaires ;

Mais considérant qu'il n'est pas suffisamment justifié sous quelles conditions cette association avait été formée, en ce qui concerne le partage des bénéfices ;

Considérant que les frères Forcioli ont apporté dans la société le fonds à exploiter, c'est-à-dire l'agence des bateaux à vapeur, et le sieur Bonnard son industrie ;

Considérant que la mise de fonds des frères Forcioli d'une part, et celle de Bonnard d'autre part, n'ayant pas une valeur déterminée, il appartient à la Cour de la fixer et de régler, d'après cette base, la participation aux bénéfices, suivant la loi de l'égalité proportionnelle ou relative ;

Considérant qu'il est établi que les frères Forcioli, en associant le sieur Bonnard à l'exploitation de l'agence des bateaux à vapeur, l'ont exclusivement chargé de toutes les démarches et opérations qu'elle pouvait exiger ; — Que le sieur Bonnard a consacré tout son temps à la gestion des intérêts sociaux, et que c'est principalement par son intelligence et son activité que l'agence dont il s'agit a acquis l'importance à laquelle elle est parvenue ;

Considérant que, dans ces circonstances, il y a lieu de fixer à un tiers la valeur de la mise de fonds des sieurs Forcioli, et aux deux tiers la valeur de l'industrie du sieur Bonnard, et par suite de confirmer la décision du premier Juge qui a réparti les bénéfices dans cette proportion ;

A DÉMIS et DÉMET l'appelant de son appel.

Chambre Civile. — M. CALMÈTES, *Premier Président.*

MM. SAVELLI, BONELLI, } *Avocats.*

DU 15 DÉCEMBRE 1856.

HYPOTHÈQUE. — DROIT DE SUITE. — TIERS DÉTENTEUR. — ACTION PRINCIPALE. — SOMMATION DE PAYER OU DE DÉLAISSER. — EFFETS DU DÉLAISSEMENT.

Le droit de suite, par hypothèque, contre le tiers détenteur, s'exerce par la sommation aut cede aut solve, *et non par action principale, précédée du préliminaire de conciliation* (1).

Le délaissement ne donne point au créancier le droit de garder l'immeuble délaissé; — L'expropriation doit en être poursuivie conformément à l'article 2174 du Code Napoléon.

Battesti C. les mariés Campana.

25 Janvier 1835, contrat de mariage entre la demoiselle Rebora et le sieur Ours Battesti. Les époux se marient sous le régime dotal, et l'acte constate qu'une dot en numéraire s'élevant à 6,000 fr. est constituée à la future épouse, et payée le jour même au sieur Ours Battesti, qui en fournit quittance.

Après avoir convolé en secondes noces avec le sieur Campana, la dame Rebora a engagé une instance en remboursement de sa dot contre le sieur Paul Battesti, tiers détenteur de certains immeubles qu'elle prétend avoir été vendus à ce dernier, par le sieur Ours Battesti, son défunt mari.

Après un inutile essai de conciliation, la dame Rebora a assigné le sieur Paul Battesti devant le Tribunal de première instance de Corte, à l'effet de voir déclarer nulle la vente dont il s'agit, et, par suite, ordonner en sa faveur le délaissement des immeubles vendus, si mieux il n'aime lui rembourser le montant de sa dot en capital et intérêts.

Le sieur Paul Battesti ayant soutenu que les immeubles, dont la dame Rebora réclame le délaissement, n'ont jamais appartenu au sieur Ours Battesti, le Tribunal a admis la demanderesse à prouver, tant par actes que par témoins, que les immeubles dont il s'agit ont été originairement la propriété de son premier mari, lequel en aurait consenti vente au défendeur.

Appel du sieur Paul Battesti.

---

(1) Voir dans ce sens, Colmar, 1er décembre 1810 (S. V. C. N. 3. 2. 363.— D. A. 11. 278); Cass., 27 avril 1812 (S. 12. 1. 300.— D. A. 9. 335); *Idem*, 9 mai 1836 (S. V. 36. 1. 623.— D. P. 36. 1. 279) PERSIL, *Des hypoth.*, T. 2, p. 187 et suiv. TROPLONG, *eodem*, T. 3, n° 779 *bis*.

ARRÊT.

Après délibération en la Chambre du Conseil,

La Cour; — sur les conclusions de M. Bertrand, Premier Avocat Général;

Considérant que la dame Rebora, intimée, poursuit le paiement de sa dot à l'encontre du sieur Paul Battesti, tiers détenteur de certains immeubles qu'elle soutient être soumis à son hypothèque légale, comme ayant appartenu au sieur Ours Battesti, son premier mari; — Qu'elle réclame, à cet effet, le réel délaissement de ces immeubles, non aux fins indiquées par les articles 2066 et suivants du Code de Procédure Civile, c'est-à-dire dans le but de convertir le gage immobilier en numéraire par la voie de l'expropriation forcée, mais pour être remplie de sa dot, moyennant l'abandon qui lui serait fait des dits immeubles, d'autorité de justice;

Considérant que la dame Rebora s'est évidemment méprise sur la nature de l'action qu'elle avait à exercer, et sur le caractère et les effets du délaissement résultant du droit de suite attaché à l'hypothèque; — Que ce n'était point par assignation précédée du préliminaire de conciliation qu'elle devait procéder, mais par la sommation au tiers détenteur de payer ou de délaisser, après commandement adressé au débiteur originaire;

Considérant que le délaissement ne confère pas au créancier, qui le réclame, la propriété de l'immeuble délaissé, mais uniquement la faculté d'en poursuivre la vente aux enchères, avec publicité et concurrence;

Considérant que, dans l'espèce particulière du litige, le sieur Paul Battesti ayant soutenu que les immeubles revendiqués n'avaient jamais appartenu au premier mari de la dame Rebora, le Tribunal de première instance a autorisé une preuve, tendant à établir l'inexactitude de cette assertion;

Mais considérant que, dans aucune hypothèse, le droit hypothécaire de la dame Rebora ne pouvant être converti en un droit de propriété, sur les immeubles qu'elle prétend former le gage de sa créance, il est manifeste que la preuve demandée par l'intimée était inutile, frustratoire et qu'il y avait lieu d'en prononcer le rejet;

. . . .

DISANT DROIT à l'appel et RÉFORMANT,

DÉBOUTE la dame Rebora, épouse Campana, de la demande par elle formée contre le sieur Paul Battesti; . . . .

Chambre Civile. — M. CALMÈTES, *Premier Président.*

MM. GAVINI, GRIMALDI, } *Avocats.*

DU 17 DÉCEMBRE 1856.

BON EN BLANC. — REMISE. — LIBÉRATION. — ACCEPTATION SAUF ENCAISSEMENT.

La remise faite par un débiteur, à son créancier, d'un bon en blanc, souscrit par un tiers, n'en transfère pas irrévocablement la propriété au créancier qui l'accepte; — Elle ne vaut paiement que sauf encaissement.

Giacomoni C. Bonavia.

ARRÊT.

Après délibération en la Chambre du Conseil,

La Cour; — sur les conclusions conformes de M. Bertrand, Premier Avocat Général;

. . . .

. . . .

En ce qui concerne l'imputation du billet de deux cents francs:

Considérant que le bon en blanc de la somme de deux cents francs, souscrit par le sieur Domenico Antoniotti, et remis au sieur Bonavia par le sieur Giacomoni, son débiteur, n'a point libéré ce dernier jusqu'à concurrence du montant de l'effet, ni opéré novation à la dette, par la substitution d'un nouveau débiteur au débiteur originaire; — Que, dans l'intention présumée des parties, et suivant les usages du commerce, la remise du dit billet doit être réputée avoir été faite non *pro soluto*, mais bien *pro solvendo;* — Que le sieur Bonavia, qui ne connaissait point la garantie que présentait le sieur Domenico Antoniotti, n'a pu accepter son *bon* à titre de paiement que sauf encaissement;

Considérant que le sieur Giacomoni ne prouve point que le billet dont il s'agit constituait une valeur sérieuse, et que, si le recouvrement n'en a pas été effectué, c'est par la faute et la négligence du sieur Bonavia; — Que, par conséquent, l'intimé ne saurait être condamné à imputer, sur le capital de sa créance, le montant de ce billet demeuré impayé et dont il offre, d'ailleurs, la restitution au sieur Giacomoni;

. . . .

DÉMET de l'appel.

Chambre Civile. — M. CALMÈTES, *Premier Président.*

MM. FELICELLI, BONELLI, } *Avocats.*

DU 17 DÉCEMBRE 1856.

SERVITUDE DE PASSAGE. — DESTINATION DU PÈRE DE FAMILLE. — DONATION EN AVANCEMENT D'HOIRIE. — SIGNE APPARENT. — CARACTÈRES.

1° L'aliénation partielle d'un héritage ne peut servir de base à l'établissement d'un droit de passage, par la destination du père de famille, que lorsque l'acte d'aliénation consomme la division de l'immeuble d'une manière définitive.

Une donation en avancement d'hoirie, dont les effets sont essentiellement temporaires, serait insuffisante pour la constitution de la servitude (1).

2° Le signe apparent de la servitude, résultant de la destination du père de famille, doit avoir un caractère de fixité qui révèle une affectation permanente.

3° Une échelle mobile pouvant être déplacée, enlevée ou supprimée à volonté ne satisferait point, à cet égard, aux conditions exigées par la loi et par la nature même des choses.

Bernardini C. Filippi.

ARRÊT.

Après délibération en la Chambre du Conseil,

LA COUR; — sur les conclusions de M. BERTRAND, Premier Avocat Général;

SUR LA SERVITUDE DE PASSAGE :

Considérant que, par contrat de mariage, en date du 31 Décembre 1832, le sieur Charles-François Filippi fit donation à sa fille Marie-

---

(1) Sur la question de savoir si les dispositions de l'article 694 du Code Napoléon s'appliquent au cas de servitude discontinue, comme au cas de servitude continue, voir *suprà*, à sa date, Bastia, 6 juin 1855, et la note qui accompagne cet arrêt.

Christine, appelante, de deux chambres situées au deuxième étage de sa maison et d'une cave au rez-de-chaussée ; — Que, par un second contrat de mariage à la date du 18 Février 1843, le sieur Charles-François Filippi constitua en dot, par donation, à titre de préciput et hors part, à sa seconde fille Marie-Jeanne, intimée, le premier étage de la même maison ; — Qu'il s'agit aujourd'hui de décider si Marie-Christine Bernardini est fondée à réclamer une servitude de passage sur la salle du premier étage, pour parvenir à l'étage supérieur, objet de la donation de 1832 ;

Considérant que la servitude dont il s'agit ne se trouve mentionnée ni dans le premier, ni dans le second contrat de mariage des deux sœurs Filippi ;

Considérant que, dans le silence des titres et à défaut de stipulation expresse, la dame Bernardini invoque la destination du père de famille ;

Considérant que la dite Dame ne saurait légitimement soutenir que, par la seule puissance de la donation à elle faite, et de l'état des lieux à la date de cet acte, le premier étage de la maison Filippi a été grevé d'une servitude de passage en faveur de l'étage supérieur ;

Considérant que la donation invoquée par la dame Bernardini n'a eu lieu qu'en avancement d'hoirie, et à charge de rapport à la masse de la succession ; — Qu'ainsi, l'appelante n'est pas devenue propriétaire incommutable des objets donnés ; — Que le don en avancement d'hoirie a principalement pour but de transférer au donataire, non la propriété absolue et irrévocable des immeubles qui font la matière du contrat, mais bien une jouissance actuelle, par anticipation à l'ouverture de la succession ; — Qu'une telle libéralité ne peut évidemment servir de fondement à la constitution d'une servitude, par la destination du père de famille ;

Considérant que la destination du père de famille suppose la division d'un même héritage d'une manière irrévocable, l'attribution d'un droit absolu de propriété, et non une dévolution temporaire de la jouissance ;

Considérant que la prétention de la dame Bernardini ne présenterait un caractère sérieux, à ce point de vue, que si le rapport en nature était devenu légalement impossible, ce qui ne se vérifie pas dans l'espèce;

Considérant que l'établissement de la servitude ne résulte pas davantage de la donation à titre de préciput, faite en 1843 à la dame Filippi;

Considérant, en effet, que la circonstance que le sieur Filippi aurait fait usage d'une échelle mobile, pouvant être déplacée ou supprimée à volonté, pour parvenir du premier étage au second étage de sa maison, serait insuffisante pour la constitution de la servitude; — Que le signe apparent du passage ainsi pratiqué ne présenterait pas ce caractère de permanence et de pérennité qui révèle la pensée d'une affectation perpétuelle, devant survivre à la division de la propriété;

Considérant que la véritable difficulté du litige consiste à savoir si le passage par le premier étage serait justifié par une nécessité impérieuse; — Que c'est à ces termes que la cause avait été réduite par le précédent arrêt de la Cour;

Considérant que, si les experts auxquels la Cour avait donné mission de s'expliquer sur cette nécessité, ne l'ont pas fait d'une manière catégorique, il résulte toutefois virtuellement de leur rapport que le passage peut être exercé en dehors du premier étage d'une manière plus conforme aux véritables intérêts des parties; — Qu'en l'absence de droits acquis ou d'une convention expresse, l'intérêt public s'opposant à ce qu'une portion quelconque d'une hoirie demeure inaccessible et soit frappée de stérilité, il appartient incontestablement aux Tribunaux de régler les servitudes de passage, que les divers co-partageants se doivent mutuellement pour la jouissance de leurs lots respectifs; — Que le premier Juge n'a fait qu'un usage légitime de son pouvoir à cet égard, en adoptant le mode indiqué par les experts pour parvenir au second étage;

Mais considérant que l'affranchissement du premier étage étant d'un intérêt majeur pour la dame Filippi, il est d'une évidente justice que les frais des constructions, rendues nécessaires pour l'établissement du passage dû à la dame Bernardini, soient exclusivement supportés par la dame Filippi, intimée;

. . . .

DISANT droit à l'appel,

Et RÉFORMANT quant à ce seulement,

DIT que le coût des constructions et ouvrages d'art nécessaires pour l'établissement du passage dû à la dame Bernardini, suivant le mode indiqué par les experts, sera exclusivement supporté par les époux Filippi;

MAINTIENT pour le surplus le jugement attaqué.

Chambre Civile. — M. CALMÈTES, *Premier Président.*

MM. CECCONI, MILANTA, } *Avocats.*

DU 22 DÉCEMBRE 1856.

CESSION DE DROITS HÉRÉDITAIRES. — QUALITÉ D'HÉRITIER. — CÉDANT. — ACTION. — CRÉANCIER.

La cession de droits successifs ne dépouille pas le vendeur de la qualité d'héritier, et ne le dégage pas de ses obligations envers les créanciers de l'hoirie (1).

Estela C. **Giuseppi**.

ARRÊT.

Après délibération en la Chambre du Conseil,

La Cour ; — sur les conclusions conformes de M. Arrighi, Substitut du Procureur Général Impérial ;

Considérant que l'intimée poursuit le recouvrement de sa dot contre les héritiers des sieurs Antoine-Jacques Giuseppi, son mari, et Antoine-Marie Giuseppi, son beau-père, et, en même temps, contre le sieur Santoni, en qualité de cessionnaire de la dame Patorni, petite-fille et héritière du dit Antoine-Marie Giuseppi, l'un des co-débiteurs de la dot ;

Mais considérant que l'acte de cession du 28 Septembre 1850 n'a nullement transmis au sieur Santoni la qualité d'héritier, appartenant à la dame Patorni ; — Que la vente de droits successifs ne transporte au cessionnaire que l'utilité du droit cédé, en laissant résider le titre incessible d'héritier sur la tête du vendeur ; — Qu'il résulte de ce principe incontestable que l'acte de cession ne libère pas le cédant

(1) La cession de droits successifs implique nécessairement et irrévocablement acceptation de la succession. Il est si vrai, d'ailleurs, que le cessionnaire n'a pas acquis la qualité d'héritier, qu'il peut être écarté du partage par l'exercice du retrait successoral ; mais il serait absurde et impossible d'admettre ce droit à l'égard d'un véritable héritier.

vis-à-vis des créanciers de la succession, lesquels peuvent toujours agir contre lui, sauf à ce dernier à appeler son acquéreur dans l'instance, pour y prendre son fait et cause, selon les termes et dans les limites de leurs conventions;

Considérant, d'ailleurs, et en fait, que l'acte du 28 Septembre 1850 ne transmet pas au sieur Santoni l'universalité des droits héréditaires de la dame Patorni, mais bien la part *lui revenant encore* dans l'hoirie, objet de la convention ; — Que, dans ces circonstances, l'instance ne serait pas régulièrement engagée, si la dame Patorni n'était pas mise en cause;

. . . .

DISANT DROIT à l'opposition formée par le sieur Estela à l'arrêt de défaut en date du 27 Août dernier,

RÉTRACTE le dit arrêt;

ET STATUANT sur l'appel relevé par le dit Estela,

MET au néant le jugement attaqué;

Et PROCÉDANT par nouveau jugé,

DIT que la dame Patorni, née Estela, sera mise en cause à la requête de la partie de Me Corbara;

RENVOIE la cause et les parties devant le Tribunal de Bastia, pour être procédé en ce qui reste;

. . . .

Chambre Civile. — M. CALMÈTES, *Premier Président.*

MM. SAVELLI, MILANTA, } *Avocats.*

DU 29 DÉCEMBRE 1856.

1° TESTAMENT PUBLIC. — DÉCLARATION DU TESTATEUR DE NE SAVOIR SIGNER. — LECTURE DE CETTE DÉCLARATION. — MENTION DE LA SIGNATURE DU NOTAIRE ET DES TÉMOINS.
2° MARI. — PERTE DE L'USUFRUIT LÉGAL. — AMÉLIORATIONS. — INDEMNITÉ. — PLUS-VALUE.
3° MARI. — ENFANTS MAJEURS DE DIX-HUIT ANS. — BIENS PERSONNELS. — JOUISSANCE. — ENTRETIEN.
4° MARI. — DOT EN ARGENT. — PAIEMENT EN IMMEUBLES.
5° MARI. — IMMEUBLE DOTAL. — AMÉLIORATION.

1° La Loi ne soumet pas le notaire à l'obligation de donner lecture au testateur de sa déclaration de ne savoir ou de ne pouvoir signer (1).

Le notaire n'est pas tenu davantage de faire mention dans le testament de sa propre signature (2);

Mais le testament serait radicalement nul, s'il ne contenait pas la mention de la signature des parties et des témoins (3).

2° Lorsque le père a perdu l'usufruit légal des biens de ses enfants mineurs, il a droit à une indemnité, à raison des améliorations qu'il a effectuées sur ces biens: — Cette indemnité est proportionnelle à la plus-value résultant des améliorations.

3° Lorsque les enfants, âgés de plus de dix-huit ans, possèdent personnellement des biens dont les revenus suffisent à leur entretien, le père est dégagé de l'obligation naturelle de subvenir à leurs besoins avec ses propres ressources (4).

4° L'immeuble donné en paiement de la dot mobilière n'est pas dotal; — Il devient la propriété du mari qui n'est responsable que de la dot originairement constituée.

---

(1) Jurisprudence constante. Voir : Bastia, 10 avril 1854 et la note 5 (*suprà* à cette date).

(2-3) *Conf.* Cass., 11 mars 1812 (S. 12. 1. 353 — D. A. 10. 659); Rejet, 6 juin 1821 (S. 23. 1. 41 — D. A. 10. 21); Bourges, 28 juillet 1829 (S. 29. 2. 297); Cass., 16 juillet 1833 (S. V. 33. 1. 561 — D. P. 33. 1. 316); Lyon, 8 janvier 1848 (S. V. 49. 2. 634).

(4) Voir dans ce sens Nîmes, 20 août 1807 (S. 7. 2. 755 — D. A. 1. 339); Rejet, 13 mars 1813 (S. 13. 1. 457 — D. A. 1. 340); Paris, 13 avril 1833 (S. V. 33. 2. 227 — D. P. 33. 2. 131); *Sic*, VAZEILLE, *Mariage*, tom. 2, n° 486; DURANTON, tom. 2, n° 417.

5° Il est dû aussi une indemnité au mari pour les améliorations qu'il a faites à l'immeuble dotal pendant le mariage: — Cette indemnité est également proportionnelle à la plus-value résultant des améliorations (5).

Paoli C. Bianchi.

ARRÊT.

Après délibération en la Chambre du Conseil,

La Cour; — sur les conclusions conformes de M. Arrighi, Substitut du Procureur Général Impérial;

Sur le grief de l'appel principal relatif a la nullité du testament, résultant du défaut de lecture a la testatrice de sa déclaration de ne savoir signer :

Considérant que les nullités, en matière civile, constituent de véritables peines, et qu'à ce titre les Tribunaux ne peuvent ni en créer arbitrairement, ni les étendre d'un cas à un autre;

Considérant que l'article 973, qui prescrit la mention expresse de la déclaration du testateur qu'il ne sait ou ne peut signer, n'exige pas qu'il lui soit donné lecture de cette déclaration; — Que, pour imposer au notaire l'accomplissement de cette formalité et attacher la peine de nullité à son inobservation, on est obligé de recourir à l'article 972, qui diffère essentiellement, par ses termes et par son objet, de l'article 973 dont on veut qu'il soit le complément; — Que l'article 972 se réfère au testament lui-même, à sa dictée, à son écriture et à sa lecture; — Que l'article 973 prescrit une formalité commune à tous les actes, et n'est que la reproduction de l'article 14 de la Loi du 25 Ventôse an

---

(5) *Conf.* Caen, 5 décembre 1826 (27. 2. 161). Les auteurs se prononcent généralement pour cette opinion : Merlin, Rép. v° *Dot*, § 13 n° 3; Toullier, tom. 14. n° 324; Proudhon, *Usuf.*, tom. 5, n° 2662; Rodière et Pont, *Cont. de Mariage*, tom. 2, n° 430; Troplong, *eodem*, tom. 4, n° 3594.

XI, lequel ne soumet pas le notaire à donner lecture aux parties de leur déclaration de ne savoir signer; — Que vainement, pour suppléer au silence de l'article 973 du Code Napoléon et de l'article 14 de la Loi du 25 Ventôse an XI, s'efforce-t-on de soutenir que la déclaration de ne savoir signer fait partie du testament lui-même; — Q'on confond évidemment la disposition de dernière volonté, celle qui doit être *dictée* par le testateur spontanément et écrite par le notaire, telle qu'elle est dictée, avec une formalité extrinsèque à la disposition et qui est uniquement relative à l'instrument qui la constate; — Que le testament ne consiste que dans l'expression de cette volonté suprême, qui doit survivre au testateur et régir après lui son patrimoine : *Testamentum est voluntatis nostræ justa sententia de eo quod quis post mortem suam fieri vult;*

Considérant que les formalités prescrites pour garantir la sincérité de l'acte *propter testamentorum sinceritatem, ut nulla fraus adhibeatur*, ne sont pas toutes d'une égale importance; — Que l'on comprend que dans l'article 972, et lorsqu'il s'agit de la disposition *dictée*, le législateur en ait exigé la lecture au testateur et prescrit la mention de cette lecture; — Qu'il fallait bien, en effet, que le testateur fût mis à même de s'assurer si sa volonté avait été fidèlement rendue, et si le notaire avait écrit le testament tel qu'il avait été dicté;

Mais considérant que cette nécessité n'apparaît plus lorsqu'il s'agit de la déclaration de ne pouvoir signer; — Qu'ici le testateur ne dispose pas de son patrimoine, et ne dicte pas au notaire tenu d'écrire textuellement ce qui est dicté;

Considérant qu'interpellé de signer, le testateur signe, ou déclare ne pouvoir signer, et que pour cet acte, comme pour tous les actes de son ministère, l'officier public accomplit pleinement son devoir, en attestant, avec le concours des témoins, ou la signature du testateur, ou sa déclaration qu'il ne peut signer;

Considérant que la déclaration de ne pouvoir signer tient lieu de signature, et que le notaire, qui n'est point obligé de donner au testateur lecture de sa signature lorsqu'il signe, ne peut être soumis à une obligation différente à l'égard de la déclaration de ne pouvoir signer, lorsque le testateur s'est trouvé dans l'impossibilité d'apposer sa signature à l'acte ; — Que cette interprétation de la Loi n'est pas introductive d'une doctrine nouvelle ; — Qu'elle se trouve, au contraire, en parfaite harmonie avec les dispositions des Ordonnances d'Orléans de 1560, de Blois de 1579, et enfin avec l'Ordonnance des testaments de 1735 ;

Considérant que, sous l'empire de cette dernière Ordonnance, ni la jurisprudence des Cours souveraines, ni la doctrine des légistes, n'avaient admis l'opinion que le défaut de lecture au testateur de sa déclaration de ne pouvoir signer viciait le testament, et cependant les deux dispositions des articles 972 et 973 du Code Napoléon se trouvaient réunies dans un seul et même article, dont la législation actuelle n'a fait que reproduire les termes, en les divisant en deux articles différents ; — Qu'ainsi le Tribunal de première instance a fait une fausse application de l'article 972 précité, et que, sous ce rapport, sa décision ne saurait être approuvée ;

Sur le deuxième moyen de nullité résultant du défaut de mention de la signature du notaire ;

Considérant que, si l'article 68 de la Loi du 25 Ventose an XI paraît prescrire cette mention à peine de nullité, un avis du Conseil d'État, en date du 20 Juin 1810, a décidé que, d'après l'esprit de la Loi de Ventose et des règlements qui l'ont suivie, on doit reconnaître que *l'omission de la mention de la signature du notaire* n'entraîne pas la nullité du testament ; — Que cette interprétation, conforme aussi aux principes du droit ancien, a levé toutes les incertitudes, et fixé d'une manière certaine le sens des articles 14 et 68 de la Loi précitée, dont le premier Juge a fait manifestement une application erronée ;

Sur le troisième moyen de nullité résultant du défaut de mention de la signature des témoins :

Considérant que le même avis du Conseil d'État porte, en termes exprès, que la nullité prononcée par l'article 68 de la Loi du 25 Ventose an XI s'applique au défaut de mention de la signature soit des parties, soit des témoins ; — Qu'il ne suffit pas, en effet, que les noms des témoins instrumentaires se trouvent au bas du testament; — Que la sincérité de ces signatures n'est complètement garantie que lorsque le notaire atteste qu'elles ont été apposées par les témoins eux-mêmes;

Considérant, en fait, que le testament de la dame Paravisini ne renferme pas la mention de la signature des témoins; — Que, dès lors, ce testament est frappé d'une nullité radicale, et que, sous ce rapport, il y a lieu de maintenir le jugement attaqué;

. . . .

Sur le grief de l'appel incident relatif a la perte de l'usufruit légal des biens de Marie-Rose, encourue par le sieur Paoli pour défaut d'inventaire :

Considérant que le sieur Paoli était marié, avec la demoiselle Paravisini, sous le régime de la communauté; — Que les dispositions de l'article 1442 du Code Napoléon lui imposaient l'obligation de faire dresser inventaire à la dissolution de la communauté, qui a eu lieu par le décès de sa femme, survenu le 4 Septembre 1823; — Que le sieur Paoli n'a point satisfait à cette obligation; — Que par suite, aux termes de l'article précité, il a encouru la perte de l'usufruit légal des biens appartenant à sa fille mineure, Marie-Rose Paoli, depuis le décès de la dame Paravisini, sa mère, jusqu'au 26 Mars 1834, date du décès de la dite Marie-Rose Paoli; — Qu'il y a lieu, dès lors, de réformer aussi, quant à ce, le jugement attaqué;

. . . .

Sur le grief de l'appel principal relatif aux améliorations faites aux biens de Marie-Rose Paoli :

Considérant que le sieur Paoli ayant encouru la déchéance de l'usufruit légal sur les biens de Marie-Rose, il est manifeste que s'il a effectué, sur ces biens, des améliorations qui en ont augmenté la valeur, il a droit à une indemnité; — Qu'il y a lieu seulement de distinguer les améliorations effectuées du vivant de Marie-Rose, de celles qui se rapporteraient à une époque postérieure à son décès;

Considérant, quant à ces dernières, qu'elles se compensent avec l'usufruit légal appartenant au sieur Paoli sur les biens de ses enfants du second lit, héritiers de Marie-Rose, leur sœur consanguine, et que toute réclamation lui est interdite par les dispositions de l'article 599 du Code Napoléon; — Que, par suite, les experts nommés par le jugement attaqué auront à s'expliquer sur l'époque à laquelle les améliorations ont été faites, et ils préciseront l'augmentation de valeur provenant de celles qui remontent à une date antérieure au 26 Mars 1834;

. . . .

Sur le grief de l'appel incident relatif a la compensation des fruits et des frais d'entretien, prononcée par le premier juge :

Considérant que les père et mère ne sont obligés de subvenir aux aliments et à l'entretien de leurs enfants mineurs que *pietatis officio;* — Que ce devoir, fondé sur la loi de nature et sur la nécessité, cesse d'être obligatoire dès que les enfants possèdent des biens personnels, dont le père ou la mère n'ont pas la jouissance légale; — Que, par conséquent, la dame Bianchi ne saurait légitimement soutenir que le sieur Paoli était tenu de l'entretien de ses enfants mineurs âgés de plus de dix-huit ans, et qu'il doit, en même temps, compte des revenus des biens leur appartenant personnellement;

. . . .

Sur le grief de l'appel principal relatif a l'immeuble *Piano al Fango:*

Considérant que le tribunal n'a attribué à la succession de Flaminie Pinelli la totalité de la terre *Piano al Fango*, que sur le fondement d'une simple présomption; — Qu'il a supposé que la moitié de cet immeuble, non comprise originairement dans la constitution dotale de Flaminie, aurait ultérieurement été cédée au sieur Paoli, par son beau-frère, en paiement d'une somme de six cents francs formant le complément de la dot;

Mais considérant que le sieur Paoli reconnaît avoir reçu intégralement la dot de la dame Flaminie, son épouse, abstraction faite de la valeur de la seconde moitié de l'immeuble *Piano al Fango;*

Considérant qu'en admettant même que la moitié de cet immeuble eût été reçue par le sieur Paoli, de son beau-frère, en paiement de la somme de six cents francs, il y aurait lieu de décider que cette portion d'immeuble ne serait point dotale, étant certain, en droit, que le fonds reçu en paiement de la dot constituée en argent n'est point frappé de dotalité, et appartient au mari ;— Qu'ainsi, en réformant la décision du premier Juge, il y a lieu de décider que la moitié de *Piano al Fango*, suivant sa contenance à l'époque du mariage, sera seule comprise dans le partage, — tout le surplus devant être réputé la propriété du mari, responsable de l'intégralité de la dot de la dame Flaminie Pinelli ;

SUR LE GRIEF DE L'APPEL INCIDENT RELATIF AUX AMÉLIORATIONS FAITES A L'IMMEUBLE *Piano al Fango* :

Considérant que le Tribunal de première instance atteste que ces améliorations ont été faites *constante matrimonio ;* — Que cette assertion n'a été infirmée, sur l'appel, par aucune justification contraire ; — Que les époux Bianchi se sont bornés, à cet égard, à de vaines allégations ;

Considérant que le mari jouissant des immeubles dotaux de sa femme, n'est point un usufruitier ordinaire ; — Qu'il jouit à titre onéreux, et que la loi ne lui attribue les revenus de la dot que pour supporter les charges du mariage ; — Que le Droit Romain accordait au mari l'action *mandati*, ou bien l'action *negotiorum gestorum*, à raison des constructions et améliorations faites sur le fonds dotal ; — Que cette règle doit être suivie aujourd'hui, comme autrefois, et qu'il y a lieu de décider que les héritiers de la femme sont tenus de faire compte au mari de la plus-value qu'il a donnée à l'immeuble dotal, par ses impenses et ses travaux ; — Que, par suite, c'est avec juste raison que le Tribunal de première instance a repoussé l'application de l'article 579 du Code Napoléon, dont les époux Bianchi invoquent les dispositions ;

. . . .

DISANT DROIT aux appels respectifs et RÉFORMANT,

. . . .

DÉCLARE que le sieur Paoli est déchu de l'usufruit légal des biens de

Marie-Rose Paoli, faute par lui d'avoir fait dresser l'inventaire prescrit par la loi, à l'époque de la dissolution de la communauté;

Dit, par suite, qu'il sera tenu de rendre compte des fruits perçus sur les dits biens, depuis le 4 Septembre 1823, date du décès de la dame Paravisini, jusqu'au décès de Marie-Rose, survenu le 26 Mars 1834;

Déclare que le sieur Paoli a droit à une indemnité à raison des améliorations qu'il a effectuées sur les biens appartenant à Marie-Rose, avant le décès de cette dernière, et sur les biens dotaux de Flaminie Pinelli;

Donne, en conséquence, mandat aux experts nommés en première instance de constater ces améliorations, et de déterminer la plus-value qui en est résultée;

Fixe au montant de cette plus-value l'indemnité dont il doit être fait compte au sieur Paoli;

Déclare que la constitution dotale de la dame Flaminie Pinelli ne comprenait que la moitié de l'immeuble *Piano al Fango;*

Donne pour mission aux experts de déterminer cette moitié, en prenant pour base la contenance dudit immeuble à l'époque du mariage de la dame Flaminie Pinelli;

Déclare que le surplus de *Piano al Fango* doit être attribué au sieur Paoli, qui demeure responsable de l'intégralité de la dot qu'il reconnaît avoir reçue;

Démet, pour le surplus, des appels respectifs;

. . . .

Chambre Civile. — M. CALMÈTES, *Premier Président.*

MM. Bonelli, Milanta, } *Avocats.*

www.ingramcontent.com/pod-product-compliance
Lightning Source LLC
Chambersburg PA
CBHW061120220326
41599CB00024B/4105
9782013744874